*Gisela Elsner*
Die Riesenzwerge
Rotbuch Bibliothek

ROTBUCH BIBLIOTHEK

Herausgegeben von
Wolfgang Ferchl und Hermann Kinder

Gisela Elsner

# Die Riesenzwerge

Ein Beitrag

Mit einem Nachwort
von Hermann Kinder

Rotbuch Verlag

Die Deutsche Bibliothek – CIP-Einheitsaufnahme

**Elsner, Gisela:**
Die Riesenzwerge : ein Beitrag / Gisela Elsner. Mit einem
Nachw. von Hermann Kinder. – 1. Aufl. – Hamburg :
Rotbuch-Verl., 1995
(Rotbuch-Bibliothek)
ISBN 3-88022-479-X

1. Auflage 1995
© 1995 by Rotbuch Verlag, Hamburg
Zuerst erschienen 1964
Umschlaggestaltung: MetaDesign
Herstellung: Das Herstellungsbüro, Hamburg
Satz: Greiner & Reichel, Köln
Druck und Bindung: Druckerei Pustet, Regensburg
Printed in Germany
Alle Rechte vorbehalten
ISBN 3-88022-479-X

# Die Mahlzeit

Mein Vater ist ein guter Esser. Er läßt sich nicht nötigen. Er setzt sich an den Tisch. Er zwängt sich den Serviettenzipfel hinter den Kragen. Er stützt die Handflächen auf den Tisch, rechts und links neben den Teller, rechts und links neben Messer und Gabel. Er hebt das Gesäß ein wenig vom Sitz. Er beugt sich über den Tisch, daß seine Serviette herabhängt auf den leeren Teller, und übersieht so den Inhalt der Schüsseln. Dann senkt er das Gesäß auf den Sitz. Dann greift er zu. Er lädt sich auf mit der Vorlegegabel, mit dem Vorlegelöffel, Gabel für Gabel, Löffel für Löffel, bis er einen großen Haufen auf dem Teller hat. Und während mir meine Mutter auftut, einen Haufen, der im Haufen meines Vaters mehrmals Platz hätte, drückt mein Vater mit der Gabel das Gemüse, die Kartoffeln breit, schneidet mein Vater mit dem Messer das Fleisch zu großen Happen klein und gießt mit dem Soßenlöffel Soße über das Ganze. Und während mir meine Mutter meinen kleineren Haufen breitdrückt, mein Fleisch klein schneidet zu kleinen Happen und das Ganze mit Soße begießt, fängt mein Vater an zu essen. Sein Bauch berührt die Tischkante. Seine Schenkel klaffen so weit auseinander, daß ein Kopf Platz hätte zwischen ihnen. Seine Beine umschlingen die Stuhlbeine. Er führt vollbeladene Gabeln zum Munde und kaut mit großer Sorgfalt klein, den Blick auf den Mittelscheitel meiner Mutter gerichtet, die sich nun selber auftut, einen Haufen, der in meinem Haufen mehrmals Platz hätte. Mit gesenktem Kopf sitzt sie dem Vater gegenüber. Und während mein Vater noch kaut, hält er die nächste vollbeladene Gabel in Mundeshöhe bereit, die Zinken den Lippen so nah, daß ich fürchte, er könnte sich daran verletzen.

»Lothar«, sagt meine Mutter in ihr Essen hinein, »iß jetzt und sieh dem Vater nicht immer beim Essen zu, das verdirbt ihm den Appetit.«

Ich sitze zwischen ihnen, erhöht durch ein Sofakissen, den Latz vor der Brust. Der Stuhl gegenüber ist unbesetzt. Ich nehme den Löffel in die Hand und fange an zu essen. Ein paar Löffel lang sehe ich geradeaus auf diesen Stuhl gegenüber. Ich zähle die senkrechten Stäbe der Stuhllehne, zähle bis sieben, versuche, sie zweimal hintereinander durchzuzählen und bleibe stecken bei zehn. Weiter kann ich nicht zählen.

»Vater«, frage ich meinen Vater, den Oberlehrer, weil ich weiß, daß er es weiß, »welche Zahl kommt nach zehn?«

»Beim Essen«, spricht mein Vater beim Essen, »spricht man nicht«.

Ich esse weiter, sehe verstohlen einmal nach rechts auf meinen essenden Vater, einmal nach links auf meine essende Mutter, sehe wie verschieden meine Eltern essen. Mein Vater sitzt mit dem Rücken zum Fenster, zur Sonne. Meine Mutter sitzt mit dem Gesicht der Sonne zu, die Tür im Rücken.

»Vielleicht«, denke ich, wenn ich sie essen sehe, »sitzt sie nur der Sonne wegen mit gesenktem Kopf, und wenn sie nicht scheint, sitzt sie weiter so aus Gewohnheit«.

Sie hält den Kopf so tief über den Teller, daß ihr das Haar ins Essen hineinhängt. Sie legt die Gabel nieder, schiebt das Haar rechts und links des Mittelscheitels hinter das rechte, hinter das linke Ohr, führt hastig einen kleinen Bissen in den Mund, schwemmt ihn unzerkaut mit einem Schluck Wasser aus ihrem Glas hinunter und faltet unter der Tischplatte auf dem Schoß die Hände. Ich weiß nicht, ob sie betet zwischen zwei Bissen. Nach ein paar Gabeln schon fängt sie an zu würgen, und die Rastpausen ihrer Hände im Schoß werden länger und länger zwischen den kleiner und kleiner werdenden Bissen. Schließlich führt sie die leere Gabel zum Munde, zieht sie heraus, führt sie zum Munde, vielleicht, um den Vater nicht zu verärgern durch regloses Herumsitzen beim Essen.

Der ist voller Bewegung über der Tischplatte. Keinen Augenblick läßt er die Finger von den Bestecken. Kauend belädt er die Gabel aufs neue, hebt er sie vollbeladen an die Lippen, und während er sie vor den Lippen bereithält, schiebt er mit dem Messer über den Teller verteilte Speisebrocken zu einem Haufen zusammen. Wenn die Wülste in seinen Backen kleiner werden, wenn sie verschwinden, wenn mein Vater zu Ende gekaut hat, lassen seine Augen ab vom Mittelscheitel meiner Mutter. Mein Vater schaut schielend auf die Gabelladung. Er reißt den Mund weit auf. Ich sehe die Goldzähne rechts und links und oben und unten neben seinen Mundwinkeln. Ich fange an, sie zu zählen. Aber schon bei eins stößt mein Vater mit einem kleinen, zinkenlangen Ruck nach vorn den Mund in die Gabel hinein. Seine Zähne schnappen zusammen über dem Gabelstiel, und langsam zieht er die Zinken zwischen den Zähnen hervor, als müsse er sie abnagen wie von Knochen das Fleisch.

Nichts bewegt sein Gesicht so wie das Essen. Wie sich sein Mund in die Breite zieht, sich rundet, wie sich seine Backen heben und senken, und mit den Backen die Wülste, und mit den Wülsten die Lesebrille, die er auch beim Essen trägt, und unter der Brille die Augen, die sich verengen und weiten, die er beim Kauen auf den Mittelscheitel meiner Mutter richtet. Ich sehe nicht gerne hin und muß doch hinsehen und werde nur langsam fertig mit meinem kleineren Haufen.

Wenn mein Vater den ersten Teller geleert hat, lehnt er sich zurück. Er atmet tief ein und stöhnend aus. Ich sehe, daß die sieben Stäbe der Stuhllehne zu schmal sind für die Breite seines Rückens. Meine Mutter sieht ängstlich in die Schüsseln.

»Wird es wohl reichen?« fragt sie mit zuckenden Lippen, die Hände gefaltet auf dem Schoß.

Mein Vater lädt sich einen zweiten, einen nicht minder großen Haufen auf. Bei der zweiten Hälfte des zweiten Haufens verliert er den Mittelscheitel meiner Mutter aus den Augen. Brocken fallen ihm von der Gabel auf den Teller. Wenn das geschieht, stößt er mit den Füßen gegen die Stuhlbeine, kippt er die ganze Gabelladung auf den Teller zurück.

»Lothar«, ruft er mir zu, die Gabel und das Messer senkrecht in den Fäusten auf der Tischplatte, »nimm den Löffel nicht in die linke Hand!« Und er ruft: »Du kleckerst, Lothar!«

Und er ruft: »Wie man ißt, so ist man!« Wenn er das gerufen hat, fährt er fort zu essen.

Meine Mutter schiebt den Teller von sich, darauf noch die Hälfte ihres kleinen, ach so kleinen Haufens liegt. Sie rückt ab vom Tisch, der Tür zu, und wartet in ergebener Haltung, die Hände auf dem Schoß gefaltet, den Kopf gesenkt, das Haar ins Gesicht hineinhängend, auf den Ausgang der Mahlzeit. Nur wenn mein Vater beim dritten Haufen, der sich zusammensetzt aus den Resten der Schüsseln, meines Tellers und dem halben Haufen meiner Mutter, anfängt aufzustoßen, zuckt sie zusammen. Ich sehe, daß drei Stäbe ausreichen für die Breite ihres schmalen Rückens.

Nach dem dritten, nach dem letzten Haufen, legt mein Vater die Bestecke gekreuzt auf den Teller. Er reißt die Serviette aus dem Kragen. Er nimmt die Lesebrille von den Ohren. Er wischt sich über das ganze Gesicht. Dann stößt er sich und seinen Stuhl mit den Füßen ab vom Tisch.

»Es hat geschmeckt«, sagt er.

Meine Mutter hebt den Kopf. Sie sieht zwischen den Haarsträhnen hindurch meinen Vater an.

»Ich kann noch nachholen«, sagt sie.

»Ich bin kein Vielfraß«, sagt mein Vater und steht auf.

»Darf ich aufstehen?« frage ich, und meine Mutter nickt und kichert hinter ihrem Haar.

Ohne Brille geht mein Vater bis zum Kanapee. Er legt sich nieder mit geöffnetem Hosenbund. Und während er sich die Ausgehbrille aufsetzt, während er herumstochert in und zwischen seinen Zähnen mit einem zugespitzten Zündholz, aufgetan den Mund und die Augen mit dem Ausdruck eines Aufhorchenden, während er sich das aus den Zähnen Gezogene ansieht und hinunterschluckt, trägt meine Mutter auf einem Tablett die leeren Teller und Schüsseln hinaus in die Küche. Noch im Korridor höre ich sie gegeneinanderklirren, höre ich das Gekicher meiner Mutter.

Ich stehe vor dem Fenster, vor den drei Primeltöpfen auf dem Fensterbrett. Jedes Jahr zum Hochzeitstag schenkt mein

Vater meiner Mutter eine Primel. Ich sehe hinüber auf den Schulhof, sehe die Schüler meines Vaters um die Kastanienbäume jagen, auf der Mauer des Schulhofs hocken mit baumelnden Beinen, sehe sie durch das Tor aus eisernen Gitterstäben treten, sehe hinter den geöffneten Fenstern des backsteinernen Schulgebäudes Schwämme auffliegen und Tafellappen. In der Küche läuft der Wasserhahn. Meine Mutter spült das Geschirr. Mein Vater ist eingenickt mit halbgeöffnetem Mund. Ich kann seine Zähne sehen. Das Zündholz ist aus seinen Fingern gefallen. Die Hände hat er auf den Bauch gelegt. Darunter golgert das Essen. Am Muster des Teppichs habe ich mir die knarrenden Dielen gemerkt: Blumen und Vögel, auf die ich treten darf, Blumen und Vögel, auf die ich nicht treten darf, so schleiche ich aus dem Eßzimmer.

In der Küche ist meine Mutter bereits bei den Töpfen. Kichernd und über den Abguß gebeugt, reinigt sie sie mit dem Rasch. Und weil sie kichert, scheppert mit den Töpfen, kratzt mit dem Rasch, und weil ich schleiche, des Vaters wegen, hört sie mich nicht kommen. Ich zupfe sie am Schürzenband. Meine Mutter fährt herum mit leisem Aufschrei.

»Ach so«, sagt sie, »du bist es!«

Sie beugt ihr nasses Gesicht zu mir herab und küßt mich aufs Haar.

»Er schläft jetzt«, flüstere ich.

»Das ist gut«, flüstert meine Mutter.

Sie neigt den Kopf ein wenig zur Seite, das Ohr dem Türspalt zu, durch den ich geschlüpft bin. Die Tropfen auf ihrem Gesicht rinnen schräg hinab. Es sind nicht nur die Spritzer des Spülwassers, es sind auch Tränen. Sie laufen ihr aus den Augenwinkeln. Sie kichert mit so kummervollem Gesicht, daß ich nicht weiß, ob sie weint, wenn sie lacht, ob sie lacht, wenn sie weint. Meine Mutter wischt sich das Gesicht mit der Schürze trocken. Sie trocknet mit dem Handtuch das Geschirr. Beim Einräumen des Geschirrs knarrt das Kanapee. Mein Vater ist aufgewacht. Er eilt durch den Korridor, steckt seinen roten Kopf in die Küche.

»Ich muß zum Unterricht«, sagt er, »Luise. Mach der Mutter keinen Kummer«, sagt er, »Lothar.«
Die Haustür schlägt zu.
Ich gehe ins Eßzimmer, stehe hinter dem Fenster, sehe den Vater treten durch das Tor aus eisernen Gitterstäben, höre die Schulglocke läuten. Die Schüler rennen auf das backsteinerne Schulgebäude zu, drängen dicht neben- und hintereinander durch den Eingang. Mit großen Schritten schreitet mein Vater hinter ihnen her, die Augen auf den Eingang, auf die Nacken der Schüler gerichtet. Hinter den Fenstern ihres Klassenzimmers tauchen die Schülerköpfe wieder auf. Ihre Gesichter sind dem Vater zugewendet. Sein Oberkörper überragt die Schülerköpfe. Mein Vater hinter dem Pult hebt die Arme bis zu Schulterhöhe, läßt sie sinken und mit ihnen sinken die Schülerköpfe unter die Fenstersimse des Schulgebäudes.
So verlaufen alle Mittagsmahlzeiten im Jahr, ausgenommen die der Sonn- und Feiertage, an denen mein Vater sitzen bleibt am abgeräumten Tisch, die Hefte seiner Schüler korrigiert, an denen mein Vater die blauweißen Seiten mit roter Farbe bereichert, und ausgenommen die Mittagsmahlzeit einmal im Jahr, an einem Feiertag.
Da bleibt meine Mutter stehen auf der Türschwelle der Eßzimmertür, das vollbeladene Tablett in beiden Unterarmen vor sich herhaltend. Magerer noch als sonst sieht sie aus in ihrem schwarzen, hochgeschlossenen, langärmeligen Kleid, das sie nur einmal im Jahr trägt, an diesem Feiertag. Ein gutes Stück hinter dem letzten Gürtelloch hat sie ein neues Loch gestochen. Die Rockzipfel zu beiden Seiten hängen ihr fast bis zu den Knöcheln herab. Den Kopf erhoben über den dampfenden Schüsseln, das Haar zurückgesteckt, sieht sie mit ihrem weißen Gesicht in das rote Gesicht meines Vaters. Der sitzt, wie immer, am Tisch, Vorlegegabel und Vorlegelöffel in den Händen, bereit zuzugreifen.
»Heute ist es wieder soweit«, sagt meine Mutter.
Dann erst trägt sie langsam und feierlich das Tablett auf den Tisch zu und setzt die Schüsseln rund um den Teller des

Vaters ab. Mein Vater läßt die Vorlegegabel und den Vorlegelöffel aus den Händen fallen. Er fängt an, auf seinem Sitz hin und her zu rutschen.

»So nimm dir doch!« sagt meine Mutter.

Aufrecht sitzt sie, die Hände im Schoß, sieht meinen Vater aufmerksam an. Mein Vater zwinkert hinter den Gläsern der Lesebrille wie ein aus dem Schlaf Geschreckter. Er schiebt die Schüsseln von sich, den Braten, der außen braun ist und knusprig wie alle Tage, und innen roh. Sein Magen fängt zu knurren an, so laut, daß ich meine, es knurre der ganze Vater. Er räuspert sich, rückt hin und her mit seinem Stuhl, scharrt mit den Füßen auf dem Teppich. Schließlich pfeift er vor sich hin, einen Marsch. Aber das Knurren bleibt unüberhörbar.

Mit aufreizender Gelassenheit lädt mir meine Mutter auf, die besten Stücke, drückt mir meinen Haufen breit, schneidet mein Fleisch zu kleinen Happen, lädt sich meine Mutter auf, drückt sich ihren Haufen breit, schneidet sich ihr Fleisch. Und wir führen langsam, in gleichmäßigem Takt, meine Mutter und ich, die Bestecke zum Munde, zum Haufen, zum Munde, meine Mutter immer ihr weißes Gesicht auf das nun dunkelrote Gesicht meines Vaters gerichtet. Der reißt die Brille von den Ohren, bedeckt sein Gesicht mit der Serviette, springt auf vom Stuhl und stürzt aus dem Eßzimmer. Ich höre ihn im Korridor auf und ab gehen.

Wenn wir zu Ende gegessen haben, wenn meine Mutter die noch halbvollen Schüsseln auf das Tablett stellt, tritt mein Vater ins Eßzimmer. Und nun ist er es, der sich herabbeugt und mich aufs Haar küßt, während meine Mutter das Tablett hinausträgt in die Küche.

»Heute, Lothar«, sagt mein Vater, »gehen wir zu deinem Vater.« Ich rieche, daß er übel riecht aus seinem Munde, wenn er nicht gegessen hat.

Wir ziehen unsere Sonntagsanzüge an, mein Vater und ich. Meine Mutter steht bereit an der Haustür mit schwarzem Hut, dessen Schleier ihr bis über die Augen hängt. Ich gehe zwischen ihnen, fasse die Linke der Mutter, fasse die Rechte des

Vaters, sehe beim Gehen zu Boden, sehe hinter der Schuhspitze meiner Mutter die Schuhspitze meines Vaters zurückbleiben, meines Vaters, der sonst so wacker ausschreitet. Wir fahren mit der Straßenbahn zum Stadtrand, dahin, wo wir – meine Mutter, ich und mein Vater, der Lehrer war – früher gewohnt haben. Es war ein ganz gewöhnlicher Lehrer, sagt mein Vater, der Oberlehrer. Wenn wir an unserem Haus vorübergehen, sehen meine Eltern geradeaus. Die Mieter, die mir bekannten, die mir unbekannten, liegen nebeneinander in den Fenstern und blicken auf die Straße oder auf die Mieter des Hauses gegenüber, die ebenfalls in den Fenstern liegen und auf die Straße blicken oder auf die Mieter des Hauses gegenüber. Ich drehe mich um, sehe die mir bekannten Mieter mit ausgestreckten Armen hinter uns her weisen, höre sie rufen: »Da! Da!«, rufen: »Der! Der!«, rufen: »Die! Die«, sehe, daß auch die mir unbekannten Mieter und die Mieter des Hauses gegenüber die Köpfe, die Oberkörper weit heraushängen und uns nachsehen. Meine Eltern ziehen mich mit sich fort.

Es ist nicht weit bis zum Friedhof. Dort gehen wir den Hauptweg entlang. Außer den Stammgästen des Friedhofs, ein paar alten Weibern, die mit unaufhörlich nickenden Köpfen und lautlos sich bewegenden Lippen herumstehen, die hin und wieder, vielleicht an den Höhepunkten ihrer stummen Reden, so wild mit den Armen gestikulieren, daß ihre windigen Gestalten ins Wanken geraten, außer diesen alten Weibern sehe ich Totengräber, die mit Schaufeln in den Händen hinter Katzen herjagen. Wir biegen nach links ein.

Ich erkenne das Grab meines Vaters. Ich erkenne auch die Gestalten, die teils um das Grab stehen, die sich teils in der Nähe des Grabes herumdrücken oder es umkreisen wie Hunde einen zu heißen Futternapf. Sie sehen nicht so aus, als hätten sie diesen Friedhofsbesuch geplant. Sie sehen aus wie zufällig Vorbeigekommene, sehen aus, als seien sie gegen ihren Willen hierher geraten: dieser Herr mit Wanderschuhen und einem Rucksack auf dem Rücken, dieser Herr in Tennisschuhen mit einem Schläger in der Tasche, dieser Kellner in weißer Servierjacke, diese Dame im Sonnenkleid, dieses Ehepaar, das einen Kinderwagen in den Schatten der Friedhofsmauer geschoben hat, dieser Herr im Gesellschaftsanzug, der ein Blumenbouquet im Arm hält, ein in Papier gehülltes und nicht für meinen Vater bestimmtes, und alle diese anderen Gestalten: sie sehen aneinander vorbei oder zu Boden. Ich höre das Knurren ihrer Mägen.

Einer ist immer unter ihnen, der uns rechtzeitig kommen hört. Er stößt die Danebenstehenden an. Und alle springen auseinander und davon, mit eingezogenen Gesäßen, als fürchteten sie, es wolle ihnen einer einen Fußtritt versetzen, sie kauern sich hinter Grabsteine, und geduckt von Grabstein zu Grabstein rennend machen sie sich davon. Nur der Herr im Gesellschaftsanzug, ein Mann mit sicherem Auftreten, hat nach einem hastigen Sprung fort vom Grab seine Eile bezähmt zu zwar großen, aber einem Herrn angemessenen Schritten. Er bleibt stehen, einige Gräber abseits vom Grab meines Vaters, uns zugewendet, er winkt mich zu sich heran mit ein wenig verzerrtem Lächeln.

Ich sehe meinen Vater an, der dasteht am Grab mit geschlossenen Augen, die Hutwölbung mit beiden Händen gegen seinen knurrenden, noch immer knurrenden Magen gepreßt, sehe meine Mutter an, deren Augen der Schleier verbirgt: auf Zehenspitzen gehe ich zu dem Herrn. Dicht vor ihm drehe ich mich nach meinen Eltern um. Sie stehen wie zuvor. Ich weiß nicht, ob meine Mutter die Augen hinter dem Schleier geöffnet hat, weiß nicht, ob mein Vater zu mir herübersieht durch einen Spalt zwischen seinen Lidern. Da steckt mir der Herr von hinten in die rechte Hosentasche einen großen Schein, der feucht ist und zerknittert, steckt mir in die linke Hosentasche eine Tüte, und ohne danach zu greifen weiß ich, daß es Bonbons sind. Wenn ich mich umdrehe, ist er schon ein paar Gräber weiter, der Herr, so daß ich mich nicht bedanken kann.

Ich trete zwischen meine Eltern. Sie sind so weit auseinandergerückt, daß fünf Kinder Platz hätten zwischen ihnen.

»Ist es nicht gut gepflegt?« sagt nach einer Weile mein Vater, der halbjährlich Geld überweist für die Pflege. Er hat die Augen offen.

»Warum weinst du nicht über deinen Vater?« sagt nach einer Weile mein Vater.

»Wir wollen gehen«, sagt nach einer Weile meine Mutter.

Ich fasse die Linke der Mutter, fasse die Rechte des Vaters, überlege, wie ich meine linke Hand von der Rechten meines Vaters, wie ich meine rechte Hand von der Linken meiner Mutter lösen könnte, möchte hineinlangen in die linke Hosentasche, in die Tüte. Meine Eltern aber lassen nicht locker.

»Mir juckt's«, sage ich, »in der Hose.«

»Zu Hause hast du Zeit genug«, sagt meine Mutter, »dich zu kratzen.«

Und meine Eltern fassen wie verabredet linkerhand und rechterhand noch fester zu. Meine Mutter schiebt sich mit der freien Hand den Schleier vom Gesicht. Ich sehe, daß sie ihr linkes Auge auf meine rechte Hosentasche gerichtet hat, sehe, daß mein Vater sein rechtes Auge auf das linke Auge meiner Mutter gerichtet hat.

Zu Hause führen meine Eltern mich bis in die Mitte meines Zimmers. Und während mein Vater hinausgeht, kniet sich meine Mutter vor mich, knöpft mir meine Mutter meine Hose auf.

»Wir wollen«, sagt sie, »nun die Hose wechseln. Diese muß gewaschen werden, damit sie nicht mehr juckt.«

Sie zieht mir die Hose hinunter. Ich steige aus den Hosenbeinen, hebe meinen rechten, hebe meinen linken Fuß, sehe, wie sie meine Tüte aus der Tasche zieht, niederlegt auf meinen Tisch, stehe da in Unterhosen, sehe zu, wie meine Mutter meine Hose hastig aus dem Zimmer trägt.

An diesem Feiertag einmal im Jahr, muß ich in meinem Zimmer zu Abend essen. Es ist noch hell draußen, wenn meine Mutter mich zu Bett bringt. Ich liege auf dem Rücken, mit offenen Augen, halte die Tüte in der Hand und lutsche. Anfangs sind sie stumm, meine Eltern im Eßzimmer, wie an allen Abenden, da meine Mutter sitzt und das Zerrissene flickt, da mein Vater liegt und die Zeitung liest.

»Diesmal«, denke ich, »werden sie nicht wieder damit anfangen.«

Und ich schließe die Tüte, die Augen, ich lutsche.

Da fängt es an mit dem Gemurmel meiner Mutter, dem Räuspern meines Vaters und seinem Ausruf: »Dafür habe ich heute den ganzen Tag gefastet!«

Ich öffne die Augen, die Tüte, lutsche weiter und lausche. Aber ich kann sie nicht verstehen. Bis mein Vater ruft: »Wirst du mich niemals damit in Frieden lassen!« Bis meine Mutter das Stopfei gegen die Wand wirft, ruft: »Du wirst mir zuhören! Leg deine Zeitung weg!«, den Stuhl verrückt und aufspringt.

Das Kanapee knarrt. Ich höre meine Mutter die Zeitung zerreißen.

»Das ist allerhand!« ruft mein Vater. »Ich rackere mich redlich ab das ganze Jahr mit diesen Schafsköpfen von Schülern, um euere Mäuler zu stopfen!«

»Wir werden nicht fett davon«, ruft meine Mutter, »weil wir uns immerfort fragen müssen, wann wir an der Reihe sind!«

»Was soll das heißen! Wofür hältst du mich!« ruft mein Vater.

»Für einen Vielfraß!« ruft meine Mutter. »War ich nicht schon einmal Witwe und Waise das Kind!«

»Und wer hat ihm die Hose abgenommen!« ruft mein Vater.

»Ich lege es zurück«, ruft meine Mutter, »für seine Ausbildung!«

Über uns und unter uns höre ich die Haustüren aufgehen. Die Mieter treten ins Treppenhaus. Die Mieter schleichen heran, die knarrenden Treppen aufwärts und abwärts. Die Mieter lauschen.

»Siehst du nicht«, ruft meine Mutter, »wie er dir immer beim Essen zusieht!«

»Weil er futterneidisch ist!« ruft mein Vater.

»Nein«, ruft meine Mutter, »weil er es noch weiß!«

»Er weiß es nicht!« ruft mein Vater. »Damals war er noch ein kleiner Knirps!«

Die Mieter, die alles hören, aber nichts verstehen können, schleichen zurück und schlagen die Haustüren zu. Dann, und dies, nachdem der Herr Kecker, der Krückenträger, seine Krücke erhoben hat, klopft gegen den Fußboden, schreit: »Dreinschlagen sollte ich mit meinen Krücken!«, dann erst fangen sie an, lärmend anzukämpfen gegen den Lärm meiner Eltern. Sie stoßen mit Stöcken gegen Fußboden, Decke, Heizrohre. Sie reißen die Fenster auf, beugen sich hinaus, schreien hinauf, schreien hinab: »Zumutung!«, »Nachtruhe!«, »Anstand!«, »Gesindel!«.

Die Mieter schreien um Ruhe.

Ich stecke den Kopf, die Tüte unter die Bettdecke, ich lutsche.

»Und ausgerechnet heute ist Feiertag!«. hörte ich in der Küche meine Mutter rufen.

Sie rannte hustend durch den kürzeren, den engeren Korridor, blieb stehen auf der Türschwelle zu unserem kleineren Eßzimmer, in dem kein Platz war für ein Kanapee.

»Es ist alles verbrannt«, sagte sie.

Der Qualm drang von der Küche durch den Korridor ins Eßzimmer. Mein kleinerer Vater und ich, wir saßen am gedeckten Tisch.

»Dann gehen wir eben außerhalb essen«, sagte mein Vater. »Mach dich fertig. Ich gehe mit Lothar voraus.«

Er trug mich die Treppen hinunter und stellte mich auf den Gehsteig. Alle paar Schritte war er mir um die Weite eines großen Schritts voraus.

»Lächerlich ist diese Hetze!« rief meine Mutter hinter uns her. »Du läufst wie um dein Leben!«

»Damit nicht das Beste gestrichen ist!« rief mein Vater über die Schulter zurück. »Wir sind spät genug daran!«

Meine Mutter erreichte uns vor dem Eingang des Hotels.

»Benimm dich ordentlich!« sagte sie. »Es ist ein vornehmes Hotel.«

Wir gingen hinter dem Vater durch den Haupt-, den Nebenraum, durch den Hotelgarten. Es waren nur noch zwei hintereinanderstehende Tische in der Mitte des Hauptraums unbesetzt. An einen davon setzten meine Eltern sich gegenüber, in der Weise, daß mein Vater mit dem Rücken zum zweiten freien Tisch saß, daß meine Mutter dem zweiten freien Tisch zugewendet saß. Ich saß zwischen ihnen.

Weiße Damasttischtücher bedeckten die Tische. Weiße Vasen mit roten Nelkensträußen standen darauf, gläserne Aschenbecher und jeweils ein Eßteller mit Messern und Gabeln.

»Du hättest deinen besseren Anzug anziehen sollen«, sagte meine Mutter zu meinem Vater.

Drei Kellner in schwarzen Hosen und weißen Servierjacken liefen hin und her zwischen den Tischen. In ihren Hosentaschen klimperten Geldstücke. Sie fegten bald da, bald dort mit Servietten über die Tischtücher hinweg, beugten sich hinab bald zu diesem, bald zu jenem Gast, der sie mit erhobenem Arm oder schnalzend mit zwei Fingern an den Tisch gerufen hatte, zogen Bleistifte hinter den Ohren hervor und notierten auf weiße Blöcke neue Bestellungen. Dann gingen sie auf die Schwingtüren zu und stießen sie auf mit einem wohlgezielten Fußtritt. Die Schwingtüren flogen weit auseinander, ließen die Kellner ein in die Küche. Für einen Augenblick sah ich die weißen Mützen der Köche, ihre roten Gesichter im Dampf der Küche. Ich hörte, wie die Kellner den Köchen hinter den Schwingtüren Bestellungen zuriefen, hörte, wie die Köche die Bestellungen der Kellner wiederholten, damit keine Mißverständnisse entstanden.

»Sie haben hier eine gutbürgerliche Küche«, sagte meine Mutter.

Zwischen den Schwingtüren und der Theke stand der Geschäftsführer, ein kleiner Herr in schwarzem Anzug, der sich auf die Zehenspitzen stellen mußte, wenn er die hintersten Tische übersehen wollte. Sein Kopf drehte sich langsam von Tisch zu Tisch, von Tischreihe zu Tischreihe, und erst, wenn er ein Auge auf den letzten Tisch der hintersten Reihe geworfen hatte, drehte er sich um, steckte den Kopf zwischen den Schwingtüren hindurch in die Küche, vielleicht damit die Kellner mit den Köchen, damit die Köche mit den Kellnern keinen Schabernack trieben. Er rieb sich die Hände – oder rang er die Hände –, winkte, sein Händereibenringen unterbrechend, einen Kellner heran und wies ihn an unseren Tisch. Der Kellner brachte die Speisekarte und die Weinkarte.

»Wein«, sagte mein Vater, »kommt uns zu teuer.«

Er schob die Weinkarte an den Tischrand. Und dann lasen meine Eltern, bald nach rechts auf die Speisen blickend, bald nach links auf die Preise blickend, die Speisekarte.

»Siehst du«, sagte mein Vater, »das Beste ist bereits gestrichen!«

Ich stand auf, ging an der Theke vorüber, dahinter das Büfettfräulein Gläser spülte, Gläser trocknete und einreihte in das Regal hinter der Theke. Manchmal ließ sie, in hoch über der Theke erhobenen Händen, zwei leere Gläser gegeneinanderklirren und prostete so diesem oder jenem Gast, Stammgästen vielleicht, zu.

»Lothar«, rief meine Mutter, »stör die anderen Herrschaften nicht beim Essen!«

Sie stützte sich mit den Händen auf den Tisch, war dabei aufzustehen, mich zurückzuholen, als der Kellner an den Tisch trat und gekrümmt über seinen Block die Bestellung meiner Eltern entgegennahm.

Ich sah auf die anderen Tische im Hauptraum

»Es ißt ja keiner hier«, dachte ich.

In der Nähe unseres Tisches klatschte zornig ein Herr im Gesellschaftsanzug in die Hände. Zwei Kellner sprangen gleichzeitig rechts und links neben seinen Stuhl. Der Herr riß eine an einer langen Kette befestigte Uhr aus seiner Westentasche, streckte sie so weit vom Körper weg wie es die Länge seiner Kette, seines Armes zuließ, und stieß mit dem Zeigefinger gegen das Ziffernblatt der Uhr. Die Kellner versuchten den Herrn zu beschwichtigen, indem sie leise auf ihn einredeten und dabei die Hände wiederholt hoben und senkten.

»Lange Augenblickchen sind das hier!« rief der Herr.

An einem anderen Tisch teilte ein Familienvater seiner Frau und zwei erwachsenen Töchtern die Bestecke zu. Sie legten sie vor sich hin, Messer und Gabeln so weit auseinander, daß ein großer Teller zwischen ihnen Platz gefunden hätte. Mit beleidigten Gesichtern blickten Mutter und Töchter auf das Tischtuch zwischen ihren Bestecken.

Auch im Nebenraum aß niemand. Ich ging in den Hotelgarten. Die Tische waren rund um ein Goldfischbassin angeordnet. Die Gäste starrten mit gierigen Augen ins Wasser. Auch jene, die mit den Rücken zum Bassin saßen, hatten die Stühle den Goldfischen zugedreht oder saßen mit weit auseinanderklaffenden Schenkeln verkehrt herum, die Stuhllehnen zwischen den Beinen. Die Stühle aneinandergerückt saß ein Liebespaar, einer am Daumen des anderen lutschend. Durch die Fenster sah ich in der Küche die Köche hin und her eilen. Einer schlug sich mit leeren Händen gegen den Kopf.

»Aus dieser Küche«, dachte ich, »riecht es nicht nach Essen.«

Der Hotelgarten war eingefaßt von einer Mauer. Darüber sah ich den Balkon eines Einfamilienhauses. Über der Balkonbrüstung lehnte eine Frau mit Armen wie Beine so dick und sah hinab in den Hotelgarten.

»Grete«, rief sie und sie drehte sich dem Haus zu, »du kannst heute hier oben auftragen!«

Die Gäste blickten kurz zu ihr hinauf, dann starrten sie wieder ins Wasser. Einige drehten die Köpfe hin und her, als folgten sie den Bewegungen der Goldfische.

»He da! Du Knirps!« rief mich ein Herr von hinten an. »Du verstellst mir den Ausblick auf die Fische!«

Neben sich hatte er einen Tennisschläger liegen. Er nahm ihn drohend in die Hand. Er scherzte nicht. Ich rannte zu meinen Eltern.

Dort sah ich ihn das erste Mal. Er hatte in der Mitte des Hauptraums den zweiten freien Tisch belegt. Rücken an Rücken saß er mit meinem kleineren Vater, ihre Stuhllehnen waren nur eine Hand weit voneinander entfernt. Sein Bauch berührte die Tischkante. Seine Schenkel klafften so weit auseinander, daß ein Kopf zwischen ihnen Platz gefunden hätte. Seine Beine umschlangen die Stuhlbeine. Messer und Gabel hielt er senkrecht in den Fäusten auf der Tischplatte.

»Ist das nicht der Herr Oberlehrer?« flüsterte meine Mutter.

Mein Vater drehte sich um.

»Er ist es!« flüsterte er mit rotem Kopf.

Mein Vater hatte ihn von hinten erkannt. Vorsichtig hob er seinen Stuhl und rückte so nah an die Tischkante heran, daß er sie mit der Brust berührte.

»Sieht er her?« flüsterte mein Vater.

»Nein«, flüsterte meine Mutter.

»Sag es mir«, flüsterte mein Vater, »wenn er hersieht. Oder meinst du, ich soll hinübergehen an seinen Tisch?«

»So wie du aussiehst!« flüsterte meine Mutter. Sie schüttelte den Kopf.

An allen Tischen schnellten Arme in die Höhe, schnalzten Finger, schlugen Fäuste auf die Tischplatte. Einige Gäste standen von ihren Stühlen auf, riefen wahrheitsgetreu: »Ich stehe auf!«, riefen nicht wahrheitsgetreu: »Ich gehe!«, denn sie ließen sich sogleich auf ihre Sitze zurückfallen. Rufend von Tisch zu Tisch überboten sie sich mit Hinweisen auf die Länge ihrer Wartezeit.

»In diesem Augenblick«, rief ein Herr in kurzen Hosen und Wanderschuhen, »habe ich den dritten Zug verpaßt!« Er zog aus seinem Rucksack, der über der Stuhllehne hing, ein Kursbuch, schlug es auf und reichte es den Gästen am Nebentisch.

»Nicht seinem Todfeind möchte man so ein Lokal empfehlen!« riefen sie.

»Das war das erste und das letzte Mal!« riefen sie.

»Das war das letzte Mal!« riefen sogar die Stammgäste.

Die Kellner flitzten hin und her, fegten wild mit den Servietten über die Tischtücher, als wollten sie ihren guten Willen wenigstens beweisen.

»Gedulden Sie sich ein Augenblickchen!« sagten sie. »Wir waren auf solchen Andrang nicht gefaßt!«

Aus dem Empfangsraum drang das Läuten der Zimmergäste. Der Geschäftsführer eilte hin und her, von der Schwingtür zum Empfangsraum zur Schwingtür. Die Zimmergäste über unseren Köpfen fingen an, gegen die Decke zu trampeln. Die Kellner umringten den Geschäftsführer. Sie redeten hinter vorgehaltenen Servietten auf ihn ein. Der Geschäftsführer sah mit feuchten Augen an die Decke, die Fingernägel in seine Handrücken gekrallt.

Der Herr im Gesellschaftsanzug fing von neuem zu klatschen an. »Das ist wohl ein Lokal für Hungerkünstler!« rief er böse auflachend zum Geschäftsführer hinüber.

Der Geschäftsführer verneigte sich ohne ein Wort der Widerrede.

Hinter der Theke klirrten die Gläser in den zitternden Fingern des Büfettfräuleins.

Ich hörte den Magen des Herrn Oberlehrer knurren.

Der Geschäftsführer ging zum Empfangsraum, auf Zehenspitzen und nach allen Seiten hin beschwichtigend abwinkend. Unterwegs knickten ihm die Knie ein. Er ging weiter in Hockestellung, seine Hände berührten fast den Boden. Aber er stützte sich nicht auf, obwohl es leichter gewesen wäre. Als er das Lokal verlassen hatte, zogen die Kellner lange Striche durch die Speisekarten.

Im Hotelgarten erhob sich ein Gemurmel. Ich stand auf. Meine Mutter achtete nur noch auf den Herrn Oberlehrer. Auf allen Tischen hatten sich die Gäste die Bestecke bereitgelegt, Messer und Gabeln so weit voneinander entfernt, daß große Platten dazwischen Platz gefunden hätten.

»Bringen Sie mir«, rief der Herr in kurzen Hosen und Wanderschuhen, »das Menü eins, zwei und drei! Mischen Sie meinetwegen alles durcheinander. Aber bringen Sie es jetzt!«

Im Hotelgarten waren die Wartenden aufgesprungen. Sie standen teils auf den Stühlen, den Tischen, damit sie besser sehen konnten, wie auf dem Balkon zu Mittag gegessen wurde. Der runde Kopf und die runden Schultern der Frau ragten über die Balkonbrüstung hinaus. Von dem Mann, wahrscheinlich ihrem Mann, der ihr gegenübersaß, sah ich nur den kleinen Kopf, sei es, weil er tiefer saß als sie, sei es, weil er kleiner war als sie. In der Balkontür stand das Dienstmädchen. Es hielt ein Tablett in den Händen. Auf einen Wink der Frau hob es das Tablett über den Kopf und zeigte es herum. Dann setzte es das Tablett auf den Tisch der hinter der Brüstung nicht sichtbar war, und verschwand im Haus.

»Das Tischgebet!« rief die Frau. Der Mann sah sie an, voll Erstaunen. Dann senkte er den Kopf. Die Frau hob die Hände, faltete sie in Mundeshöhe und betete laut und langsam wie eine Vorbeterin: »Komm, Herr Jesus, sei unser Gast und segne, was du uns bescheret hast.«

Und während sie betete, traten weitere Gäste neben mich in den Hotelgarten, stießen die Zimmergäste die Fenster zum Hotelgarten auf. Männer waren es, die ihre entblößten Oberkörper weit heraushängten, die Frauen in Unterröcken zu den Fenstern zogen, zurückstießen in die Zimmer, riefen »Laß den Finger auf der Klingel!«

Der Mann und die Frau fingen an zu essen, Gabel um Gabel zum Munde führend. Und Gabel um Gabel wurde das Schmatzen lauter um mich. Die Wartenden auf der Erde, auf Stühlen, auf Tischen, die in den Fenstern, taten die Münder auf und zu im Rhythmus der Essenden oben, kauten mit laut aufeinanderklappenden Zähnen. Aber die Frau hatte nicht genug daran, daß nur Gabelbissen und diese für kurze Zeit ihren Zuschauern sichtbar waren.

»Grete!« rief sie und sie läutete mit einer Glocke in den hoch erhobenen Händen. »Wir brauchen dicke Bücher!«

Das Dienstmädchen erschien in der Balkontür, einen Stapel Bücher vor sich hertragend. Der Mann sprang auf, griff nach dem obersten Buch, schlug es auf und hielt es vor sein Gesicht. Aber die Frau riß es aus seinen Händen und klappte es zu. Wie sie sich gegenüberstanden, sah ich, daß der Mann nicht nur einen Kopf kürzer war als sie, daß der Mann auch der Breite nach zweimal Platz gefunden hätte in der Frau. Sie ging hinein und schloß die Balkontür hinter sich zu. Und während der Mann und das Dienstmädchen, ihre Anweisungen ausführend, hinter der Balkonbrüstung verschwanden, wurden die Tischplatte und ein Stück der Tischbeine sichtbar über der Balkonbrüstung.

Die Frau kehrte mit einem glänzenden Kleid zurück. Sie setzten sich abermals zu Tisch. Sie saßen nicht gut so, viel zu tief für den Tisch, und hatten Mühe mit dem Essen. Sobald der Mann seinen Teller geleert hatte, forderte ihn die Frau zum Weiteressen auf. Der Mann breitete die Hände über den Teller. Er schüttelte heftig den Kopf. Ja, es schien, als schüttelte es bereits den ganzen Mann. Die Frau aber goß ihm das Essen über die Hände. Es bröckelte und tröpfelte zwischen seinen gespreizten Fingern hindurch auf den Teller. Wenn die Frau nicht hinsah, warf der Mann ganze Gabelladungen über die Balkonbrüstung in den Garten. Ringsum knurrten die Mägen der Gäste. Aber der Frau genügte auch das nicht. Einmal täuschte sie mit der leeren Hand vor, etwas hinabzuwerfen, ein andermal warf sie Abfälle des Essens hinab. Etwas davon fiel ins Goldfischbassin. Das Wasser spritzte auf. Die Gäste ließen kein Auge davon und begannen, mit den Füßen zu scharren. Während der größere Teil sich aneinander festhielt, stürzte sich der kleinere Teil auf das Bassin. »Die Fische!« riefen sie. Sie griffen ins Wasser, sie fischten Fische heraus, sie steckten sie in die Münder. Die eine Fischhälfte zwischen den Zähnen, die andere heraushängend und sich hin und her bewegend wie Zungen, so standen sie, dann bissen sie zu. Brust an Brust stand das Liebespaar. Seine Lippen berührten sich, als sie einen Goldfisch entzweibissen.

»Das war die Vorspeise!« sagten sie, die Lippen wieder voneinander lösend.

Und sie gingen den anderen Gästen voraus ins Lokal.

Der Herr Oberlehrer saß Rücken an Rücken mit meinem Vater und knurrte.

»Er hat hergesehen!« flüsterte meine Mutter.

Ein Zimmergast stürzte herein. Sein Schlafrock sprang vorn auf und seine weißen, schwarzbehaarten Beine waren zu sehen. Er warf hastige Blicke auf einige Tische, dann machte er kehrt und verschwand so rasch wie er gekommen war. »Die im Lokal«, hörte ich ihn rufen, »haben auch noch nichts!« Über unseren Köpfen trampelten die Zimmergäste heftiger als zuvor gegen die Decke.

»Es ist sinnlos«, flüsterte mein Vater, »nun noch an seinen Tisch zu gehen. Er wird sich mit Recht fragen, warum ich so lange gezögert habe, ihn zu begrüßen.«

»Er hat hergesehen!«, flüsterte meine Mutter.

Mein Vater duckte sich, saß da mit hochgezogenen Schultern, über den Tisch gebeugt.

»Wir haben bestellt!« riefen die Gäste. »Wir haben gewartet! Jetzt wollen wir essen!« Sie hielten alle Bestecke in den Händen.

»Sieht er her?« flüsterte mein Vater.

Meine Mutter schüttelte den Kopf. Meine Mutter nickte. Der Geschäftsführer stand vor der Schwingtür. Er mußte den Mund mehr als einmal auftun, ehe er seine heiseren Worte herausbrachte. »Meine Herrschaften«, sagte er und er wand und er drehte sich dabei, daß er die Hälfte seiner Sätze zur Schwingtür hin sprach, »ich bitte Sie um Verständnis. Wir waren auf solchen Andrang nicht vorbereitet. Ich habe getan was ich konnte. Ich habe in allen Lokalen unserer Stadt nach Aushilfe angefragt. Aber auch dort ist man dem Andrang kaum gewachsen und besorgt, die eigenen Gäste zu sättigen. Ich bitte Sie also, das Lokal zu verlassen. Es ist geschlossen.« Und wie zum Beweis trug ein Kellner ein Schild mit der Aufschrift HEUTE GESCHLOSSEN an den Gästen vorüber zur Tür und hängte es dort auf.

»Das soll wohl ein Scherz sein!« rief der Herr im Gesellschaftsanzug. Er sprang auf, er schob den Geschäftsführer fort von der Schwingtür. Die Köche dahinter sprangen zur Seite, die Hände noch an die Ohrmuscheln gelegt. Topfdeckel fielen zu Boden und der Herr im Gesellschaftsanzug lachte böse auf. Die Kellner zogen die Vorhänge zu, ließen die Rolläden herab. Das Lokal lag im Halbdunkel. Sie stellten unbesetzte Stühle auf die Tische.

»Er hat dich die ganze Zeit angesehen«, sagte meine Mutter. Der Herr Oberlehrer stieß sich und seinen Stuhl mit den Füßen ab vom Tisch. Seine Stuhllehne berührte die Stuhllehne meines Vaters.

Der Herr im Gesellschaftsanzug trat aus der Schwingtür. »Sie kochen«, rief er, »reines Leitungswasser in der Küche!« Die Gäste näherten sich, Bestecke in den Händen, dem Geschäftsführer. Der verschwand hinter der Schwingtür. Ich hörte, daß in der Küche etwas an die Schwingtür herangeschoben wurde.

»Schaffen Sie irgend etwas herbei!« riefen die Gäste. »Egal was!«

»Wir wollen gehen!« flüsterte mein Vater. »Kannst du nicht ein wenig rücken? Ich sitze ganz eingeklemmt.«

Die Gäste hinter uns hatten die Höhe unseres Tisches erreicht. Die Gäste vor uns standen vor der Schwingtür, als warteten sie nur auf den Befehl, die Küche zu stürmen. Langsam und vorsichtig stand mein Vater auf. Er neigte den Kopf nach rechts, nach links mit dem Ausdruck eines Aufhorchenden, als erwartete er, daß einer ihm sagte, wie er aus dem Lokal herauskäme. Hinter ihm sprang der Herr Oberlehrer in die Höhe.

»Ja«, sagte meine Mutter, »dann gehen wir also.«

»Einen Augenblick!« rief da der Herr Oberlehrer, dicht stand er hinter meinem zusammenzuckenden Vater. »Kennen wir uns nicht?« Die Gäste neben unserem Tisch blieben stehen. Sie sahen meinen Vater an. Die Gäste vor der Schwingtür drehten sich um. Mein Vater schlug die Augen nieder. Er nickte.

»Was tun zwei, die sich kennen?« rief der Herr Oberlehrer.

»Sie grüßen sich«, flüsterte mein Vater.

Die Gäste kamen so nah heran, daß meine Mutter zwischen ihnen stand. Mein Vater sah zu meiner Mutter. Aber meine Mutter sah in eine andere Richtung.

»Ich möchte jetzt gehen«, flüsterte mein Vater und er tat einen zögernden Schritt voraus.

»Einen Augenblick!« rief der Herr Oberlehrer. »Wir sind noch nicht fertig! Wer grüßt zuerst?«

»Der Jüngere«, flüsterte mein Vater.

»Und wer von uns beiden ist der Jüngere?« rief der Herr Oberlehrer, und als könne er die Antwort meines Vaters nicht mehr abwarten, fügte er hinzu: »Das sind Sie!«, und er stieß, damit alle sehen konnten, wen er meinte, meinen Vater mit der Gabel in die Schulter.

Mein Vater stöhnte auf, und als wäre auch dies ungehörig genug, hielt er sich die Hand vor den Mund.

Der Herr Oberlehrer schien selbst erstaunt darüber, wie heftig er mit der Gabel zugestoßen hatte. Als er sie aus dem Rock meines Vaters zog, zwinkerte er ein wenig hinter der Lesebrille. Aber die Gäste nickten ihm zu mit leuchtenden Augen.

»Also grüßen Sie!« rief da der Herr Oberlehrer.

»Guten Tag«, flüsterte mein Vater, »Herr Oberlehrer.«

»Guten Tag, Herr Lehrer!« rief der Herr Oberlehrer. »Haben Sie denn keinen Hunger? Ich habe lange gehorcht, aber Ihren Magen habe ich nicht knurren hören. Sind Sie es vielleicht, der hier alles aufgegessen hat?«

Ich konnte gerade noch zur Seite springen. Dann fielen sie über meinen Vater her. Es war ein großes knurrendes Knäuel aus Armen, Beinen, Rümpfen, das sich hin und her wälzte auf dem Fußboden, das meinen Vater bedeckte. Hin und wieder sah ich einen Arm hoch darüber sich erheben mit einem Besteck in der Hand und mit Wucht hinabsausen. Meine Mutter stand ein Stück abseits, reglos und aufrecht. Zur Empfangstür herein huschten Gestalten in Schlafröcken und warfen sich obenauf. Durch das Knurren hörte ich es knacken, brechen. Dann fiel das Knäuel auseinander. Zuerst rollten die in den Schlafröcken den anderen von den Rücken. Die anderen krochen, ein jeder etwas hinter sich herschleifend, unter die Tische. Meine Mutter ging, an Tischen sich stoßend, auf die Treppe zu, die hinabführte zur Toilette.

»Gretel« hörte ich die Frau auf dem Balkon rufen. »Den Kaffee trinken wir drinnen!«

Als die Gäste unter den Tischen anfingen aufzustoßen,

stieg meine Mutter wieder die Treppe herauf. »Ich war nur eben«, murmelte sie, »nur eben mal«, und sie zuckte zusammen, sobald einer aufstieß. Dann nahm sie mich an der Hand.

Wir gingen zwischen den Tischen hindurch und lasen die Fetzen zusammen von der Kleidung meines Vaters. Wo wir vorbeikamen, störten wir die Nagenden auf. Sie hoben die Tischtücher ein wenig an, sie zwinkerten zu uns hinauf wie aus dem Schlaf Geschreckte. Sie richteten sich auf, sie strichen ihre Kleider glatt mit den Händen. Sie drückten die Hüte tief in die Gesichter. Sie machten sich davon, mit gesenkten Köpfen, mit eingezogenen Gesäßen, große Scheine hinterlassend auf den Tischen, als hätten sie damit eine Rechnung beglichen.

Wenn meine Zunge wund ist und die Tüte leer, hebe ich die Bettdecke hoch, lausche. Meine Eltern haben sich schlafen gelegt. Ich höre meinen Vater schnarchen, höre meine Mutter sich räuspern.

Am nächsten Morgen, einmal im Jahr, immer wenn mein Vater im Unterricht ist, besucht uns meine Großmutter.

Sie kommt an mit zwei Koffern und sieht aus wie eine von weit her Gereiste, obwohl sie nur ein Stadtviertel entfernt wohnt.

»Du bist noch magerer geworden«, ruft sie, »mein Kind!« Sie setzt ihre Koffer zu Boden und schlägt verspätet die Hände zusammen.

»Aber hübsch habt ihr es hier«, sagt sie und sie sieht sich im Eßzimmer um. Dann packt sie ihre Koffer aus, stellt sie Glas für Glas Eingemachtes auf den Tisch.

»Das wird wohl eine Weile reichen«, sagt sie. »Wie geht es deinem Mann?« sagt sie.

»Gut«, sagt meine Mutter. »Du kannst ihn vom Fenster aus sehen.«

»Nein, nein!« sagt meine Großmutter. »Laß nur!« Sie wendet sich vom Fenster ab, ja, sie macht sogar die Augen zu für einen Augenblick. »Sag einmal«, flüstert sie hinter vorgehaltenen Händen, »war es gestern nicht wieder soweit?«

Meine Mutter nickt. »Geh spielen, Lothar«, sagt sie.
Ich schließe die Tür und lausche.
»Ich weiß nicht«, sagt meine Mutter, »ob es richtig war von mir. Aber ich bin nicht hübsch und ich verstehe es nicht, mich anzuziehen. Und er hat sich so um mich bemüht. Zuletzt ist er mehrmals am Tag gekommen. Er hat sogar seinen Unterricht ausfallen lassen.«
»Du hast ganz recht«, sagt meine Großmutter.
»›Sie müssen mich alles wiedergutmachen lassen‹, hat er gesagt«, sagt meine Mutter. »Und wenn er kam und wenn er ging, verbargen sich die anderen Mieter nicht mehr hinter den Vorhängen. Sie rissen die Fenster auf. ›Da kommt er schon wieder‹, riefen sie, ›der Herr Freier!‹ – ›Ob ihn die frische Witwe abweisen wird?‹ riefen sie. ›Ob er diesmal über Nacht bleiben wird?‹ – ›Wenn Sie mich nicht alles wiedergutmachen lassen‹, hat er gesagt, ›bleibe ich die ganze Nacht.‹«
»Du hast ganz recht«, sagt meine Großmutter.
»Er raucht nicht«, sagt meine Mutter. »Er trinkt nicht. Er legt alles für Lothar zurück. Und er ißt, was auf den Tisch kommt. Kommst du mit in die Küche? Ich muß das Essen vorbereiten.«
»Mach du nur dein Essen in Ruhe«, sagt meine Großmutter. »Ich gehe jetzt lieber.«
Meine Mutter geht in die Küche. Ich setze mich auf den Hocker im Eck, sehe meiner Mutter zu beim Kochen.
Sie kniet nieder vor dem Kühlschrank, zieht einen großen Klumpen roten rohen Fleischs aus dem Eisfach, trägt das Fleisch behutsam in beiden Händen vor sich her zum Abguß. Wie sie so durch die Küche geht, die Füße ungewöhnlich hoch vom Kachelboden hebend bei jedem Schritt, mit wehendem Rock, die Oberarme abstehend vom Rumpf, die Ellbogen angewinkelt, meine ich, das einzige, was sie am Hinauffliegen hindert, ist das Gewicht des Fleischklumpens. Mit beiden Händen hält sie das Fleisch unter den Wasserhahn, wäscht sie es, und zwischen ihren Fingern rinnt das Wasser rötlich in den Abguß. Sie wickelt das Fleisch in ein weißes

Tuch, trocknet es, legt es auf ein Holzbrett. Sie dreht sich um und sieht hinauf zur Küchenuhr. Sie beugt sich über den Fleischklumpen, schneidet mit dem Küchenmesser Fettfetzen ab, reibt ihn ein mit Salz, mit Öl, wälzt ihn hin und her in Mehl. Dann legt sie ihn ins siedende Fett der Bratpfanne, deckt sie den Deckel darauf, schiebt sie die Bratpfanne in die Bratröhre des Herdes und schließt die Bratröhrentür. Sie dreht sich um und sieht hinauf zur Küchenuhr.

»Jetzt das Wasser«, sagt sie, singt sie, die Füße hoch vom Kachelboden hebend bei jedem Schritt, wie über Hindernisse hinwegsteigend, geht sie, steigt sie zum Küchenschrank. Ihre Fesseln sind schmal wie Handgelenke, und rechts und links treten die Knödel hervor, bläulich schimmern sie durch die Strümpfe, bläulich wie die Adern, die an ihren Waden hervorquellen. Meine Mutter füllt zwei hohe Töpfe mit Wasser, stellt sie auf zwei Gasflammen. Und während sie das Gemüse putzt, die Kartoffeln schält, hebt auf dem Herd der Dampf, der aufsteigt aus den siedenden Töpfen, die Deckel an, die klappernd zurückfallen, angehoben werden. Und während das Gemüse, die Kartoffeln gar kochen in den Töpfen, kniet meine Mutter nieder vor der Bratröhrentür, stülpt sich meine Mutter Topflappen über die Hände, zieht meine Mutter die Bratpfanne aus der Röhre, deckt den Braten auf, der nun braun ist und knusprig, sieht ihn an besorgt, sagt: »Ob er wohl reicht?« Dann kratzt sie mit dem Messer den Bratensatz vom Pfannenrand, begießt sie den Braten mit Sahne, schiebt ihn zurück in die Hitze der Röhre und läßt ihn weiterschmoren. Hin und her geht sie, steigt sie durch die Küche, bereitstellend die Gewürze, aufdeckend die Töpfe, herumrührend mit Löffeln in den Töpfen, sagt sie, singt sie, beim Gehen, beim Steigen, die Bezeichnungen der Zutaten vor sich her, blickt sie mit ihrem nun weißrotgescheckten Gesicht hinauf zur Küchenuhr, deren schwarze Zeiger auf weißem Grund dem Mittag, der Mahlzeit näher rücken.

Meine Mutter ist eine gute Köchin.

## Der Wirt

Ich sitze auf dem Bett, auf meinem Bett, zwischen Kopfende und Fußende, mittendrauf, sitze auf meiner zweifach gefalteten Steppdecke, auf meinem einfach gefalteten Kopfkissen auf der Steppdecke, obendrauf, die Knie geknickt über der Bettkante, die Beine herabhängend, ohne den Fußboden zu streifen. Ich umfasse mit den Händen die Kante, ich bohre die Daumen zwischen Kante und Matratze, ich strecke die übrigen acht Finger, sitze so auf diesem Hügel Bettzeugs und presse meinen Hintern hinein.

Ich bin nicht mehr allein mit mir.

Meine Eltern im Eßzimmer sind beschäftigt, sich gegenseitig die Schuld dafür zuzuschieben. Mein Vater rechtfertigt sich geräuschvoll, indem er hin und her rückt mit seinem Stuhl, auf dem Teppich scharrt mit seinen Füßen, ausruft: »Ausgekochtes Fleisch kann ich nicht essen!« Meine Mutter rechtfertigt sich geräuschvoll, indem sie pocht mit ihrem Fingerknöchel auf die Tischplatte, daß es klirrt, das Geschirr, ausruft: »Mit dem Kind kann ich nicht Kilometer laufen bis zum Metzger!« Es ist nach der Mittagsmahlzeit. Meine Mutter hat den Tisch nicht abgedeckt. Mein Vater hat sich nicht lang gestreckt auf dem Kanapee. Zwischen zwei Rechtfertigungen höre ich meine Eltern die Hauptpunkte ihrer Anklagen wiederholen.

»Weil du das Fleisch halbroh willst!« ruft meine Mutter.
»Wenn ich es hätte auskochen können!«
»Ausgekochtes Fleisch!« ruft mein Vater. »Nein! Weil du zu diesem Metzger gehst! Immer noch! Obwohl ich seinen Sohn habe durchfallen lassen, diesen Tölpel, der nur taugt zum Wurstmachen!«
»Ich kann nicht Kilometer!« ruft meine Mutter.
»Ich habe es immer gesagt!« ruft mein Vater.
»Nie hast du es gesagt!« ruft meine Mutter.

»Eine Finne wird er dir andrehen!« ruft mein Vater.

»Kilometer laufen bis zum Metzger!« ruft meine Mutter.

»Aus reiner Rachsucht!« ruft mein Vater.

Zwischen zwei Rechtfertigungen, zwischen zwei Anklagen höre ich meine Mutter klagen.

»Allein«, ruft sie, »ist das Kind schon mager genug. Und nun ist es auch noch ein Wirt!«

»Wirt!« ruft mein Vater. »Was soll der Unsinn!«

Unter uns klopft der Herr Kecker, der Krückenträger, mit seiner Krücke gegen den Fußboden.

»Dreinschlagen«, schreit er, »sollte ich mit meinen Krücken!«

»Pst!« sagt meine Mutter. »Der Herr Kecker hat sich freigenommen.«

Ich sitze auf dem Bett, auf diesem Hügel Bettzeugs. Ich presse meinen Hintern hinein. Und wenn er saugt in mir, drücke ich an gegen seinen Sog. Und wenn er sich windet, trete ich mit den Beinen gegen das Holz des Betts, bis die Haut rot ist, brennt an den Waden, aufspringt.

Dann ziehe ich die Beine hoch hinauf auf den Hügel, hocke ich reglos da, die Schenkel gepreßt gegen die Brust, das Kinn geklemmt in die Lücke zwischen den Knien, die Finger gelegt auf die Wunden an den Waden.

»Wann«, frage ich mich, »wird er sich blicken lassen?«

»So geht das nicht weiter«, sagte meine Mutter.

Ich saß, wie ich sitze, auf diesem Hügel Bettzeugs am Morgen. Und draußen, vom Bett aus, sah ich meinen Vater treten durch das Schultor aus eisernen Gitterstäben, höre ich durch die geschlossenen Fenster hindurch die Schulglocke läuten. Und drinnen sah ich vom Bett aus meine Mutter durch mein Zimmer auf mich zukommen, hörte sie sagen, und dies unter dem Klang der Schulglocke, daß es so nicht weiterginge. Sie trug meine Sonntagshose, mein Sonntagshemd in der Hand. Sie legte beides auf dem Bett ab. Sie kniete nieder vor dem Bett, hielt zum Vergleich ihre dürren Arme neben meine dürreren Beine.

»Du hast Beine wie Arme, wie Finger fast«, sagte sie. »Ich habe es satt, mich so ansehen zu lassen von anderen Müttern. Heute wirst du untersucht.«

Meine Mutter packte Kekse ein.

»Wir werden lange warten müssen«, sagte sie. »Der Herr Doktor Trautbert hat viele Patienten.«

Die Praxis des Herrn Doktor Trautbert zu verfehlen ist nicht leicht. Über unser ganzes Stadtviertel verteilt finden sich Schilder an den Fassaden der Häuser, in Mannshöhe, darauf auf weißem Grund schwarze Handrücken abgebildet sind, mit vier in die Handballen gekrallten Fingern und einem langgestreckten Zeigefinger, welcher waagrecht weist auf ein zweites Schild. Dieses zweite Schild wiederum weist hin auf die Praxis des Herrn Doktor Trautbert. Mit zunehmender Entfernung von seiner Praxis werden die Abstände weiter zwischen den Schildern, mit abnehmender Entfernung von seiner Praxis verringern sie sich. Es hat sich in unserem Stadtviertel herumgesprochen, daß mit jedem neuen Patienten zwei neue Schilder dieser Art auftauchen. Denn die Patienten legen gute Worte ein für den Herrn Doktor Trautbert bei Hausbesitzern und -verwaltern. Wo sich ein Hausbesitzer, Hausverwalter ganz besonders störrisch zeigt, stellen die Patienten des Herrn Doktor Trautbert die Schilder hinter den Fenstern ihrer Wohnungen auf. Am Haus des Herrn Doktor Trautbert weist mannshoch und fassadenlang Hand für Hand auf Schild für Schild. Der Herr Doktor Trautbert ist der Besitzer des fünfstöckigen Miethauses.

Vor der Haustür auf dem Gehsteig lagen in einer Linie, in gleichen, in hundsbreiten Abständen voneinander, vier noch nicht ausgetrocknete Hundehaufen. Keiner dieser vier Haufen war breitgetreten. Die Hausbewohner, die Besucher der Hausbewohner, die Patienten des Herrn Doktor Trautbert, und die sonst hausaus, hausein Tretenden, sie alle schienen auf vertrautem Fuß zu stehen mit dieser Tatsache.

Meine Mutter läutete.

Im Treppenhaus, die Wand entlang, wies eine Hand auf die

andere, schwarz auf weiß auf schwarz auf weiß die Treppe hinauf. Der Herr Doktor Trautbert läßt seine Patienten fünf Stockwerke hinaufsteigen. Praxis und Privatwohnung haben den gleichen Eingang. Über diesem Eingang wies der Zeigefinger senkrecht hinab, wies geradewegs auf die weiße Haube der Schwester Else, die in der Tür stand, grauhaarig, mit weißgräulichem Gesicht, mit grauen Augen, schmallippigem Mund, mit weißem Bäffchen rund um den weißgräulichen Hals, mit grauem, knöchellangem Rock. Sie stand in der Tür, als wäre diese Tür ihr mitsamt der Haube angepaßt worden. Der Breite nach hätte Schwester Else dreimal neben sich Platz gefunden.

»Sie sind bestellt?« sagte sie, hielt in Gürtelhöhe in der linken Hand einen Notizblock, einen Bleistift in der rechten.

»Leinlein«, sagte meine Mutter. »Es ist wegen Lothar. Lothar Leinlein.«

Schwester Else beugte sich ein wenig nach vorn, suchte auf dem Block mit dem Stift meinen Namen, hängte einen Haken hintenan.

»Bitte!« sagte sie.

Und während wir in den Korridor traten, meine Mutter mich vor sich herschiebend, und während Schwester Else die Tür schloß, die Augen musternd auf unsere vier Beine gerichtet, begannen die vier Hunde des Herrn Doktor Trautbert kläffend unseren Gang durch den Korridor, vorüber an der Garderobe, am Sprechzimmer, zum Wartezimmer zu begleiten, rannten kläffend an gegen die Füllung einer Tür mit Aufschrift. Das Schild schepperte beim Aufprall ihrer vier Leiber. Im Augenblick des Aufpralls jaulten die Hunde los.

»Was steht auf diesem Schild?« fragte ich meine Mutter.

»Hundezimmer«, las meine Mutter – ich weiß nicht, ob sie lügt, wenn sie mir vorliest –, »Eintritt auf eigene Gefahr.«

Die sieben Patienten im Wartezimmer sahen kurz zur Tür, zu uns. Sie hoben die Gesichter erst zu meiner Mutter, senkten sie dann zu mir.

»Guten Tag«, sagte meine Mutter.

Die Patienten, ausgenommen einer, starrten mit stumpfen Gesichtern vor sich hin oder auf ihre Schöße, auf die Titelblätter von Zeitschriften, die Hunde zeigten. Alle sieben Patienten saßen da mit nebeneinander zu Boden gestellten Beinen. Zwischen ihren Füßen hatten sie Päckchen abgelegt. Das Einschlagpapier wies blutfarbene Flecken auf, war auch aufgeweicht stellenweise, so daß ich den Inhalt erkennen konnte: Knochen und Fleisch, die Mitbringsel für die Hunde des Herrn Doktor Trautbert. Hin und wieder, wenn einer von ihnen versehentlich und einer Gewohnheit folgend ein Bein über das andere schlug, verzogen sich seine Züge für einen Augenblick in einem Anflug von Pein, und er hob sachte das Bein vom anderen und er setzte es weiter abgerückt als zuvor zu Boden.

Vier von den sieben Patienten saßen auf den Stühlen, die nebeneinander die Wände lang standen, saßen in einer Reihe vor der Wand mit Fenster. Einen Stuhl ließen sie jeweils unbesetzt zwischen sich. Die übrigen drei saßen auf dem Sofa hinter dem Zeitschriftentisch, saßen in der Weise, daß zwischen der Sofalehne und dem ersten Patienten, daß zwischen dem ersten und zweiten Patienten, zwischen dem zweiten und dritten und dem dritten und der Sofalehne am anderen Sofaende jeweils eine patientenbreite Lücke frei war. In diese Lücke legten sie wie verabredet ungleichzeitig und von Zeit zu Zeit die Hände, als wollten sie sich vergewissern, ob der jenseits der Lücke Sitzende ihnen in der Zwischenzeit nicht zu nah an den Leib gerückt war.

Was diese Patienten zum Arzt führte, sah ich auf den ersten Blick nur einem an: dem, der zwischen den zwei anderen auf dem Sofa saß. Er hatte es im Gesicht. Wo genau er es hatte, das deutete er immer wieder an, indem er seinen Zeigefinger hob, die Zeigefingerkuppe auf die Lücke zwischen seinen Brauen legte, auf eine himbeerrote Pustel, ohne Eiterkuppe, auf deren Gipfel ein spärliches Haarbüschel, die Verbindung zwischen den Brauen, zu Berge stand. Rundherum war alles angeschwollen, am ärgsten die Augengegend. Tief eingebettet lagen die Augen zwischen den Wülsten oben und unten, die aufeinander fielen, wenn er nicht acht gab, wenn er nicht die Stirn hochzog und in Falten. Wollte er außer seinen Wangen etwas Wesentliches wahrnehmen – wie beispielsweise unser Eintreten –, so mußte er den Kopf in den Nacken legen. Die Pustel hatte die Haut auf dem Nasenrücken emporgezogen und mit der Haut die Nasenlöcher, ja sogar die Oberlippe. Ich konnte einen halben Finger tief hineinsehen in sein sorgfältig gesäubertes, haariges Naseninneres. So saß er da, dieser Patient, mit faltiger Stirn, die Lippen leicht geöffnet, tippte sich mit dem Zeigefinger zwischen seine Brauen, blickte nicht stumpf wie die anderen vor sich hin, eher wie erstaunt über seinen Zustand und grübelnd über seinen Zustand.

»Gaff«, zischte meine Mutter mir ins Ohr, »diesen Herrn nicht so an! Glaubst du vielleicht, das macht ihm Spaß?« Sie gab mir einen Keks.

Und während ich den Keks aß, und weil ich den Herrn nicht ansehen sollte, und weil ich bei den anderen Patienten ohnehin nicht erkennen konnte, was ihnen fehlte, sah ich mir das Bild über dem Sofa an.

Bild und Sofa waren von gleicher Länge. Entweder also war das Bild eine Auftragsarbeit, oder es war das Sofa eine Auftragsarbeit, oder es war Zufall. Der goldfarbene Rahmen umschloß eine Landschaft, wie sie sich ein Ortsunkundiger nur wünschen kann. Übersichtlich war sie bis zum Horizont. Kein Berg, kein Baum, kein Strauch verdeckte den Ausblick auf diesen waagrecht von Rahmenholz zu Rahmenholz führenden Strich Horizont, der gerade war, wie mit einem Brett gezogen. Der Grund diesseits des Strichs war ein wenig heller als schaffellfarben und gräulich der Grund jenseits des Strichs. Weder von Sonne, Mond noch Sternen unterbrochen, stellte der gräuliche Grund einen dichtbewölkten Himmel dar. Diesseits des Strichs standen in einer Reihe Schafe, schaffellfarbene, die Hinterteile den Betrachtern oder Kunstkennern zugewendet, ausgenommen eines. Die Schafsleiber hoben sich kaum ab vom Grund. Die Schafe links, die der Maler offenbar vor denen rechts gemalt hatte, zu jener Zeit offenbar, die vor seinem Entschluß lag, auch auf das Gras zu verzichten der Übersicht halber, die Schafe links hielten die Köpfe gesenkt in Grashalmhöhe, als grasten sie. So waren sie gemalt, daß man ihre Köpfe zwischen den Beinen hindurch erkennen konnte. Und nicht nur zwischen den Schafsbeinen, auch zwischen den einzelnen Schafskörpern konnte man hindurchblicken, als wären diese Schafe bereitwillig auseinandergerückt, damit einer hinter ihnen, der nicht mehr in den Rahmen paßte, durch die Lücken zwischen ihren Leibern Ausblick hatte auf den Horizont. Der Horizont zog sich um einen Schafskopf höher über den Schafsköpfen hin, ausgenommen einem. Die Schafe in der Mitte, das heißt nicht genau in der Mitte, sondern diesseits und jenseits der Lücke in Bildesmitte, und die Schafe rechts sahen, weil nichts mehr zu grasen da war, auf den Horizont. Rechts außen, ein wenig tiefer als die Schafe und mit gekrümmtem Rücken gegen den Rahmen gepreßt, als fürchtete er, aufrecht stehend den Horizont zu überragen, stand der Schäfer mit Hut auf dem Kopf. Hut und Horizont berührten sich. Der Schäfer sah nicht auf die Schafe. Er hatte sein Gesicht abgewendet, und nicht nur das: er bedeckte mit beiden Händen sein abgewendetes Gesicht, als schämte er sich seiner Schafe so sehr, daß er sogar den Blick auf die den Schafen entgegengesetzte Richtung nicht ertragen konnte. Besonders aber schien er sich dieses einen Schafs zu schämen, das ihm am nächsten stand, rechts außen in der Reihe. Die Hinterbeine dieses Schafs standen auf gleicher Linie mit den Hinterbeinen der anderen Schafe. Der Hals dieses Schafs war jedoch so lang geraten, daß der Kopf auf dem Horizont lag, ihn sogar überragte. Trotzdem war es nicht schwer, sich den Verlauf des geraden Horizonts hinter dem Schafskopf vorzustellen. Einäugig und mit bösem Seitenblick sah dieses Schaf am Schäfer vorbei auf einen vielleicht hinter dem Schäfer Stehenden, der nicht mehr in den Rahmen paßte. Der Horizont lief ihm geradewegs hinein in das Schafsmaul, das dieses Schaf weit aufgerissen hatte, als wollte es ihn entzweibeißen.

Die vier Hunde fingen zu kläffen an, kläfften, bis die Haustür hinter einem abgefertigten Patienten zuschlug. Das Schild schepperte beim Aufprall ihrer Leiber. Die Patienten, ausgenommen der mit der Pustel, zogen die Schultern ein, sie rückten aufeinander zu, so daß sich die Lücken verkleinerten einerseits, andererseits vergrößerten, sie sahen zur Tür.

»Der Nächste, bitte!« sagte Schwester Else.

Der Nächste, der war es, rechts neben dem mit der Pustel, hob sein Mitbringsel mit beiden Händen hoch, trug es vor sich her, trug es hinkend, ausschreitend mit dem rechten Bein, es achtlos aufsetzend, hinterher schleifend das steife linke, es achtsam aufsetzend, so trug er das Mitbringsel hinaus aus dem Wartezimmer.

»Es ist für Tobias«, hörte ich ihn hinter der Tür heiser sagen.

»Tobias«, wiederholten im Wartezimmer die Patienten. »Sieh an!« sagten die Patienten und sie sahen einander an wie Eingeweihte, ausgenommen der mit der Pustel, dem es schwer fiel, über sich hinwegzusehen. Gleichweit waren wieder die Lücken zwischen ihnen wie vor dem Gekläff.

»Mich auch«, sagte einer, der war es links außen in der Stuhlreihe vor der Wand mit Fenster. »Mich«, wiederholte er, zog sein linkes Hosenbein ein wenig in die Höhe, aber nicht so hoch hinauf, daß ich, der einzige, der hinsah, etwas Sehenswertes an dem entblößten Beinstück bemerken konnte, ließ es auch sein, als er sah, daß die übrigen – außer mir, der ihm wohl nicht Zuschauer genug erschien für die Zurschaustellung eines längeren Beinstücks mit etwas Sehenswertem daran – daß also die übrigen stumpf und vor sich hin oder auf Hundebilder starrten, ließ das Hosenbein hinabrutschen über den Socken. Dann sah er beleidigt zu Boden auf das Mitbringsel zwischen seinen Füßen. Ich kaute den Keks. Gekläff kam auf, Schildscheppern. Die Patienten rückten einerseits auseinander, andererseits zusammen. Im Korridor hörte ich den Herrn Doktor Trautbert sagen: »Nichts wird zurückbleiben, nichts, seien Sie sicher, außer einer Narbe, nehmen Sie sie als eine Erinnerung an Tobias.« Hastig begann der links neben dem mit der Pustel die Ordnung seiner Kleider zu überprüfen. Er fuhr mit der rechten Hand über den Krawattenknoten, die Knopfreihe des Rocks, des Hosenschlitzes.

»Das ist also der nächste Nächste«, dachte ich.

»Kann ich noch«, fragte ich meine Mutter, »einen Keks?«

Er zog mit beiden Händen die Schnürsenkel straff, und zwischen den Schuhen hob er sein Mitbringsel hoch, rückte an den Rand links des Sofas.

»Wart noch ein Weilchen«, sagte meine Mutter.

Als er hinausging hinkte er, das rechte Bein hinterherschleifend.

»Für Susi«, hörte ich ihn sagen.

Der einzige auf dem Sofa, der mit der Pustel, ein Mensch offenbar mit Sinn für Symmetrie, vergewisserte sich mit Seitenblicken nach rechts, nach links, ob er noch in der Mitte des Sofas säße. Und so wie er saß, saß er auch in der Mitte und den Kopf genau unter der Lücke in Bildesmitte zwischen zwei Schafsleibern.

»Es dauert«, sagte der, der erst »Michauch« gesagt hatte, dann »Mich«, versuchte zum zweitenmal ein Gespräch in Gang zu bringen, nachdem er es das erste Mal so falsch angefangen hatte, wie es falscher nicht geht, weil einer ein Gespräch zwischen Patienten nicht beginnen kann, wie ein Gespräch zwischen Arzt und Patient: indem er gleich auf sich selbst zu sprechen kommt.

»Das kann man wohl sagen«, sagten die übrigen Patienten, ausgenommen der mit der Pustel. Der brabbelte etwas vor sich hin, das sich anhörte wie: »Ich sage nichts.«

»Es dauert«, sagte meine Mutter, »immer länger als man denkt. Immer!«

»Er kann eben auch nicht schneller als er kann«, sagte der neben dem, der »Michauchmich« gesagt hatte und dann, daß es dauere. Der mit der Pustel brabbelte etwas vor sich hin, das sich anhörte wie: »Da bin ich nicht so sicher.«

»Er könnte schon, natürlich«, widersprach sich nun der, der behauptet hatte, daß er nicht schneller könne als er könne.

»Er müßte nur nicht immer auf seine Hunde zu sprechen kommen. Aber er kann eben nicht anders. Das ist es ja!«

»Er liebt sie eben«, sagte der rechts außen in der Stuhlreihe. »So ist er eben.«

»Da kann einer verbluten«, sagte der, der bisher noch nichts gesagt hatte. »Nicht eher hört er auf, als bis er fertig ist mit den Eigenschaften aller vier Hunde. Das aber dauert, solange es dauert. So ist er eben.«

»Mama«, sagte ich, und ich sah, daß mich alle ansahen.

»Kind«, sagte meine Mutter, »du machst mich!«

»Lassen Sie ihn!« sagte einer von den beiden, die gesagt hatten, daß er eben so sei und vorher etwas anderes. »Kinder sind Kinder.«

»Wir alle waren einmal Kinder«, sagte der, der bisher noch nichts und dann doch etwas gesagt hatte.

Da gab mir meine Mutter einen Keks.

»Wie heißt du denn?« sagte der, der »Michauchmich« gesagt hatte und dann mehreres.

Meine Mutter sah mich von der Seite an. Ich wußte, daß ich es sagen mußte.

Ich wartete, bis das Gekläff der Hunde draußen abklang, die vom Gekläff begleiteten Worte des Herrn Doktor Trautbert, der sagte: »Wir müssen Geduld haben. So ein Biß heilt nicht von einem Tag auf den anderen. Es ist eben wie es ist.«

»Lothar«, sagte ich. Dann kaute ich den Keks.

»Der Nächste, bitte«, sagte Schwester Else.

»Das ist aber ein schöner Name«, sagte der, der »Michauchmich« gesagt hatte, hob sein Mitbringsel auf, hinkte, ich weiß nicht welches Bein hinterherschleifend, ich sah auch gar nicht hin, sah eine Fliege fliegen und gab acht, wann und dann worauf sie sich setzen würde, und hinkte hinaus.

Danach sagte keiner etwas. Nur ich, weil ich Keks wollte, fragte meine Mutter, ob ich Kekse haben könne, fragte sie so oft, bis mir meine Mutter alle Kekse gab.

Und während der Nächste, jeweils von Schwester Else aufgefordert, unter dem Gekläff der vier Hunde das Wartezimmer verließ, hinkend, das eine oder das andere Bein hinterherschleifend, draußen einen der vier Namen: Susi, Anneli, Tobias, Gabriel nennend, und während drinnen die Patienten auseinander, zueinander rückten, solange einer jenseits der Lücken saß, und wenn nicht, sich umfaßten mit den eigenen Armen, und danach wieder stumpf und vor sich her oder auf Hundebilder starrten, und während der eine oder andere räuspernd versuchte, auf sich aufmerksam zu machen, das eine oder andere Hosenbein hochzog, den Mund öffnete, als setzte er an zu einer Mitteilung, und dies indem er vom einen zum anderen blickte, und während die anderen, besonders jene, die das gleiche zuvor versucht hatten, die Köpfe kaum merklich, aber doch abwendeten von ihm, und während der, der es versucht hatte, es dann doch sein ließ, weil ich, der einzige, der hinsah, ihm nicht Zuschauer genug erschien, kaute ich Keks für Keks klein, gab ich acht, wann und dann worauf sich die Fliege setzen würde.

Die Fliege setzte sich in die Lücke links zwischen der Sofalehne und dem mit der Pustel.

Nach dem vierten abgefertigten und vor den drei übrigen, auf Abfertigung wartenden Patienten, außer uns, zwischendrin, legte der Herr Doktor Trautbert eine Pause ein. Er fütterte seine vier Hunde.

Ich hörte sie durch den Korridor gehen, den Herrn Doktor Trautbert und die Schwester Else.

»Haben Sie es gerecht verteilt?« hörte ich ihn sagen. »Lassen Sie die Näpfe sehen!«

Es schepperte.

»Es ist gut«, hörte ich ihn sagen, »da kommt keiner zu kurz.« Er schloß die Tür auf.

Die Hunde kläfften lauter als zuvor. Und drunten, irgendwo im Haus, vielleicht, weil er es nicht ertragen konnte, vielleicht, weil er ohnehin üben mußte, fing ein Klavierspieler zu spielen an. Und drunten, irgendwo im Haus, weil sie das Gekläff, weil sie das Klavierspiel nicht ertragen konnten, schrien Kleinkinder los, schrien Frauen, weil sie das Gekläff, das Klavierspiel, das Geschrei nicht ertragen konnten: »Lassen Sie das Geklimper!«, schrie er, der Klavierspieler: »Erst sollen die das Gekläff lassen!« Und drinnen, im Wartezimmer, klapperten die beiden Patienten auf der Stuhlreihe und einen leeren Stuhl zwischen sich mit den Zähnen, duckten sich, zogen die Schultern ein, umfaßten sich mit den eigenen Armen. Der eine, der war es, der erst nichts und dann doch etwas gesagt hatte, stand auf, öffnete das Fenster, das um fünf Stockwerke zu hoch lag. Darauf setzte er sich, zog ein Schnupftuch aus der Hosentasche und drehte es wie zu einem Seil. Der andere, der war es, der gesagt hatte, daß er nicht schneller könne als er könne und gleich darauf das Gegenteil, sah vom Fenster zum Schnupftuch zum Fenster, begriff und nickte erleichtert, als reiche die Idee eines Auswegs aus für einen Ausweg.

Der mit der Pustel ließ seinen Finger auf der Pustel.

Die Fliege flog auf das Bild zu. Sie setzte sich in die Lücke links zwischen zwei Schafen.

Die Hunde warfen sich gegen die Tür.

»Meine Kleinchen«, rief der Herr Doktor Trautbert, »meine Liebchen! Laßt euer Herrchen ein! Ich bringe euch auch etwas Feines. Für jeden einen Napf! Na werdet ihr wohl, ihr Dümmlinge! Oder wie denkt ihr denn soll ich hinein, wenn ihr vier Riesenviecher euch gegen die Tür stemmt? Jeder in sein Eck! Hört ihr wohl! Susi, Anneli, Tobias, Gabriel haltet Platz! Geben Sie mir das Tablett, Schwester Else! So!« Die Tür quietschte, als er sie auftat. Die Hunde verstummten.

Ich stellte mir vor, daß er in der Mitte des Zimmers stand, das Tablett mit beiden Händen vor sich haltend oder erhebend über den Kopf, eher so, damit es alle vier sehen konnten. Ich stellte mir vor, daß in jedem Eck ein Hund hockte, schwänzelnd und den Hundeblick auf seinen Napf richtend, auf die Näpfe der anderen drei. Die Hunde fingen zu knurren an.

»Haltet Platz!« rief der Herr Doktor Trautbert. »Zurück in die Ecken! Nur so kommt jeder zu seinem Recht!«

Aber die Hunde kläfften, sprangen auf und hoch. Die Näpfe schepperten. Dann prasselten Knochen, klatschte Fleisch, schepperten Näpfe zu Boden. »Ich wollte doch«, stöhnte der Herr Doktor Trautbert, »doch nur euer Bestes!« Dann fiel auch er zu Boden. »Ich bin es«, stöhnte er, »euer Herr, der da liegt. Ich warne euch! Verwechselt mich nicht! Sonst wird man euch niederschießen wie tolle Hunde!«

»Soll ich Ihnen hochhelfen?« sagte Schwester Else.

Ich stellte mir vor, daß sie auf ihn herabsah, ohne einen Anflug von Schadenfreude, von Teilnahme im Gesicht, daß er platt lag auf dem Boden, inmitten von Knochen, von Fleisch, von Näpfen, um ihn herum die Hunde, stumm und die Schnauzen voll Fraß. Ich stellte mir vor, daß er zu ihr hochsah, als er sagte: »Lassen Sie nur!«, oder daß er sich abwendete von ihr, als er sagte: »Lassen Sie nur!« Ich stellte mir vor, daß er sich auf die Handflächen stützte, die Beine anzog an den Rumpf, daß er so, auf Knie und Handflächen gestützt, einen Augenblick verharrte, gleich hoch oder nicht ganz so hoch wie seine Hunde, daß er sich dann aufrichtete. »Es geht schon«, sagte er und ich hörte ihn gehen. »Es ist schon gut«, sagte er und er versuchte es vielleicht mit einem Lächeln. »Man kann ihnen ja nicht böse sein. Sie sind wie sie sind und wäre ich so, würde ich genauso sein.« Die Tür quietschte, als er sie schloß.

Der mit der Pustel nahm den Finger von der Pustel.

»Ich wundere mich nicht«, sagte der, der erst nichts und dann doch etwas gesagt hatte. Er drehte das Schnupftuch auf, steckte es in die Hosentasche. »Er gibt es ihnen roh.«

»Und die Tapeten«, sagte der, der vor einer Weile Wartezeit behauptet hatte, daß er nicht schneller könne als er könne und gleich darauf das Gegenteil, »die Tapeten«, wiederholte er und er sprach das Folgende mit dem Zeigefinger auf den Lippen, als wollte er andeuten, es sei ein halbes Geheimnis, »hat mir einer gesagt, sollen als Muster nackte Beine haben, lebensgroße.«

Die Fliege, die die Lücke lang zum Horizont gekrochen war, links zwischen zwei Schafsleibern, flog auf, ein paar Fliegenlängen vor dem Horizont, setzte sich auf den leeren Stuhl zwischen den beiden.

»Und wissen Sie eigentlich«, sagte der, der erst nichts und dann doch etwas gesagt hatte, eine ganze Menge sogar. Der andere, der ihn ansah, den Zeigefinger noch auf den Lippen, sprang auf, von Schwester Else aufgefordert, sprang ein wenig zu hastig auf, hielt stöhnend sein Bein mit beiden Händen und hinkte gebückt hinaus. Als er abgefertigt war und noch ehe Schwester Else den nächsten Nächsten aufforderte, kam er noch einmal herein, reichte dem, der erst nichts und dann doch etwas gesagt hatte, eine Karte: »Meine Adresse«, sagte er. Der andere steckte die Karte ein, nickte, sagte: »Ich werde.« Dann wurde er aufgefordert.

Die Fliege flog auf, flog um den mit der Pustel herum.

»Gottseidank«, sagte meine Mutter, »habe ich vorgekocht.«

Der mit der Pustel fing an, auf dem Sofa hin und her zu rutschen, bald in die Lücke links zwischen der Sofalehne und sich, als er in der Mitte saß, bald in die Lücke rechts zwischen der Sofalehne und sich, als er in der Mitte saß.

»Ich kann nicht länger warten«, brabbelte er und sprang auf. »Ich gehe«, brabbelte er und er verließ, ohne zu hinken, unaufgefordert das Wartezimmer, unabgefertigt die Praxis des Herrn Doktor Trautbert.

»Nun sind wir an der Reihe«, sagte Schwester Else.

Und dann gingen wir hinter ihr her, meine Mutter mich vor sich herschiebend, mich vorüberschiebend am Hundezimmer, und dies begleitet vom Gekläff der vier Hunde, zum Sprechzimmer.

Der Herr Doktor Trautbert stand in der Mitte des Sprechzimmers, breit und kurz und rosig, und in Anwesenheit der Schwester Else noch breiter noch kürzer noch rosiger erscheinend, wie auch sie in seiner Anwesenheit noch schmaler noch länger noch grauer erschien, als er es, als sie es, als beide es ohnehin waren. Er trug einen weißen, reinen Kittel. In den ausgestreckten Händen hielt er einen zweiten weißen, stellenweise blutbefleckten Kittel.

»Schaffen Sie«, sagte er zu Schwester Else, »doch bitte, doch endlich diesen Kittel fort! Man ähnelt einem Metzger eher als einem Arzt, wenn man diese vier Hunde gefüttert hat.«

Darauf reichte er uns gleichzeitig, meiner Mutter und mir, eine seiner Hände, er sah uns nicht ins Gesicht dabei, er sah auf unsere Beine.

»Frau Leinlein kommt zum erstenmal«, sagte Schwester Else. Sie trat neben ihn, trat auch in der Folge, während der Untersuchung, jede Gelegenheit wahrnehmend, neben ihn, als wollte sie darauf hinweisen, daß es außerdem die Möglichkeit gab, so auszusehen wie sie.

»Es ist wegen Lothar«, sagte meine Mutter.

»Nun, nun«, sagte der Herr Doktor Trautbert. Und während meine Mutter sich setzte, zog er mit dem Daumen meine Augenränder nach unten, zog er mit dem Zeigefinger meine Augenlider nach oben, sah er sich das Rote innen an.

»Wo fehlt es denn?« fragte er.

Ich klappte die Augen auf und zu.

»Ah«, sagte er, hob mein Kinn an mit den Daumen.

Ich zog die Schultern hoch, legte den Kopf in den Nacken, sah in sein Gesicht.

»Ah«, sagte er, »ah!« Er beugte sich zu mir herab, ließ mich hineinsehen in seinen weitaufgerissenen Mund, darin hinten, zwischen den zwei Löchern, das hochgezogene Zäpfchen auf und nieder zuckte, darin das hintere Zungenstück bedeckt war mit dichtem weißem Belag, der dünner und durchbrochen wurde zur Zungenspitze hin, die rosa auf seiner rosa Unterlippe lag.

»Ah«, sagte ich.

»Noch einmal«, sagte er.

»Ah«, sagte ich.

»Die Straße, bitte«, sagte Schwester Else. Sie saß an einem Tisch und schrieb.

»Schulstraße 33«, sagte meine Mutter. »Er soll untersucht werden. Mager genug ist er aus Veranlagung und ein schlechter Esser außerdem. Nun aber nimmt er auch noch ab.«

Wir saßen uns gegenüber, er und ich, ich meine Beine zwischen seinen Beinen. Er besah sich mein Ohreninneres durch einen Spiegel vor dem Auge. Dieser Ohrenspiegel war befestigt an einem metallenen Reif, den er rund um den Kopf und über der Stirn trug. Er klappte den Spiegel hoch.

»Das linke jetzt«, sagte er. »Das linke, nicht das rechte«, sagte er, zog an meinem linken Ohrläppchen.

»Er ist ein wenig verwirrt«, sagte meine Mutter.

»Da fehlt nichts«, sagte er und nahm den Reif mit dem Spiegel vom Kopf. »Machen Sie ihn oben frei!«

Meine Mutter zog mir mein Hemd, mein Unterhemd aus.

»Nur ein Augenblickchen noch«, rief er.

Die Hunde kläfften.

Der Herr Doktor Trautbert legte das kalte Hörrohr auf ein paar Stellen meiner Brust, sah mit dem Ausdruck eines Horchenden über meinen Kopf hinweg. Die Hunde kläfften so laut, daß ich mich fragte, ob er außer ihrem Gekläff etwas hören konnte. Er faßte mich an mit seinen warmen dicken Fingern, drehte mich um zwischen seinen Schenkeln. Er legte das kalte Hörrohr auf ein paar Stellen meines Rückens.

»Tief einatmen«, sagte er, »ausatmen! Ein!« sagte er. »Und jetzt aus! Die Luft anhalten!« sagte er. »So, es ist gut. Da fehlt nichts«, sagte er. Er gab mir einen Klaps auf den Hintern.

»Er ist ein wenig verwirrt«, sagte meine Mutter.

»Leg dich da hin«, sagte der Herr Doktor Trautbert, »schau auf diesen Finger!«

Ich legte mich auf ein ledernes Bett. Der Herr Doktor Trautbert begann mit seinem Zeigefinger herumzudeuten. Er zeigte in alle Richtungen, bald langsam, bald schnell. Ich sah seiner Zeigefingerkuppe nach, schielte, wenn er sie mir vor die Nase hielt.

»Da fehlt nichts«, sagte er.

Meine Mutter stand auf, sie zog mir mein Unterhemd, mein Hemd an.

»Ja«, sagte sie, »dann fehlt ihm also nichts.«

Ich stand in der Mitte des Zimmers. Ich sah, daß sie mich nicht ohne Enttäuschung ansahen, meine Mutter, der Herr Doktor Trautbert, die Schwester Else.

»Manchmal«, sagte ich, »ist etwas in mir, das sich bewegt.«

»Das ist ja interessant!« rief der Herr Doktor Trautbert. »So setzen Sie sich doch bitte, gnädige Frau!«

Meine Mutter setzte sich, sie schlug die Beine übereinander, sie legte den Zeigefinger auf die Backe.

»Wo, sag einmal, bewegt es sich denn? Hier?« sagte der Herr Doktor Trautbert. Er wies auf seinen Kittel, auf die Stelle etwa seines Nabels.

Ich nickte.

»Der Dünndarm, dachte ich mir's doch!« rief der Herr Doktor Trautbert. »Das bringt uns der Sache schon näher!«

»Manchmal«, sagte ich, »saugt es auch.«

»Warum hast du mir das nicht gesagt?« sagte meineMutter.

»Lassen Sie ihn, gnädige Frau«, rief der Herr Doktor Trautbert, »wahrscheinlich ist er ein Wirt!«

»Wirt?« sagte meine Mutter.

»Wirt«, sagte der Herr Doktor Trautbert, »im Sinne von Wirt. Einer eben, der einen anderen beherbergt.«

Meine Mutter schüttelte sich.

»Sie essen wohl das Fleisch halbroh?« sagte der Herr Doktor Trautbert.

»Mein Mann«, sagte meine Mutter und sie konnte nicht nicken, so sehr schüttelte sie sich.

»Ich bin fast sicher«, sagte der Herr Doktor Trautbert, »obwohl wir erst Gewißheit haben, wenn Sie mir eine Probe seines Stuhlgangs bringen.«

Der Herr Doktor Trautbert ging auf und ab im Sprechzimmer, während er das Folgende sprach, ging vom Fenster zur Tür zum Fenster, rieb sich die Hände, wenn er sie nicht eben benötigte, um seine Worte zu unterstreichen, ging zwischen Tür und Fenster immer unter der Lampe in der Mitte der Zimmerdecke hinweg, ging zwischen Lampe und Fenster zwischen uns hindurch, meiner Mutter und mir, die wir uns gegenübersaßen, ich auf dem Bett, sie auf dem Stuhl, ein Stück abgerückt, und während seiner Rede Stück für Stück abrückend von mir, bis sie kurz vor dem Ende der Rede mit der

Stuhllehne gegen die Wand stieß, er ging von Gekläff begleitet, von Klavierspiel drunten, irgendwo im Haus, und er unterbrach sich nur, um die Tür aufzureißen, »Ruhe!« zu rufen hinaus in den Korridor. »In unseren Breiten kommen nur zwei Arten in Betracht. Die eine, das ist der Schmale oder der sogenannte Gemeine, die zweite, das ist der sogenannte, und zwar zu Unrecht so genannte, Schwarze, weil er nicht schwarz, sondern nur von dunklerem Weiß ist als der Gemeine. Wenn Sie mich nun fragen, welchen von beiden ich ihm wünsche – und ich wünsche ihm keinen –, würde ich sagen den letzteren, den Schwarzen. Natürlich hat auch er, so wie alles, seine Nachteile. Denn schwer nur läßt er sich abtreiben und seine Länge, ausgewachsen, beträgt immerhin acht Meter. Wenn Sie also zu dieser Längswand die Breite des Korridors hinzurechnen, kommen Sie hin, gnädige Frau.« Meine Mutter sah, als sähe sie ihn leibhaftig, die Wand des Zimmers entlang. Sie schüttelte sich. »Aber so lang wird er wohl noch nicht sein«, fuhr der Herr Doktor Trautbert fort und er wies auf mich, als er ihn meinte. »Sonst sähe er nämlich erbärmlicher aus«, und er wies auf mich, als er mich meinte, »so lang vermutlich«, fügte er hinzu und er wies die Wand mit der Tür entlang. »Trotzdem sollten Sie froh sein, falls es sich herausstellt, daß er ihn hat. Der andere nämlich, der erstere, und nicht zu Unrecht der Gemeine genannt, setzt seine Finne« – »Finne?« sagte meine Mutter – »seine Finne, ich erkläre sofort, oft, nicht immer, aber oft genug im Auge, auch im Gehirn des eigenen Wirts« – »Wirt?« sagte meine Mutter – »Wirt im Sinne von Wirt, das sagte ich doch, des eigenen Wirts also ab. Wenn das geschieht« – »Ich weiß nicht, was«, sagte meine Mutter – »Fangen wir also von vorne an. Der Körper des Bandwurms besteht aus dem Kopf und einer Kette von Gliedern, sonst nichts. Kein Mund, kein After, kein Atemorgan. Das kann er sich leisten. Damit kommt er aus. Denn er ist ein Parasit. Er ernährt sich, er entleert sich durch die Haut. Das ist, warum schütteln Sie sich, doch die natürlichste Sache auf der Welt! Wenn Sie sich nun bitte seinen Kopf vorstellen wollen. Nichts ist einfacher als dies! Kein Auge, kein Ohr, nichts dergleichen! Wozu auch? Denn das hat ja sein Wirt«, und er wies auf mich. »Statt dessen trägt er vier starke Saugnäpfe am Kopf, und das ist sinnvoll, denn damit saugt er sich fest an seinem Wirt. Für das Übrige sorgt dann dieser Wirt. So ist alles bestens geregelt. Die Wirte der Bandwürmer sind ausnahmslos Wirbeltiere. Beherbergt in den Dünndärmen dieser Wirte erreichen die Bandwürmer ein zwar nicht hohes, aber vergleichsweise ansehnliches Alter von mehreren Jahren, wenn sie die Wirte gewähren lassen, wenn ihnen die Wirte bekömmliche Kost zuführen. Wenn aber ein Wirt sich weigert, wenn ein Wirt zu fasten anfängt, was natürlich nicht nur den Wurm schwächt, sondern gleichzeitig den Wirt, wenn ein Wirt anfängt, dem Wurm und vielleicht auch ihm, dem Wirt selbst, widrige Kost einzunehmen, wie Meerrettich, Möhren, Kürbiskerne und so fort, dann sind sie gezählt, die Tage des Wurms. Wenn der Wirt den Wurm, und so ist es eben, auch sich selbst, auf solche Weise weniger widerstandsfähig gemacht hat, was beim Wurm bewirkt, daß er sich an seinem Wirt weniger festsaugt als zuvor, was beim Wirt arge Koliken, Magenkrämpfe, Erbrechen, weiterhin Blutarmut, Abmagerung, Schwindel, Epilepsie schließlich bewirkt, nicht muß, aber kann« – »Das ist ja«, sagte meine Mutter, »das« – »wenn also der Wirt, und damit der Wurm, diese Vorbereitungskur hinter sich hat, was sagten Sie, beginnt der Wirt, wenn er dann noch die Kraft, wenn er dann noch die Absicht hat, und Sie werden lachen, manche Wirte mögen dann nicht mehr, lassen der Sache ihren Lauf, das heißt, den Wurm länger und länger werden, beginnt also der Wirt die eigentliche Kur: der Wirt vertreibt den Wurm aus seiner Bleibe. Der Wirt, Sie müssen schon entschuldigen, aber so sagt man eben, treibt den Wurm ab.« – »Ist schon gut«, flüsterte meine Mutter – »Erfolgreich indessen ist die Kur nur dann, wenn der Kopf abgeht. So mancher Wirt in seiner Unwissenheit denkt nämlich, es sei genug getan, wenn er Gliederketten, meterlange, aus seinem After gezogen hat und läßt es damit gut sein. Nach wenigen Monaten schon sieht er sich in derselben Lage wie zuvor. Ich kenne keinen Wirt, der es da nicht aufgegeben hätte. Der Kopf des Wurms, wissen Sie, auch wenn ihm der Wirt all seine Glieder entrissen hat, läßt an seinem hinteren Ende neue Glieder knospen. Nun werden Sie gewiß wissen wollen« – meine Mutter schüttelte den Kopf – »wie die Entwicklung des Bandwurms vor sich geht. Ruhe!« Wir zuckten zusammen, meine Mutter, ich, Schwester Else, als er Ruhe hinausrief in den Korridor. »Ehemals«, fuhr er fort, »hielt man den Bandwurm für ein Individuum. Heute indessen,« – »Mein Mann«, sagte meine Mutter – »das müssen Sie wissen, weiß man, daß er eine Kolonie von Einzeltieren darstellt, denen die einzelnen Glieder entsprechen. Losgelöst von der Kette leben diese Glieder ein Weilchen weiter, kriechen für sich umher ein Weilchen. Bedenken Sie bitte, daß der Rinderbandwurm beispielsweise über tausend Glieder, Einzeltiere also, zählen kann. Das entspricht einer mittleren Dorfgemeinde etwa, die da in so einem Darm haust.« – »Ich kann jetzt nicht«, sagte meine Mutter – »Die Eier, man schätzt sie auf fünfzigtausend, wer würde sich schon die Mühe machen, sie zu zählen,« – »Eben«, sagte meine Mutter – »die Eier werden in den Gliedern gebildet, befruchtet, zu Embryonen entwickelt. Mit den Gliedern gelangen sie, umgeben von den Exkrementen des Wirts« – »Was sind Exkremente?« sagte ich – »deinem Aa, nach außen. Da liegen sie nun im Wasser, an feuchten Stellen, da warten sie nun auf den geeigneten Zwischenwirt.« – »Zwischenwirt«, kicherte meine Mutter – »Denn erst in seinem Darm, ich erkläre sofort, können sich die Embryonen weiter entwickeln. Sie durchbohren die Darmwände des Zwischenwirts, die Natur hat sie dafür mit Haken bedacht, sie gelangen in jene Organe, wie Leber, Hirn, Auge und so fort, nur um einige zu nennen, darin sie sich zu Finnen entwickeln.« – »Finne, aha«, sagte meine Mutter – »Die Finne, das ist eine Blase, die den vollständigen Bandwurmkopf enthält und eine Mutterblase. Der Finnenträger, der sogenannte Zwischenwirt, so hat es die Natur eingerichtet, ist ein Hauptnahrungsmittel des fleischfressenden Bandwurmträgers, des sogenannten Wirts«, und er wies auf mich. »Im Magen dieses Wirts wird die Blase verdaut. Was bleibt, das ist der Kopf. Der saugt sich, wie gesagt, im Dünndarm fest und beginnt an seinem hinteren Ende Glied für Glied knospen zu lassen. Jedes neue Glied schiebt sich dabei zwischen den Kopf und das zuvor gebildete, so daß die Glieder immer älter und größer werden, je weiter sie sich vom Kopf des Wurms entfernen. Das wäre also der Wurm. Und nun zu den Beispielen! Wäre er«, und er wies auf mich, »wir wollen der Anschaulichkeit halber nur immer ihn als Beispiel nehmen, wäre er also eine Katze, er würde seine Finne von der Hausmaus beziehen. Die Katze nämlich frißt die Hausmaus, in deren Leber eine Finne wartet, so ist es eben, Wurm zu werden im Dünndarm der Katze. Weiter! Wäre er«, und er wies abermals auf mich, »ein Fleischerhund, er würde die ihm zugedachte Finne aus den Eingeweiden des Schlachtviehs beziehen. Weiter! Wäre er ein Jagdhund, seien Sie sicher, er bekäme seine Finne vom Kaninchen oder vom Feldhasen. Wäre er schließlich ein Schäferhund, können Sie mir folgen« – meine Mutter nickte, rückte ab Stück für Stück, starrte mich an, als wäre ich Katze, Maus, Hund, Hase, Wurm zugleich – »wäre er also ein Schäferhund, er würde sich seine Finne von den Schafen holen. Diese Finne nistet im Gehirn der Schafe. Ich habe, und dies bewirkt die Finne, Schafsherden gesehen auf Weiden, die sich drehten um sich selbst, als tanzten sie. Da er aber nun einmal ein Mensch ist«, und er blieb stehen, den Zeigefinger auf mich gerichtet, und meine Mutter sah mich an, rückte dann so weit ab, daß sie mit der Stuhllehne gegen die Wand stieß, als wäre gerade dies, der Mensch, das Allerschlimmste, senkte den Kopf, ließ ihr Haar hineinhängen ins Gesicht und hörte sich so das Ende der Rede an – »ein Mensch also ist, und ansässig in diesen Breiten, hat er die Finne und damit den Wurm, wenn überhaupt, aber ich bin fast sicher, entweder vom Schwein, dann wäre es der gemeine Bandwurm, oder vom Rind, dann wäre es wie gesagt, wie gewünscht, der Rinderbandwurm.«

»Herr Doktor«, sagte Schwester Else, »vergessen Sie bitte die Hunde nicht.«

»Mein Gott, meine Hunde!« sagte der Herr Doktor Trautbert. Er knöpfte sich hastig seinen Kittel auf. Er ging auf uns zu mit ausgestreckten Armen, reichte uns gleichzeitig, meiner Mutter und mir, eine seiner Hände.

»Und bringen Sie mir, liebe Frau Leinlein, eine Probe seines Stuhlgangs«, sagte er. Dann schob er uns, meine Mutter einerseits und andererseits mich, hinaus aus dem Sprechzimmer, aus dem Korridor, aus der Haustür ins Treppenhaus.

Nach ein paar Treppen schon hörte ich die Hundeleiber gegen die Wohnungstür prallen. Wir stiegen Stockwerk für Stockwerk gegen die Richtung der hinaufweisenden Zeigefinger hinab. In allen Stockwerken standen die Haustüren offen, als wäre der Lärm der Hunde, wenn überhaupt, nur in voller Lautstärke zu ertragen. In den Türen, über das Geländer gelehnt standen die Mieter, die Mieterinnen. Sie standen untätig und versicherten sich gegenseitig von Haustür zu Haustür, von Stockwerk zu Stockwerk, daß sie eben nichts anderes tun könnten bei solchem Lärm der Hunde des Hausbesitzers, als entweder ausziehen oder ihn untätig anhören. Einige zupften meine Mutter am Ärmel, wollten wissen, ob wir die letzten Patienten wären. Meine Mutter nickte. Als sie die Haustür öffnete, fing ein Mieter an, den anderen mitzuteilen, was er täte mit dem Hausbesitzer, wenn der Mieter wäre und er Hausbesitzer.

Auf dem Rückweg, vorüber an den erst dicht nebeneinanderliegenden, dann weiter und weiter auseinanderrückenden Schildern des Herrn Doktor Trautbert, betrat meine Mutter den Laden des Gemüsehändlers.

»Du kannst, wenn du willst, draußen bleiben«, sagte sie.

Vor dem Laden auf dem Gehsteig hatte der Gemüsehändler kistenweis Gemüse ausgelegt und Obst. Hinter dem Schaufenster hingen mit Schnüren an Haken befestigte Bananenstauden, Weintrauben, in Netzen an Haken befestigte Orangen, Melonen, Zitronen. Darunter lagen kistenweis

Kohlrabi, Rotkohl, Spinat. Hinter den Kisten standen Säcke mit Kartoffeln, Erdnüssen, Zwiebeln.

Ich stellte mich vor die Kisten, zählte die Kisten, zählte bis zehn, zählte das Obst, stückweis, das Gemüse, stückweis, immer bis zehn. Weiter kann ich nicht zählen.

»Mama«, sagte ich, »welche Zahl kommt nach zehn?«

»Kind«, sagte meine Mutter, »ich muß jetzt!«

Zwei Reihen Kunden standen vor dem Ladentisch. Sie hielten in den Händen Einkaufstaschen, Netze, halb oder fast gefüllte vom Bäcker, vom Milchmann, vom Metzger. Und während der Gemüsehändler in grüner Schürze handelte, hin und her hastete, Tüten füllte, abwog mit Gewichten auf der Waage, fragte: ob mehr, ob weniger wiegen, weil eben die Natur nicht pfundweis wachsen läßt, und während die Kasse klingelnd die Preise der Waren anzeigte, und während die Kunden zahlten, der Gemüsehändler nachzählte, herausgab, und während Kunde für Kunde den Laden verließ, lag in einer Nische, die verhängt war mit einem grünen Vorhang mit Loch, jenseits des Ladentisches die Frau des Gemüsehändlers. Sie lag auf einem Feldbett und lugte durch das Loch in den Laden. Ich konnte zwischen dem Obst hindurch die Falte im Vorhang sehen, wo sie ihn festhielt in der Faust, damit sie das Loch immer am Auge hatte. In der anderen Hand hielt sie Früchte oder rohes Gemüse. Es krachte, wenn sie hineinbiß. Von Zeit zu Zeit verschwand die Falte im Vorhang. Dann hörte ich sie stöhnen, daß es ein hartes Los sei, so zu liegen, auf den Bauch, auf die Brust nur gestützt den Tag lang, und beide Hände voll zu halten. Mußte der Gemüsehändler am Vorhangloch vorüber, so duckte er sich. Geschah es aber einmal, daß er bei großem Kundenandrang aufrecht am Loch vorüberrannte, so warf die Frau das Obst, das Gemüse zu Boden, riß den Vorhang zur Seite, ließ sich liegend sehen und rief dabei: »Wie soll ich nach dem Rechten sehen, wenn du mir den Ausblick verstellst! Zur Seite mit dir!«

Als meine Mutter in die erste Reihe vorgerückt war, hörte ich hinter mir eilige Schritte. Ehe ich mich umdrehen, zur Seite treten konnte, rempelte mich einer an. Ein Herr war es, der, noch als er mich an den Schultern gepackt hielt, hinter sich blickte. Er schob mich schimpfend: »Was stehst du da herum!« zu den Kisten und sprang in den Laden.

»Der Hundehalter!« rief er.

Die Kunden drehten sich um, sie schlichen zum Schaufenster, sie schauten zwischen den Bananenstauden, den Weintrauben, den Orangen, Melonen, Zitronen hindurch auf die Straße.

Um das Eck, um das wir, meine Mutter und ich, erst vor kurzem gebogen waren, bog der Herr Doktor Trautbert, der Hundehalter, mit Hut auf dem Kopf und mit vor Anstrengung rotem Gesicht. Er zog an vier Leinen, rechterhand zwei, linkerhand zwei, seine vier Hunde hinter sich her. Die Hunde nahmen die ganze Breite des gegenüberliegenden Gehsteigs ein.

»Lothar!« sagte meine Mutter.

Ich stellte mich in die Ladentür. Die Kunden standen wieder vor dem Ladentisch, dem Schaufenster, der Straße die Rücken kehrend. Sie hielten Taschenspiegel in den Händen über Schulterhöhe. Sie schielten aus den Augenwinkeln in die Taschenspiegel. Der Gemüsehändler, vielleicht, weil er den Kunden den Rücken nicht kehren wollte, stand da mit niedergeschlagenen Augen und hob und senkte Gewichte in den Händen. Der Herr Doktor Trautbert, der Hundehalter, blieb stehen, drehte sich um, redete auf seine Hunde ein. Dann zog er sie weiter, Schritt für Schritt. Die Hunde machten einen schläfrigen Eindruck. Und wenn drei von ihnen willens waren, sich voranziehen zu lassen, zeigte sich der vierte gewiß widerspenstig, nahm die nicht selten sich bietende Möglichkeit eines Laternenpfahls, eines Fassadenvorsprungs wahr um ein Bein zu heben.

Als der Hundehalter, der Herr Doktor Trautbert, auf solche Weise die Hälfte des Weges vom Eck zum Gemüsehändler zurückgelegt hatte, trat eilig aus der Haustür gegenüber der Ladentür ein Herr. Er trat hinaus mit offenem Mantel, den Schal in der Hand haltend, trat seinen Weg an, dem Herrn Doktor Trautbert entgegen. Und weil er damit beschäftigt war, den Schal um seinen Hals zu schlingen, die Mantelknöpfe in die Knopflöcher des Mantels zu schieben, sah er den Hundehalter, den Herrn Doktor Trautbert, erst als er nur noch ein paar Schritte von ihm entfernt war. Er erkannte ihn, er zuckte zusammen, er blieb stehen, sagte: »Ach so!«, tat eine Halbdrehung zurück, seinem Hauseingang zu.

»Einen schönen guten Tag«, sagte da der Herr Doktor Trautbert. Er zerrte die an seine rechte Hand gebundenen zwei Hunde an sich heran, daß die Leine bis zu Huteshöhe reichte, und lüftete den Hut.

»Guten Tag«, sagte der Herr. Er räumte den Hunden den Gehsteig, setzte auf die Straße über, ging, das Gesäß ein wenig eingezogen und einen Bogen schlagend, an Herrn Doktor Trautbert vorbei.

Das schien das Signal für die Hunde zu sein. Sie richteten sich auf. Sie fingen an zu kläffen.

Der Hundehalter, der Herr Doktor Trautbert, mühte sich die Hunde weiterzuziehen. Sie aber stellten sich auf die Hinterbeine und es entstand ein Tauziehen zwischen dem Hundehalter und seinen Hunden.

»Aber Tobias, aber Gabriel!« rief der Herr Doktor Trautbert. »So laßt doch das Onkelchen vorüber! Das Onkelchen hat es doch eilig! Sei still, Susi! Siehst du denn nicht, was das für ein braves Onkelchen ist?«

Der Herr, das brave Onkelchen, fing an, vor sich herzupfeifen. Ja, er zwang sich zu einem lässigen, einem schlendernden Gang. Es half nichts. Der Hundehalter, der Herr Doktor Trautbert, verlor das Tauziehen. Die Hunde schlugen die entgegengesetzte, die Richtung des Herrn ein. Sie rissen den Hundehalter hinter sicher.

»Ihr Hundsfötte!« schrie der Herr Doktor Trautbert. »Werdet ihr wohl! Ihr werdet doch nicht! Es ist nur Susi!« rief er hinter dem davonrennenden Herrn her. »Ängstigen Sie sich nicht, um Himmels willen! Susi hat einen zauberhaften Charakter!« Dann ging ihm die Luft aus und er hetzte keuchend mit seinen vier Hunden hinter dem Herrn her.

Der warf einen Blick zurück, den Abstand abzuschätzen zwischen sich und den Hunden, die Chance, die ihm blieb, ihren Schnauzen zu entkommen. Der Abstand zwischen dem gehetzten Herrn und den mit dem Hundehalter hinterherhetzenden Hunden verringerte sich.

»Gleich haben sie ihn«, flüsterten im Laden die Kunden. Sie standen wieder hinter dem Schaufenster.

Der Hundehalter, der Herr Doktor Trautbert, versuchte sich zu entbinden, die Hunde loszulassen, da er kurzbeinig, und ohnehin nur zweibeinig, große Mühe hatte, seinen vierbeinigen Gefährten zu folgen. Weil sich aber die Leinen um seine Handgelenke verwickelt hatten, glückte es ihm nicht, sie im Lauf zu entwirren.

»Lieber Herr«, japste er, »so warten Sie doch! Das haben wir gleich! Sitz, Anneli! Suschen, sitz!« Seine Stimme überschlug sich.

Die Hunde hatten den Herrn erreicht. Einer der vier biß ihn in die rechte Wade. Und während er zubiß, und während die drei anderen Hunde, als ginge sie die Sache nun nichts mehr an, schläfrig um sich sahen, und während der Herr sich reglos stehend beissen ließ, mit herabhängenden Armen, verneigte sich der Hundehalter, der Herr Doktor Trautbert, hinter seinem Rücken. Der Herr ging weiter, als der Hund sein Bein losließ.

»Herr«, rief da bekümmert der Hundehalter, der Herr Doktor Trautbert, »lieber Herr! So geht das doch nicht! In diesem Zustand können Sie doch nicht laufen!«

Der Herr blieb stehen. Vielleicht, weil er einsah, daß ein Hundehalter durch den täglichen Umgang mit Hunden erfahrener ist auf dem Gebiet der Bisse, als ein zum erstenmal Gebissener.

»Ich komme schon!« rief der Hundehalter, der Herr Doktor Trautbert. Die vier Hunde hatten sich, zwei zu seiner Rechten, zwei zu seiner Linken, auf dem Gehsteig niedergelassen.

Der Herr Doktor Trautbert riß sie hoch mit den Leinen, schleifte sie hinter sich her, dem Herrn zu. Der drehte sich behutsam um.

Der Herr Doktor Trautbert faßte ihn unter der Achsel. Und in die Lücken zwischen den Hundeleibern, und in die Lücken zwischen den Hundeleinen jeweils einen Fuß setzend, stolperten sie dem Hauseingang der Ladentür gegenüber zu.

Die Kunden standen wieder vor dem Ladentisch, dem Schaufenster, der Straße, dem Hauseingang die Rücken kehrend und Taschenspiegel in den Händen haltend.

»Hatte ich es Ihnen nicht gleich gesagt«, plauderte der Hundehalter, der Herr Doktor Trautbert. Der andere wühlte in seinen Mantel-, Hosen-, Rocktaschen nach dem Hausschlüssel. »Es war Susi. Mit der Zeit lernt man eben seine Tierchen kennen. Man errät ihre Absichten. Dieser Herr, das dachte ich mir gleich, wird nicht ohne Biß davonkommen. So ist es eben. Schmerzt es denn sehr? Verstehen muß man eben seine Tiere. Viel Liebe und Sorgfalt gehören dazu. Sie können sich ja nicht vorstellen, wie verschieden die Charaktere dieser vier Hunde sind! Sie beißen nicht jeden Vorübergehenden, beileibe nicht! Und Susi ist besonders wählerisch. Meinen Sie nur nicht, sie bisse den Erstbesten, der ihr über den Weg läuft. Blutet es sehr?«

Der Herr schloß die Haustür auf.

»Ich komme mit«, fuhr der Herr Doktor Trautbert fort. »Ich will Sie nur eben verbinden. Sie haben Glück, ich bin nämlich Arzt.«

»Die Hunde bleiben draußen«, sagte der Herr.

Der Herr Doktor Trautbert band die vier Hunde an einem Kellergitter fest.

»Brav, brav!« sagte er.

Er betrat hinter dem Herrn das Haus.

»Wir kommen nachmittags noch einmal vorbei«, sagte meine Mutter. »Leg ein Schrittchen zu, Lothar! Der Vater ist längst vom Unterricht zurück und der Tisch ist nicht gedeckt.«

Und wir gingen heimwärts, meine Mutter mich hinter sich herziehend, meine Mutter immerzu vor sich hin murmelnd: »Erst das Gemüse aufsetzen, dann das Fleisch, Fett in die Pfanne, Kartoffeln braten, zwischendurch den Tisch decken, das Essen vom Feuer nehmen, in Schüsseln füllen, auftragen. Erst Essen, das ist besser, dann darüber reden.«

»Mahlzeit!« rief uns mein Vater entgegen. Er hatte alle Türen aufgerissen, er saß am Tisch auf seinem Stuhl, mit dem Rücken zum Fenster, das Gesicht der Tür zu. »Was ist los?« sagte er und er wies mit zwei ausgestreckten Zeigefingern auf den leeren Tisch.

# Der Knopf

»Jeden Morgen das gleiche!« ruft mein Vater jeden Morgen. Und während er durch den Korridor eilt, stopft er sich das Oberhemd in die Hose, knöpft er sich seine Kleider zu von unten herauf, indem er erst die Knöpfe des Hosenschlitzes einerseits in die Knopflöcher des Hosenschlitzes andererseits schiebt bis hinauf zum Hosenbund und dessen Knopf in dessen Loch, indem er dann die Hemdsknöpfe in die Knopflöcher des Hemds schiebt von unten herauf dem Kragen zu. Und immer beim Zuknöpfen, wenn er beim obersten, beim Kragenknopf angelangt ist, und meine Mutter dabei, durch das Sieb auf seinem Napf den Kaffee zu gießen, will ihm dieser Knopf nicht ins Knopfloch hinein, und er ruft: »Das mindeste, was der Mensch von einem Knopf verlangen kann ist: daß er durch das Knopfloch paßt!«, und meine Mutter, die Kaffeekanne in der Hand haltend, ruft: »Laß mich lieber machen!« und er ruft: »Damit du mir den siedendheißen Kaffee über's Hemd schüttest!«, und meine Mutter, indem sie die Kaffeekanne auf den Tisch stellt, ruft: »Jetzt habe ich die Hände frei!« doch er, mein Vater, und dies, indem er reißt und zerrt an diesem Knopf, ruft: »Laß deine Finger fort!«, und gleich darauf: »Jetzt ist er ab!«

»Ich nähe ihn wieder an«, murmelt meine Mutter, nun schon im Korridor. Sie hebt den Nähkasten unter der Konsole unter dem Garderobenspiegel hoch, trägt ihn am Henkel ins Eßzimmer. »Iß du nur in Ruhe«, sagt sie. »Laß du nur dein Hemd an. Ich kann ihn auch so annähen.«

Ich sage es nun, wie sie sitzen, meine Eltern, wie ich sie sitzen sah, beim Frühstück, bis eines Morgens meine Mutter, als der Faden riß und ich im Eßzimmer ihnen zusah, meine Mutter also sagte: »Lothar, du machst mich vollkommen! Mach, daß du hinauskommst! Sonst kann ich mich nicht mehr!«, bis mein Vater rief: »Wenn du dich morgens noch einmal blicken läßt, dann!«, sage es nun, weil ich weiß, daß sie sitzen wie ich sie sitzen sah, immer noch.

Mein Vater sitzt auf seinem Stuhl. Er führt mit der rechten Hand den Zuckerlöffel voll Zucker von der Zuckerdose zu seinem Napf. Er kippt den Zucker in den Kaffee. Er rührt mit dem Zuckerlöffel im Napf herum. Dann hebt er den Löffel aus dem Napf, leckt er ihn ab. Dann schlägt er mit dem Löffel auf das Ei ein. Er löffelt das Ei aus. Und zwischen zwei Löffeln Ei beißt er in seine Stulle hinein. Wenn er das Ei ausgelöffelt hat, wenn er die eine Stullenhälfte gegessen hat, wenn er die andere Stullenhälfte beschmiert hat, gießt er den ganzen Kaffeenapf mit weit in den Nacken gelegten Kopf in sich hinein. Er setzt die Tasse auf die Untertasse, er räuspert sich, mein Vater, hält den abgerissenen Knopf hoch in der linken Hand, hebt und senkt diese linke Hand voll Ungeduld, als sei das Gewicht des Knopfes eine unzumutbare Last. Zwischendurch redet er mit vollem Munde, bereitet er sich vor auf seinen Unterricht.

Meine Mutter indessen hat ihren Stuhl neben seinen Stuhl gerückt, den Nähkasten neben ihren Stuhl gerückt. Meine Mutter setzt sich. Sie kramt mit gekrümmtem Rücken im Nähkasten. Sie findet zwischen vielfarbiger Nähseide, Stopfgarn, Twist eine weiße Zwirnrolle. Und die Zwirnrolle zwischen dem Daumen und dem Zeigefinger der rechten Hand haltend, faßt sie mit dem Daumen und dem Zeigefinger der linken Hand das Fadenende der Rolle, und rollt einen Faden ab, indem sie von der linken Hand die rechte Hand, indem sie von der rechten Hand die linke Hand entfernt, so weit, bis sie mit der Rolle rechts gegen meinen Vater stößt, bis es links die Länge ihres Armes mit ihrer Hand mit ihren Fingern mit dem Fadenende nicht weiter zuläßt Dann läßt sie das Fadenende fallen aus der linken Hand und reißt mit dieser leeren linken Hand den Faden ab von der Rolle in der rechten Hand.

»Was ist!« sagt mein Vater. »Bin ich ein staatlich angestellter Knopfhalter oder bin ich ein staatlich angestellter Oberlehrer!« Und er hebt und er senkt dabei die Hand mit dem Knopf so heftig, daß sie Glück haben, meine Eltern, wenn ihm der Knopf nicht entfällt. Denn dann müssen sie herumkriechen, meine Mutter erst, mein Vater dann, weil sie den Knopf nicht finden kann auf dem gemusterten Teppich. Denn dann verheddert sich der Faden, den meine Mutter kriechend hinter sich her zieht. Denn dann muß meine Mutter auf die beschriebene Weise einen zweiten Faden abreißen, einen dritten und so fort. Wenn aber das Geschick es will, daß mein Vater den Knopf nicht fallen läßt, sagt meine Mutter: »Sofort, sofort!«

Sie wirft die Rolle zurück in den Nähkasten. Sie legt den Faden lang auf dem Schoß, in der Weise, daß beide Fadenenden rechts und links des Schoßes auf den Teppich herabhangen. Dann kramt sie mit gekrümmtem Rücken im Nähkasten nach dem Nadelkissen. Aufseufzend hebt sie das mit Nadeln gespickte Nadelkissen aus dem Nähkasten, legt es auf den Schoß. Nadeln stecken darin jeder Länge und Stärke Nadeln mit Öhren jeder Weite und Enge. Meine Mutter sucht, die zehn Finger gespreizt über das Nadelkissen haltend, jene Nadel, die durch die zwei Löcher des Hemdsknopfes meines Vaters paßt. Sie zieht sie heraus aus dem Nadelkissen mit der linken Hand. Sie hält sie bereit, die Spitze zwischen Daumen und Zeigefinger, das Öhr über die Finger herausragend. Sie fährt mit der rechten Hand herum auf dem Teppich, sucht nach dem Fadenende. Wenn sie es gefunden hat, hebt sie es mit dem Daumen, mit dem Zeigefinger an die Lippen, näßt sie es mit Speichel, zieht es aus dem Mund heraus. Und während sie das nasse Fadenende dem Nadelöhr nähert, sagt mein Vater: »Ich kann auch ohne Knopf, auch ohne Hemd, was glaubst du denn: nackt, splitternackt kann ich ja auch zum Unterricht oder überhaupt hierbleiben!«

Und während meine Mutter nun den Kopf der Nadel so sehr nähert, als sei es nicht der Faden, sondern ihr Kopf, der durch das Nadelöhr hindurchmüsse, fährt sie mit dem Fadenende geradewegs am Nadelöhr vorbei.

Der Faden rechts in den Fingern meiner Mutter fängt zu zucken an. Die Nadel links in den Fingern meiner Mutter fängt zu zucken an. Meine Mutter näßt nach diesem ersten Versuch, einen Faden einzufädeln, das Fadenende von neuem. Sie schiebt ihre Unterlippe ein Stück nach vorn. »Ich kann warten«, sagt mein Vater, »stundenlang!« Dann fährt er fort, sich essend vorzubereiten auf seinen Unterricht. Meine Mutter nähert nun das Fadenende dem Nadelöhr zum zweitenmal, näßt es, nähert es zum drittenmal und so fort. Mit jedem Versuch, den Faden einzufädeln, entfernen sich das auf und nieder zuckende Nadelöhr, das hin und her zuckende Fadenende weiter voneinander. Mit jedem Versuch schiebt meine Mutter ihre Unterlippe um ein Stück weiter nach vorn, fährt sich meine Mutter mit ihrer fahrigen rechten Hand mit dem Faden über ihr feuchtes, ihr rotweißgeschecktes Gesicht. Mit jedem Versuch kommt ihr der Kopf meines Vaters um ein Stück näher. Er, mein Vater, der das Essen unterbricht, der das, was er im Munde hat, nicht einmal hinunterkaut, er, mein Vater, der solches Mißlingen nicht nur ganz genau mitansehen will, der es auch bewirken hilft, indem er, noch ehe meine Mutter mit dem Fadenende das Nadelöhr erreicht hat, ausruft: »Daneben!« Er ruft dadurch fingerdicke, ja faustdicke Abweichungen hervor zwischen dem Fadenende und dem Nadelöhr.

»Ich gehe nun zur Nachbarin«, sagt meine Mutter, sagt es so, als trete sie ihren letzten Gang an. Sie läßt die Haustür offen, läutet nebenan. »Ich komme schon wieder«, sagt sie, »ich weiß, es ist jeden Morgen das gleiche, es ist eine Zumutung, aber ich bin vollkommen und keinesfalls beleidigt, wenn sie mir die Tür vor der Nase.« »Aber Frau Leinlein!« ruft die Nachbarin durch das Treppenhaus, »wegen so einer Lächerlichkeit, so einer Lappalie!«

»Keinen Faden einfädeln können!« rufen die Mieter über uns die Treppe hinab. »Aber von anderen verlangen, daß sie durch die Wohnung fliegen!«

»So«, ruft die Nachbarin, »durch ist er!«

»Ich weiß wirklich nicht wie ich mich«, sagt meine Mutter.

»Aber ich bitte Sie«, ruft die Nachbarin, »böse bin ich nur, wenn Sie nicht wiederkommen!«

Meine Mutter trägt die eingefädelte Nadel durch den Korridor, das ihr zwischen den Fingern haltend, die Spitze nach oben, den Zwirnsfaden herabhängend, ins Eßzimmer. Sie setzt sich neben meinen Vater. Der fährt fort zu essen, sich vorzubereiten auf seinen Unterricht, der unterbricht sich nur, um auszurufen, daß er gottseidank noch ein halbes Menschenleben zur Verfügung habe, diesen Knopf zu halten und zu warten bis er säß am rechten Fleck.

Meine Mutter nimmt den Faden doppelt. »Vierfach«, sagt sie, »wäre besser.« Sie verknotet die Fadenenden. Und während sie die Nadel einsticht, herauszieht, den Faden mit dem Knoten befestigt an jenem Fleck, darauf der Knopf festsitzen soll, und sei es nur für einen Tag, ißt mein Vater weiter. Und weil er eben beim Essen mit der Hand vom Teller zum Munde muß, und weil sie eben beim Knopfannähen mit der Hand mit der Nadel ins Hemd hinein, vom Hemd fort mit dem Faden, ins Hemd hinein muß mit der Nadel, geraten meine Eltern mit den Armen, mit den Händen, und dem, was sie darin halten aneinander. Es hindert meine Mutter meinen Vater beim Essen. Es hindert mein Vater meine Mutter beim Nähen. Und es ist eben so, daß meine Mutter, die Nadel im Hemd, so lange warten muß, bis mein Vater die Hand auf dem Teller hat. Und es ist eben so, daß mein Vater, die Hand am Mund, so lange warten muß, bis meine Mutter den Faden aus dem Hemd gezogen hat. Dabei gerät, nicht immer, aber fast, die Stulle meines Vaters an den Faden meiner Mutter. Der Faden wird dann fettig, bestenfalls, schlimmstenfalls aber reißt er ab.

Und meine Mutter muß einen neuen Faden abreißen erst, versuchen dann, das Fadenende durch das Nadelöhr zu fädeln, zur Nachbarin hinübergehen, als sei dies ihr letzter, ihr allerletzter Gang, sich einfädeln lassen von der Nachbarin, einer Frau, gottseidank, von ruhiger Gemütsart, die Fadenenden verknoten, den Faden befestigen.

Erst wenn meine Mutter den Faden befestigt hat, stellt es sich heraus, ob sie die richtige Nadel oder ob sie die falsche Nadel ausgewählt hat, eine Nadel nämlich, die zu dick ist für die beiden Löcher im Hemdsknopf meines Vaters.

Ich schaue weg, ich wende mich ab, ich kann es nicht mit ansehen, wie es dann weitergeht, das heißt: wie es dann wieder von vorn anfängt.

Wenn mein Vater meiner Mutter den Knopf überreicht hat, wenn das Geschick es will, daß sie ihn nicht fallen läßt, denn dann müssen sie kriechen, meine Eltern, und so fort, wenn meine Mutter die Nadel mit dem Faden zwei-, dreimal, manchmal auch mehr, durch die zwei Löcher des Hemdsknopfs und durch den Hemdstoff darunter gezogen hat, klopft erst, klingelt gleich nach dem Klopfen die Nachbarin.

Meine Mutter läßt meinen Vater mit dem halbangenähten Knopf mit dem herabhängenden Faden mit der Nadel im Stich, rennt zur Tür.

»Ich wollte nur fragen«, sagt die Nachbarin und sie reibt sich ihre hilfsbereiten Hände, »ob ich vielleicht eben den Knopf annähen soll? Oder störe ich eben?«

»Das ist wirklich aber danke denn er ist schon«, sagt meine Mutter und sie versucht, die Tür zu schließen: Aber die Nachbarin stemmt ihre hilfsbereiten Hände dagegen.

»Treten Sie ein!« ruft mein Vater. »Ich flehe Sie an! Meine Frau versagt immer dann, wenn es darauf ankommt!«

Da läßt meine Mutter die Nachbarin ein. Die geht voraus durch den Korridor. Die großen Rundungen ihres Rumpfes schwabbeln hinten und vorn. Die Beine hat sie weit auseinander unter ihrem Rock. Mit sicheren Schritten geht sie, als sei sie die Wohnungsinhaberin, während meine Mutter mit gesenktem Kopf hinterdrein tappt, sich tastet die Wände lang, als sei sie nur, oder nicht einmal, geduldet hier.

»Nur herein!« ruft mein Vater. Nun ist er mit dem Frühstück fertig.

»Aber Frau Leinlein«, sagt die Nachbarin und sie stellt sich neben meinen Vater, »so können Sie Ihren Mann als Frau nicht laufen lassen! Wäre er ein ganz gewöhnlicher Lehrer, bitte sehr! Aber als Oberlehrer muß einer korrekter noch sein als der Direktor! Dieses Gepatze geht nicht!« Sie zieht aus der Rocktasche die Schere, faßt den Knopf, schneidet ihn ab. Meine Mutter, währenddessen mit gekrümmtem Rücken gegen die Wand neben der Tür gepreßt, die Arme abwehrend von sich gestreckt, zuckt zusammen unter leisem Aufschrei, als schneide die Nachbarin nicht den Faden zwischen Knopf und Hemdsstoff durch, sondern ihr in die eigene Haut.

Darauf reißt die Nachbarin einen Faden ab, fädelt ihn ein, verknotet die Enden, befestigt ihn am Stoff, sticht mit der Nadel ins eine Loch des Knopfes und den Hemdsstoff darunter, sticht ein Stückchen weiter weg ein in den Hemdsstoff und das zweite Loch des Knopfes, zieht den Faden heraus und so fort. Sie näht den Knopf des Vaters an, die Nachbarin, summt vor sich hin, die Nachbarin, und meine Mutter sieht ihr staunend zu, und mein Vater sieht ihr wohlwollend zu, sagt: »Patent! Patent!« mein Vater, wenn die Nachbarin sich, meinen Vater, meine Mutter, ehemals auch mich überzeugt hat, daß der Knopf festsitzt, indem sie zieht am Knopf, wiederholt: »Patent! Patent!« mein Vater, wenn die Nachbarin den Faden abreißt und die Fadenenden hinten verknotet.

Sie geht aus dem Eßzimmer, aus dem Korridor ins Treppenhaus. Die großen Rundungen ihres Rumpfes schwabbeln hinten und vorn. Die Beine hat sie weit, weiter als beim Hineingehen auseinander unter ihrem Rock.

Und während meine Mutter mit gesenktem Kopf, mit ausgestreckten Armen hinter ihr her tappt durch den Korridor, murmelt: »Ich weiß nicht wie ich mich«, winkt sie ab, die Nachbarin, läßt sich ihre hilfsbereiten Hände nicht schütteln, sagt: »Wegen so einer Lappalie, so einer Lächerlichkeit!« und verschwindet hinter ihrer Haustür.

Mein Vater schiebt den Kragenknopf durch das Knopfloch. Er stößt sich und seinen Stuhl mit den Füßen ab vom Tisch, reißt seinen Rock von der Stuhllehne, schlüpft mit den Armen in die Ärmel, eilt durch den Korridor, hebt seine Aktenmappe hoch von der Konsole unter dem Garderobenspiegel.

»Höchste Zeit!« ruft er meiner Mutter zu, die ihm die Haustür aufhält. »Ich muß zum Unterricht!«

Meine Mutter schließt die Haustür.

Ich höre meine Mutter ins Eßzimmer gehen, höre meine Mutter das Geschirr auf dem Tisch verschieben, höre meine Mutter einen Stuhl verrücken, höre meine Mutter murmeln: »Ich weiß wirklich nicht, warum ich das nicht. Ich komme mir vor wie.«

Ich öffne das Fenster meines Zimmers, ich sehe auf dem gegenüberliegenden Gehsteig Schüler gehen, eilig und mit gesenkten Köpfen. Die Schüler tragen Ranzen auf den Rücken. Mein Vater überquert die Straße. Er tritt durch das Schultor aus eisernen Gitterstäben.

Die Schulglocke läutet.

»Es ist ja nicht«, höre ich meine Mutter im Eßzimmer murmeln, »es ist ja ganz und gar nicht.«

Die Schüler rennen über den Schulhof auf das backsteinerne Schulgebäude zu. Sie drängen sich dicht neben- und hintereinander durch den Eingang. Mein Vater folgt ihnen mit großen Schritten, den Kopf auf die Nacken der Schüler gerichtet. Hinter den Fenstern ihres Klassenzimmers tauchen die Schülerköpfe wieder auf. Ihre Gesichter sind meinem Vater zugewendet. Mein Vater steht hinter dem Pult. Sein Oberkörper überragt die Schülerköpfe. Er hebt die Arme bis zu Schulterhöhe, läßt sie sinken und die Schülerköpfe sinken mit ihnen unter die Fenstersimse des Klassenzimmers. Die Schüler setzen sich.

Ich sage es nun, wie die Bänke stehen im Klassenzimmer, wie ich sie stehen sah, wie die Schüler sitzen, wie ich sie sitzen sah, als ich eines Morgens mit der Aktenmappe, die mein Vater nach dem Knopfannähen vergessen hatte, das Klassenzimmer betrat, sage es, weil ich weiß, daß die Bänke stehen, wie ich sie stehen sah, weil sie nicht verrückt werden dürfen, sage es, weil ich weiß, daß die Schüler sitzen, wie ich sie sitzen sah, weil sie sich nicht versetzen dürfen.

Im Klassenzimmer stehen drei Bankreihen. Jede Reihe besteht aus sechs hintereinanderstehenden Bänken. Auf jeder Bank sitzen zwei Schüler. Sie sitzen am rechten und linken Bankrand, so daß zwischen ihnen eine zwei schülerbreite Lücke freibleibt. In der letzten, der sechsten Bank einer jeden Reihe sitzt nur ein Schüler. Er sitzt auf der Mitte der Bank, so daß er durch die zwei schülerbreite, die bankreihenlange Lücke vom Pult her zu sehen ist. Hinter den drei letzten, den drei sechsten Bänken hängen an der Wand an Aufhängehaken die Jacken, Mäntel, Mützen der Schüler. Zwischen der ersten, der linken, und der zweiten, der mittleren Bankreihe, sowie zwischen der zweiten, der mittleren, und der dritten, der rechten Bankreihe sind Gänge freigelassen, zwei schülerbreite, so daß nicht nur zwischen den zwei auf einer Bank sitzenden Schülern, sondern auch zwischen den zwei auf zwei nebeneinanderstehenden Bänken zweier Reihen sitzenden Schülern, zwischen den an den rechten Bankrändern der ersten, der linken Reihe sitzenden Schülern beispielsweise und den an den linken Bankrändern der zweiten, der mittleren Reihe sitzenden Schülern, sowie zwischen den an den rechten Bankrändern der zweiten, der mittleren Reihe sitzenden Schülern und den an den linken Bankrändern der dritten, der rechten Reihe sitzenden Schülern, zwei schülerbreite Lücken freigelassen sind. Außerdem sind auch die in einer Reihe an den rechten sowie an den linken Bankrändern hintereinandersitzenden Schüler um die zwei schülerbreiten Schreibpulte voneinander entfernt. Die auf einer Bank sitzenden Schüler dürfen nicht in die Lücken und zueinander rücken. Die in zwei nebeneinanderliegenden Reihen sitzenden Schüler dürfen sich nicht über die Bankränder in die Gänge und zueinander beugen. Die auf zwei in einer Reihe hintereinander stehenden Bänken sitzenden Schüler dürfen sich nicht über den Schreibpulten vor- oder zurückbeugen und einem Davor- oder Dahintersitzenden zu. Sie sitzen gerade, sie stehen gerade, sie beugen sich beim Schreiben alle über die Pulte und sind gebeugt nicht weniger weit voneinander entfernt als sitzend und stehend.

Außerdem ist ein zwei schülerbreiter Gang freigelassen zwischen der dritten, der rechten Reihe und der Wand rechts dieser Reihe mit der Tür, sowie zwischen der ersten, der linken Reihe und der Wand mit den drei Fenstern und den zwei schmalen, nicht einmal einen dünnen Schüler breiten und somit keinen stehenden Schüler verdeckenden Mauerstückchen dazwischen.

Diesen Gang, Bank für Bank bis zur letzten, geht mein Vater entlang, den Schülern den Rücken kehrend und Fenster für Fenster aufreißend und rufend: »Ich hab Augen überall!« Diesen Gang, Bank für Bank bis zur ersten, geht mein Vater zurück, den Schülern den Rücken kehrend und rufend: »Ich hab Ohren überall!« Er steigt die Stufen hoch zum Pult, mein Vater, er setzt die Ausgehbrille ab, die Lesebrille auf, mein Vater, und die Namensliste in beiden Händen haltend, ruft er seine Schlüler auf.

Und während mein Vater einen Namen nach dem anderen ausruft, springt ein Schüler nach dem anderen hoch, taucht ein Schülerkopf nach dem anderen auf über einem der drei Fenstersimse, links oder rechts über einer der sechs Bänke der ersten, der linken, und der zweiten, der mittleren, und der dritten, der rechten Reihe, ruft ein Schüler nach dem anderen nach der Nennung seines Namens: »Hier!«, sinkt ein Schülerkopf nach dem anderen unter eines der drei Fenstersimse, setzt sich ein Schüler nach dem anderen, während mit der nächsten Namensnennung schon der nächste Schüler hochspringt. Und während mein Vater die Schüler aufruft, geht durch das Klassenzimmer unter seinem Klassenzimmer lehrend der kleinere Lehrer auf und ab, von dem mein Vater, der Oberlehrer sagt, daß er ein ganz gewöhnlicher Lehrer sei. Und weil die drei Fenster des Klassenzimmers geschlossen sind, ist nicht zu verstehen, was dieser Lehrer lehrt. Und weil seine Schüler auch stehend die Fenstersimse nicht überragen, ist nicht festzustellen, wann einer aufsteht, wann einer sich setzt. Nur gelegentlich über einem der drei Fenstersimse auftauchende Hände mit gestreckten Zeigefingern weisen darauf hin, daß Schüler sich melden. Und während mein Vater die Schüler aufruft, höre ich meine Mutter im Eßzimmer Geschirr verrücken, höre ich meine Mutter murmeln: »Alles kann man lernen, alles. Üben muß man, üben. Alles kann man üben, alles.«

»Als, Allseits, Aufgelt«, ruft mein Vater, »Druck, Eibisch, Einfach, Feff!« ruft mein Vater. »Feff?«

»Feff fehlt!« rufen alle Schüler.

»Feff fehlt unentschuldigt!« ruft mein Vater. Er blickt auf die Liste. »Seit drei Tagen fehlt Feff unentschuldigt!« ruft mein Vater und er kreuzt den Namen Feff auf der Liste an. »Weiß einer, warum Feff fehlt?« ruft mein Vater. »Weiß einer, was Feff fehlt? Weiß vielleicht einer, daß Feff nichts fehlt, daß Feff vielleicht schwänzt?«

Kein Schülerarm taucht auf über den Fenstersimsen.

»Wer weiß, wo Feff wohnt?« ruft mein Vater.

Mehrere Schülerarme mit gestreckten Zeigefingern tauchen hintereinander über den Fenstersimsen auf.

»Wer will freiwillig zu Feffs gehen«, ruft mein Vater, »und fragen, was ihm fehlt, und fragen, warum er unentschuldigt fehlt, und sagen, falls ihm nichts fehlt, daß er schwänzt, der Feff?«

Die Schülerarme sinken unter die Fenstersimse.

»Dann werde ich bestimmen, wer zu Feffs geht«, ruft mein Vater. »Einfach hat sich gemeldet. Also weiß Einfach, wo Feff wohnt. Einfach wird mit Aufgelt zu Feffs gehen!« ruft mein Vater. »Grein, Grind, Grübel, Hälfte, Hätschel«, ruft mein Vater, »Hätschel, Hätschel?«

»Hätschel fehlt!« rufen alle Schüler. »Hätschel hat Husten!«

»Husten«, ruft mein Vater, »Husten, so! Hopfen, Impf, Jaul! Steh gerade, Jaul! Sieh hierher! Kiefer«, ruft mein Vater, »Kleinlich, Kusch! Lott, was hast du an der rechten Hand?«

»Ich habe mir die rechte Hand verbrannt«, sagt Lott.

»Dann wirst du mit der linken schreiben!« ruft mein Vater. »Mündel, Murmel, Quängel. Wer hat hier gescharrt? Raff, Rohr!« ruft mein Vater. »Wer hat hier gescharrt! Ich hab Ohren überall!«

Kein Schülerarm taucht auf über den Fenstersimsen. Kein Schüler meldet sich.

»Ruf gefälligst hier, Rohr«, ruft mein Vater, »wenn ich dich hier aufruf, Rohr! Warum sagt mir keiner, daß Rohr fehlt?« ruft mein Vater. »Rohr fehlt entschuldigt. Scholsch, Schorlach, Schnorchel!« ruft mein Vater. »Teilweis, Weiter! Mach den Mund auf, Weiter, wenn du hier rufst!«

»Hier!« wiederholt laut Weiter.

»Zahn«, ruft mein Vater, »Zander, Zündel, Zweifach! An die Ränder rücken! Weiter an die Ränder rücken! In die Mitte!« ruft mein Vater. »Weiter in die Mitte, wer allein sitzt! Hälfte, Quängel, Zweifach sind gemeint! Aufrecht sitzen! Grübel, Mündel, Zündel! Seid ihr Greise? Hinter Allseits duckt sich Druck! Ich hab Augen überall!«

Mein Vater legt die Namensliste nieder, er setzt die Lesebrille ab, die Ausgehbrille auf, er überprüft, indem er Bank für Bank, indem er Reihe für Reihe entlangblickt, die Sitzordnung seiner Schüler, er beginnt den Unterricht, indem er ruft: »Wenn du dich anziehst am Morgen, wenn du dir deine Kleider zuknöpfst, wenn du beim letzten, beim obersten Hemdsknopf, beim Kragenknopf also angelangt bist, wenn dir dann dieser Knopf nicht ins Knopfloch hinein will, wenn du dann ziehst, dann zerrst an diesem Knopf, wenn dir dann dieser Knopf abreißt, Jaul, was wirst du dann tun, Jaul?«

»Ich werde mich vor meine Mutter stellen«, sagt Jaul. »Ich werde meiner Mutter den Knopf hinhalten. Und dann wird meine Mutter den Knopf schnell annähen.«

»Das wird Jaul nicht tun! Was also, Grein, wird Jaul tun«, ruft mein Vater, »wenn ihm der Kragenknopf abgerissen ist?«

»Jaul wird sein Hemd wieder ausziehen«, sagt Grein. »Er wird das Hemd und den Knopf seiner Mutter hinhalten. Und dann wird Jauls Mutter den Knopf schnell annähen.«

»Das wird Jaul nicht tun! Was also, Raff«, ruft mein Vater, »wird Jaul tun?«

»Erst wird Jaul sein Hemd ausziehen«, sagt Raff. »Dann wird Jaul das Hemd und den Knopf seiner Mutter hinhalten.

Und Jaul wird auf die Stoffstelle weisen, wo der Knopf fehlt. Und Jaul wird zu seiner Mutter sagen: ›Der Knopf ist abgerissen.‹ Und Jaul wird seine Mutter fragen: ›Nähst du mir bitte diesen Knopf schnell an?‹ Und dann wird Jauls Mutter den Knopf schnell annähen.«

»Jaul wird sein Hemd nicht ausziehen! Jaul wird nicht zu seiner Mutter gehen. Jauls Mutter wird den Knopf nicht annähen. Was also, Teilweis«, ruft mein Vater, »wird Jaul tun?«

»Jaul wird die Hand auf den Hals halten«, sagt Teilweis, »damit keiner sieht, daß der Knopf abgerissen ist.«

»Jaul«, ruft mein Vater und Jaul springt auf und Jauls Kopf ist sichtbar wie die Köpfe aller Schüler, die beim Ausruf ihrer Namen aufgesprungen sind.

»Ich rufe dich nicht auf, Jaul«, ruft mein Vater. »Ich nenne deinen Namen beispielsweise. Setz dich und denk nach über den Unterschied zwischen aufrufen und beispielsweise nennen!«

Jauls Kopf sinkt unter das Fenstersims wie die Köpfe aller Schüler, die sich nach dem Ausruf ihrer Namen, nach der Antwort gesetzt haben.

»Jaul«, ruft mein Vater, »wird die Hand nicht auf den Hals halten. Jaul wird sein Haus verlassen. Alle werden auf Jaul weisen, alle werden rufen: ›Seht den Jaul! Läuft herum verlottert und verkommen! Daß er sich nicht schämt, der Jaul!‹ Was also, Als, wird Jaul wohl oder übel tun müssen?«

»Jaul könnte sich, wenn er könnte«, sagt Als, »den Knopf selbst annähen.«

»Jaul wird sich den Knopf selbst annähen!« ruft mein Vater. »Das ist es, was Jaul tun wird« Was hat Eibisch dazu zu sagen? Eibisch!« Eibischs Kopf taucht auf. Eibisch schweigt.

»Was hatte Eibisch dazu zu sagen, Einfach« ruft mein Vater.

Einfachs Kopf taucht neben Eibischs Kopf auf. Einfach sieht Eibisch an.

»Was?« ruft mein Vater.

»Eibisch sagt«, sagt Einfach, »daß er keinen Knopf annähen kann.«

»Eben das wird Eibisch lernen!« ruft mein Vater. »Einen Augenblick« ruft mein Vater. »Murmel, was hatte Mündel dazu zu sagen?«

»Mündel sagt«, sagt Murmel, »daß seine Mutter die abgerissenen Knöpfe annäht.«

»Eben das wird Mündel lernen; wie man einen Knopf annäht!« ruft meinVater. »Eibisch, Mündel! Steht und stemmt!«

In der dritten Bank der ersten Reihe links steht Eibisch. In der fünften Bank der zweiten Reihe links steht Mündel. Über Eibischs Kopf stemmen Eibisch hochgestreckte Arme Eibischs Ranzen. Über Mündels Kopf stemmen Mündels hochgestreckte Arme Mündels Ranzen.

»Es dauert«, höre ich meine Mutter im Eßzimmer murmeln. »Es dauert zwar, aber lange nicht so lange wie ich immer dachte.«

»Ist vielleicht noch einer unter euch«, ruft mein Vater, »der dazu etwas zu sagen hat, der dazu etwas zu fragen hat? Nur nicht so maulfaul! Die Hände hoch! Ich bin ganz Auge! Ich bin ganz Ohr!«

Kein Schülerarm taucht auf, außer Eibischs und Mündels vier hochgestreckten Armen. Kein Schüler meldet sich. Durch das Klassenzimmer unter dem Klassenzimmer meines Vaters läuft lehrend der kleinere Lehrer. Über den Fenstersimsen unter den Fenstersimsen des Klassenzimmers meines Vaters tauchen Schülerhände auf, verschwinden Schülerhände.

»Wie also wird Jaul den Knopf annähen? Jaul!« ruft mein Vater. »Du bist aufgerufen, Jaul! Steh auf!«

»Ich werde mit einer Nadel«, sagt Jaul.

»Du sollst dich nicht ich nennen!« ruft mein Vater. »Du sollst dich Jaul nennen, wenn du dich beispielsweise nennst!«

»Jaul«, sagt Jaul, »wird mit einer Nadel den Knopf annähen.«

»Wenn Jaul das tun wird, wird Jaul so lange zustechen müssen, bis er ein Greis ist!« ruft mein Vater. »Und wenn er aufstehen wird, letzten Endes, um sein Haus noch einmal zu verlassen, ehe er stirbt, der Greis Jaul, wird der Knopf abfallen wie ein abgehackter Kopf! Wie wird Jaul den Knopf annähen? Hopfen!«

»Ich würde an Jauls Stelle«, sagt Hopfen.

»Ich habe nicht dich, Hopfen, beispielsweise genannt. Jaul ist unser aller Beispiel!« ruft mein Vater. »Steh auf, Jaul! Seht Jaul an, alle! Wer ist unser aller Beispiel? Alle!«

»Jaul«, rufen alle Schüler.

Jaul steht in der zweiten Bank der zweiten Reihe rechts. Jaul hebt einen Arm.

»Was hast du zu fragen, Jaul?« ruft mein Vater.

»Ich möchte bitte fragen, ob ich stemmen soll«, sagt Jaul.

»Du sollst stehen bleiben«, ruft mein Vater, »sollst dich sehen lassen! Das ist alles, was du sollst.«

Jaul steht bleich und stumm, steht ein wenig schwankend.

»Also, Hopfen!« ruft mein Vater.

»Jaul wird eine eingefädelte Nadel nehmen«, sagt Hopfen. »Und dann wird Jaul den Knopf schnell annähen.«

»Nicht so hastig!« ruft mein Vater. »Hopfen glaubt, daß neben Jaul im Hemd mit abgerißnem Knopf natürlich eine Nadel liegt! Und nicht nur eine Nadel, nein, natürlich eine eingefädelte, neben Jaul genau natürlich! Hopfen macht dem Jaul das Nähen leichter noch als Nähen ist! Jaul muß keine Nadel suchen. Jaul muß keinen Faden finden. Jaul muß keinen Faden einfädeln ins Nadelöhr. Denn ein jeder in Jauls Wohnung weiß, wann, an welchem Hemd und wo Jaul ein Knopf abreißen wird, denn ein jeder in Jauls Wohnung wird schnell einen Faden einfädeln ins Nadelöhr, denn ein jeder in Jauls Wohnung wird natürlich schnell die eingefädelte Nadel genau neben Jaul natürlich legen, daß dem Jaul das Nähen leichter noch gemacht ist als das Nähen ist. Wer wird wissen, daß dem Jaul ein Knopf abgerissen ist? Jaul!«

»Meine Mutter, Jauls Mutter«, sagt Jaul.

»Allein wird Jaul in seinem Zimmer sein!« ruft mein Vater. »Keiner wird sehen, daß der Knopf abreißt! Keinem wird Jaul sagen, daß der Knopf abgerissen ist. Seiner Mutter wird Jaul erst recht nichts sagen, denn sonst sagt Jauls Mutter: ›Ich nähe ihn wieder an.‹ Und Jaul wird den Knopf selbst annähen. Und Jaul wird einen Faden, eine Nadel suchen. Und Jaul wird einen Faden, eine Nadel finden. Und Jaul wird einen Faden ins Nadelöhr einfädeln. Wo wird Jaul den Faden und die Nadel suchen? Scholsch!«

»Jaul wird den Faden und die Nadel im Nähkasten von Jauls Mutter suchen«, sagt Scholsch.

»Nicht so hastig!« ruft mein Vater. »Jaul wird, ehe er den Faden und die Nadel sucht, wohl oder übel erst den Nähkasten suchen und finden müssen. Wo also, wir sind noch nicht fertig, Scholsch, steh auf, wo wird Jaul den Nähkasten suchen?«

»Bitte, Herr Oberlehrer«, sagt Scholsch. »Ich bin nie bei Jauls gewesen. Ich weiß nicht einmal, wo Jaul wohnt. Doch wenn Jaul mir sagen wird, wo er wohnt, werde ich zu Jauls gehen. Ich werde in Jauls Wohnung suchen, ich werde gewiß den Nähkasten finden. Ich werde, wenn Sie bitte wollen, Herr Oberlehrer, die Wohnung und den Nähkasten sofort suchen gehen.«

»Das wirst du nicht tun!« ruft mein Vater. »Du wirst dich nicht drücken!« ruft mein Vater. »Sofort will er sich herausreden! Sofort will er fortgehen auf Wohnungssuche, auf Nähkastensuche! Lieber will er fremde Wohnungen durchwühlen als hier etwas Leichtes, etwas ganz Leichtes lernen! Stehen wird er, stemmen!« ruft mein Vater. »Das ist es, was er sofort tun wird!«

In der zweiten Bank der dritten Reihe links steht Scholsch. Über Scholschs Kopf stemmen Scholschs hochgestreckte Arme Scholschs Ranzen, so wie Eibischs, so wie Mündels hochgestreckte Arme, über Eibischs, über Mündels Kopf Eibischs, Mündels Ranzen stemmen.

»Wo wird Jaul den Nähkasten von Jauls Mutter suchen, Zweifach?« ruft mein Vater.

»Jaul wird in das Zimmer gehen, in dem der Nähkasten seiner Mutter immer steht«, sagt Zweifach.

»Und woher weißt du, Zweifach«, ruft mein Vater, »daß Jaul wissen wird, in welchem Zimmer immer der Nähkasten steht! Und woher weißt du weiterhin, Zweifach, daß der Nähkasten immer im gleichen Zimmer steht, und daß er vielleicht nicht einmal in diesem und einmal in jenem Zimmer, und einmal da und einmal dort steht, und wann und wo es gerade Jauls Mutter einfällt ihn hinzustellen?«

»Leider wird es Jaul nicht wissen«, sagt Zweifach, »denn selbst hat er sich nie etwas angenäht. Und wenn Jaul den Nähkasten zufällig irgendwann hat irgendwo stehen sehen, als Jaul irgend etwas anderes suchte, und wenn er sich daran erinnern wird, der Jaul, dort, wo er ihn irgendwann hat stehen sehen, wird er gewiß nicht mehr stehen. Denn Jauls Mutter stellt ihn einmal in dieses und einmal in jenes Zimmer, und einmal da und einmal dort hin, und wann und wo es ihr gerade einfällt ihn hinzustellen. Und vielleicht versteckt sie ihn sogar vor Jaul. Und leider wird Jaul seine Mutter nicht fragen können, wo er steht oder wo sie ihn versteckt hat. Denn dann wird Jauls Mutter fragen: ›Was willst du mit dem Nähkasten?‹ Und das darf nicht sein. Denn dann wird Jauls Mutter fragen: ›Ist dir etwas abgerissen?‹ Und dann wird Jaul antworten müssen: ›Mir ist ein Knopf abgerissen.‹ Und das darf nicht sein. Denn dann wird Jauls Mutter sagen: ›Ich nähe ihn wieder an.‹ Und das darf nicht sein. Denn Jaul wird den Knopf selbst annähen müssen. Und Jaul wird die Wohnung durchsuchen müssen. Und um so größer Jauls Wohnung ist, um so länger wird Jaul suchen müssen. In allen Zimmern, in allen Schränken aller Zimmer, in allen Kommoden aller Zimmer, in allen Konsolen aller Zimmer, in allen Kisten, Kasten aller Zimmer, hinter allen, unter allen, auf allen Möbeln aller Zimmer, überall.«

In der dritten Reihe rechts neben Scholschs zwei hochgestreckten Armen, die Scholschs Ranzen stemmen über Scholschs Kopf, taucht ein Arm auf.

»Was hast du dazu zu sagen? Schorlach!« ruft mein Vater. Schorlachs Arm verschwindet, Schorlachs Kopf taucht auf.

»Nichts, Herr Oberlehrer, bitte«, sagt Schorlach.

»Setz dich, Schorlach«, ruft mein Vater, »wenn du nichts zu sagen hast! Wer hat hier geklopft? Warum meldest du dich, Schorlach, wenn du nichts zu sagen hast? Ich hab Ohren überall! Wer hat hier geklopft?«

»Draußen bitte, Herr Oberlehrer«, sagt Schorlach.

»Warum sagst du das nicht gleich! Warum stehst du nicht gleich auf! Warum gehst du nicht zur Tür!« ruft mein Vater.

»Feffs Mutter, bitte, Herr Oberlehrer«, sagt Schorlach, »fragt, ob sie Sie bitte einen Augenblick sprechen könnte.«

»Murmel wird mir melden, wer geschwätzt hat!« ruft mein Vater. Er verläßt das Klassenzimmer, schließt die Tür.

Ich höre meine Mutter im Eßzimmer Geschirr verschieben, höre Geschirr zu Boden fallen, zerbrechen, höre meine Mutter murmeln: »Wie es sich macht, fast von selbst, wie es von der Hand geht, wie es von Mal zu Mal geschickter von der Hand geht.«

Die Schüler meines Vaters müssen leise reden, wenn sie reden. Ich höre kein Geräusch aus seinem Klassenzimmer dringen. Unter dem Klassenzimmer meines Vaters geht der kleinere Lehrer den Gang zwischen den Fenstern und der ersten Reihe entlang. Bank für Bank bis zur letzten geht er, den Schülern den Rücken kehrend und Fenster für Fenster aufreißend und rufend: »Die vier männlichen Fälle!« Bank für Bank bis zur ersten geht er zurück, den Schülern zugewendet und rufend: »Alle gemeinsam mit Vater!«

»Der Vater, des Vaters, dem Vater, den Vater«, rufen alle seine Schüler.

Mein Vater tritt ins Klassenzimmer. Er steigt auf das Pult »Murmel, melde, wer etwas gesagt hat!« ruft mein Vater.

»Aufgelt, Eibisch, Einfach, Herr Oberlehrer«, sagt Murmel, »Grind, Jaul, Lott, Scholsch, Mündel, und ich: Murmel.«

»Was haben sie gesagt, Murmel?« ruft mein Vater.

»Sie haben so leise gesprochen, Herr Oberlehrer«, sagt Murmel, »daß ich kein Wort verstanden habe. Ich selbst habe gesagt, daß sie nichts sagen sollen, damit ich sie nicht melden muß.«

»Was, Aufgelt, hast du gesagt?« ruft mein Vater.

»Ich habe zu Einfach gesagt«, sagt Aufgelt, »daß wir, wenn Feffs Mutter Feff entschuldigt, nicht zu Feffs gehen müssen.«

»Was, Einfach, hast du gesagt?« ruft mein Vater.

»Ich habe zu Aufgelt gesagt«, sagt Einfach, »daß wir doch zu Feffs gehen müssen, obwohl Sie, Herr Oberlehrer, wissen, was Feff fehlt, falls Sie, Herr Oberlehrer, vergessen, uns zu sagen, daß wir nicht zu Feffs gehen müssen. Denn sowohl Aufgelt als auch ich trauen sich nicht zu fragen, ob wir nun noch zu Feffs gehen müssen oder ob wir nun nicht mehr zu Feffs gehen müssen.«

»Was, Eibisch, hast du gesagt?« ruft mein Vater.

»Ich habe Murmel gefragt«, sagt Eibisch, »ob er es meldet, wenn ich die Arme senke, solange Sie, Herr Oberlehrer, es nicht sehen.«

»Und was hat Murmel dazu gesagt? Eibisch!« ruft mein Vater.

»Murmel hat gesagt«, sagt Eibisch, »daß er nichts sagt, damit er sich nicht selber melden muß.«

»Du hast also, dich meine ich, Murmel, nicht nur gesagt, daß sie nichts sagen sollen, damit du sie nicht melden mußt, du, Murmel, hast auch gesagt, daß du nichts sagst, damit du dich nicht selber melden mußt. Warum, Murmel, hast du mir das nicht gesagt? Laß es sein! Ich weiß alles! Was hast du, Grind, gesagt?« ruft mein Vater.

»Ich habe zu Jaul gesagt«, sagt Grind, »daß er es sich trauen soll zu sagen.«

»Und was soll Jaul sich zu sagen trauen? Grind!« ruft mein Vater.

»Jaul will bitte bitten, daß er nicht mehr unser aller Beispiel sein muß«, sagt Grind.

»Jaul wird unser aller Beispiel bleiben!« ruft mein Vater. »Beispiel sein ist leichter noch als Nähen!«

Jaul steht bleich und stumm, steht ein wenig schwankend.

»Was hast du, Lott, gesagt?« ruft mein Vater.

»Als Eibisch, Mündel und Scholsch Murmel gefragt haben«, sagt Lott, »ob er es meldet, wenn sie die Arme senken, solange Sie, Herr Oberlehrer, es nicht sehen, und als Murmel gesagt hat, daß er nichts sagt, damit er sich nicht selber melden muß, habe ich zu ihnen gesagt, daß sie lieber stemmen sollen, auch solange Sie, Herr Oberlehrer, es nicht sehen, weil sie ja nicht wissen, ob Murmel es melden wird oder ob Murmel es nicht melden wird, wenn sie die Arme senken.«

»Also!« ruft mein Vater. »Eibisch, Mündel, Scholsch werden weiter stemmen. Stehn und stemmen werden außerdem: Aufgelt, Einfach, Grind, Lott, Murmel sowie Jaul, unser aller Beispiel Jaul!«

Aufgelt stemmt vor Eibisch in der zweiten Bank der ersten Reihe links. Einfach stemmt neben Eibisch in der dritten Bank der ersten Reihe rechts. Grind stemmt hinter Eibisch in der fünften Bank der ersten Reihe links. Jaul stemmt in der zweiten Bank der zweiten Reihe rechts neben Scholsch, der in der zweiten Bank der dritten Reihe links stemmt. Lott stemmt hinter Jaul in der vierten Bank der zweiten Reihe rechts, stemmt mit einer heilen linken Hand und mit einer weiß verbundenen rechten Hand. Murmel stemmt hinter Lott und neben Mündel in der fünften Bank der zweiten Reihe rechts.

»Die vier weiblichen Fälle!« ruft der kleinere Lehrer. »Alle gemeinsam mit Mutter!«

»Die Mutter, der Mutter, der Mutter, die Mutter«, rufen alle seine Schüler.

»Es ist nicht der Rede wert«, höre ich meine Mutter im Eßzimmer murmeln, »es ist eine Kleinigkeit, es ist nicht einmal eine Kleinigkeit, es ist nichts.« Ich höre im Eßzimmer Geschirr zu Boden fallen, zerbrechen, höre meine Mutter kichern.

Ein Schülerarm taucht auf über den Fenstersimsen des Klassenzimmers meines Vaters. Ein Schüler meldet sich.

»Was hast du zu sagen? Zweifach!« ruft mein Vater.

»Leider, Herr Oberlehrer«, sagt Zweifach, »wird die Nähkasten-, die Nadel- und die Fadensuche, das Einfädeln, das Nähen, so schwer es Jaul auch fallen wird, denn selber hat sich Jaul nie etwas angenäht, das Leichteste von allem sein. Jauls Mutter wird das Schlimmste sein. Sie wird Jaul suchend von Zimmer zu Zimmer gehen sehen. Sie wird Jaul in allen Möbeln herumwühlen sehen. Sie wird Jaul Stühle an hohe

Möbelstücke heranrücken sehen. Sie wird Jaul auf diese Stühle steigen sehen. Sie wird Jaul auf Möbelstücke sehen sehen. Sie wird Jaul sich bücken sehen. Sie wird Jaul unter alle Möbelstücke sehen sehen. Sie wird sagen: ›Jaul, was suchst du?‹ Sie wird sagen: ›Warum schweigst du?‹ Sie wird sagen: ›Sieh mich an!‹, sagen: ›Warum kehrst du mir den Rücken? Komm hierher!‹, sagen: ›Warum rennst du fort? Warum, Jaul, verbirgst du dich? Sag es gleich, was du getan hast! Schlimm muß sein, was du getan hast!‹«

»Denn er darf nicht sagen«, rufen alle Schüler, »was er sucht, sonst weiß sie, daß er nähen will! Und dann wird sie nähen! Denn er darf sein Hemd, und somit sich, weil er es anhat, nicht von vorne sehen lassen, sonst weiß sie, daß er einen Knopf annähen will! Und dann wird sie den Knopf annähen!«

»Was also, Zweifach, fahre ruhig fort«, ruft mein Vater, »wird Jaul tun müssen?«

»Er wird sich bücken, sich drehen, sich verbergen müssen, der Jaul«, sagt Zweifach. »Er könnte sich, wenn er könnte, herausreden, der Jaul, er könnte, wenn er könnte, vor sich hin pfeifen, daß sie meint, er ging nur so zum Spaß herum, er könnte, wenn er könnte, etwas verschütten, etwas zerbrechen, der Jaul. Und wenn Jauls Mutter Jaul prügelt, wird er sich prügeln lassen müssen. Und wenn Jauls Mutter zuschlägt, wird sie vielleicht nicht so heftig zuschlagen, mit der Hand vielleicht nur, und nicht mit dem Stock. Und wenn Jauls Mutter das Verschüttete aufwischt, das Zerbrochene zusammenfegt, könnte Jaul vielleicht, wenn er den Nähkasten gefunden haben wird, eine Nadel, einen Faden vielleicht suchen, vielleicht finden. Eine Schere wird Jaul, Herr Oberlehrer, bitte nicht suchen und finden müssen. Jaul, Herr Oberlehrer, wird bitte den Faden abreißen oder abbeißen dürfen! Jaul wird den Faden und die Nadel in die Hosentasche stecken. Jaul wird sich in sein Zimmer einschließen. Und während Jauls Mutter mit dem Fingerknöchel gegen die Tür klopft, mit der Faust, mit beiden Fäusten gegen die Tür schlägt, und während Jauls Mutter mit den Füßen gegen die Tür tritt, mit dem Besen gegen die Tür stößt, ruft: ›Mach auf!‹, schreit: ›Was treibst du, Jaul!‹, droht: ›Wenn du nicht öffnest, Jaul, breche ich die Tür auf!‹, in dieser Zeit, die kurz sein wird, ehe Jauls Mutter die Tür aufbricht, wird Jaul den Knopf schnell annähen.«

»Nicht so hastig!« ruft mein Vater. »Was wird Jaul zuerst tun? Impf!«

»Jaul wird einen Faden von der Rolle reißen«, sagt Impf. »Lieber, Herr Oberlehrer, einen langen Faden, damit Jaul nicht zweimal einfädeln muß. Denn Jaul hat keine Übung, keine Zeit. Denn Jauls Mutter droht und schreit vor der Tür. Und dann wird Jaul den Faden einfädeln ins Nadelöhr.«

»Wie, Zander, wird Jaul den Faden einfädeln?« ruft mein Vater.

»Jaul«, sagt Zander, »wird die Nadelspitze zwischen dem Daumen und dem Zeigefinger der einen Hand halten, Jaul wird das eine Fadenende zwischen dem Daumen und dem Zeigefinger der anderen Hand halten, Jaul wird das Fadenende mit Speichel nässen, Jaul wird das nasse Fadenende dem Nadelöhr nähern.«

»Jauls Hände«, rufen alle Schüler, »Herr Oberlehrer, werden bitte nicht zittern, auch wenn Jauls Mutter droht und schreit und die Tür gleich aufbrechen wird. Jaul wird, bitte, Herr Oberlehrer, nicht mit dem Fadenende am Nadelöhr vorbeifahren.«

»Jauls Hände«, ruft mein Vater, »werden also nicht zittern!«

»Danke, Herr Oberlehrer«, rufen alle Schüler.

»Kein Zucken«, höre ich meine Mutter im Eßzimmer murmeln, »kein Zittern«, höre ich meine Mutter im Eßzimmer singen, »eine ruhige Hand, die flink, die flinker, die immer flinker von Mal zu Mal, die in Windeseile, ganz von selbst, eine Hand, diese Hand, meine Hand.«

»Was für ein Faden wird es sein, Kleinlich«, ruft mein Vater, »den Jaul, ohne Übung im Nähen und doch geschickt, den Jaul, ohne Zeit und deshalb natürlich gleich beim ersten Versuch, einfädeln wird mit ruhiger Hand unter den Drohungen, den Besenstößen seiner Mutter?«

»Kiefer meint, lieber ein dicker«, sagt Kleinlich.

»Ehe Kiefer etwas meint«, ruft mein Vater, »hat er sich zu melden! Steh und stemm, Kiefer!«

In der dritten Bank der zweiten Reihe links steht Kiefer. Kiefers hochgestreckte Arme stemmen Kiefers Ranzen über Kiefers Kopf.

»Lieber einen dicken, daß er nicht gleich reißt«, sagt Kleinlich.

»Bitte, einen dicken«, ruft mein Vater, »wie ihr wollt! Wenn Jaul in aller Eile aber eine dünne Nadel ausgewählt hat, wird Jaul diesen dicken Faden fädeln können durch das enge Öhr? Jaul!«

Jaul steht stemmend, bleich und stumm, steht ein wenig schwankend.

»Nein«, rufen alle Schüler, »nein!«

»Jaul wird also wohl oder übel eine neue Nadel suchen müssen!« ruft mein Vater.

»Nein, Herr Oberlehrer, bitte nein!« rufen alle Schüler.

»Denn das darf nicht sein! Denn Jaul kann sein Zimmer nicht verlassen, ehe er nicht sitzt, der Knopf, am rechten Fleck, ehe er, der Knopf, nicht festsitzt, ehe Jaul den Knopf nicht durch das Knopfloch seines Hemds geschoben hat, ehe er, der Jaul, nicht seiner Mutter sagen kann: ›Alles war des Knopfes wegen, den ich diesmal selbst annähen mußte‹. Sich, er sitzt, das Hemd ist zugeknöpft!‹ Jaul wird bitte zufällig, Herr Oberlehrer, und trotz aller Eile, eine dicke Nadel wählen! Jaul wird bitte zufällig, Herr Oberlehrer, und trotz aller Eile, lieber einen dünnen Faden wählen, daß Jaul ganz gewiß den dünnen Faden, der, Herr Oberlehrer, bitte lieber nicht abreißen wird, in das große weite Öhr der dicken Nadel fädeln kann!«

»Bitte, eine dicke Nadel«, ruft mein Vater, »einen dünnen Faden, wie ihr wollt! Soll er ruhig einfädeln, der Jaul!«

»Stimmt das bitte nicht, Herr Oberlehrer?« rufen alle Schüler.

»Jaul soll machen, was er will!« ruft mein Vater. »Er, nicht ich, wird einen Knopf annähen müssen! Was wird, Grübel, Jaul dann tun?«

»Jaul wird den Faden doppelt nehmen«, sagt Grübel. »Jaul wird die beiden Fadenenden unten verknoten. Jaul wird mit der Nadel einstechen in den Hemdsstoff, die Nadel herausziehen aus dem Hemdsstoff, den Faden befestigen an jenem Fleck, darauf der Knopf festsitzen soll. Und dann wird Jaul den Knopf schnell annähen.«

»Nicht so hastig!« ruft mein Vater. »Ehe Jaul den Knopf annähen wird, wird Jaul wohl oder übel erst einmal wissen müssen, wo er ist, der Knopf! Wo also ist der Knopf, Jaul?«

Jaul steht stemmend, bleich und stumm, steht ein wenig schwankend, schweigt.

»Leider hat Jaul seinen Knopf verlegt!« rufen alle Schüler. »Leider hat Jaul seinen Knopf verloren, auf der Suche nach dem Nähkasten, dem Faden und der Nadel. Leider wird Jaul suchend gehen müssen durch die große Wohnung nach dem kleinen Knopf. Leider, könnte Jaul sein Zimmer nur verlassen, denn er wird sein Zimmer nicht verlassen können, ehe er den Knopf, den er verloren hat, angenäht hat, und er wird ihn leider nicht annähen können, weil er ihn verloren hat!«

»Jaul«, ruft mein Vater, »was soll das Gejammer, hat den Knopf meinetwegen neben sich gelegt!«

»Danke sehr, Herr Oberlehrer«, rufen alle Schüler.

»Nicht so hastig!« ruft mein Vater. »Leider fürchte ich, daß auch dies dem Jaul nichts nutzen wird! Was also, Zündel, wird Jaul dann tun?«

»Jaul wird mit der eingefädelten Nadel durch das eine Loch des Knopfes stechen«, sagt Zündel.

»Dachte ich mir's doch«, ruft mein Vater, »was der Schlaukopf Zündel sagen wird! Mit der dicken Nadel, sagt der Schlaukopf Zündel, wird Jaul durch das kleine Loch des kleinen Hemdsknopfs stechen. Denkst du, Quängel, er wird durchkommen der Jaul?«

»Wenn Jaul könnte, doch Jaul wird nicht können, würde Jaul doch eine neue Nadel suchen müssen«, sagt Quängel.

»Lieber soll Jaul keine neue Nadel suchen können«, rufen alle Schüler. »Bitte nicht, Herr Oberlehrer.«

»Ich werde warten«, ruft mein Vater. »Ich werde euch Zeit lassen! Überlegt«, ruft mein Vater, »was Jaul nun tun wird!«

Mein Vater steigt vom Pult, er geht Gang für Gang, Bank für Bank entlang, vor und zurück und an den sitzenden Schülern und an den stehenden und stemmenden, den ein wenig schwankenden Schülern vorbei, blickt auf die Armbanduhr, mein Vater, an seinem bis zu Augenhöhe erhobenen Handgelenk.

»Die vier Fälle!« ruft der kleinere Lehrer. »Alle gemeinsam mit Kind!«

»Das Kind, des Kindes, dem Kind, das Kind«, rufen alle seine Schüler.

Ich höre im Eßzimmer unter dem Summen, dem Singen, dem Kichern meiner Mutter Geschirr zu Boden fallen, zerbrechen.

»Was also«, ruft mein Vater, »wird Jaul nun tun? Hälfte!«

»Darf ich bitten, Herr Oberlehrer«, sagt Hälfte, »daß Jaul, der nach mühsamer Suche die Nadel und den Faden gefunden hat, der sich vor seiner Mutter verborgen hat, der sich eingeschlossen hat in sein Zimmer, der sein Zimmer nicht verlassen kann, ehe er den Knopf angenäht hat, den er nicht annähen kann, darf ich bitten, Herr Oberlehrer, daß Jaul, der bedroht sitzt von seiner Mutter hinter einer Tür, die den Besenstößen seiner Mutter nicht mehr lange standhält, daß Jaul, der mühsam und ohne Übung im Nähen und ohne Zeit zum Nähen die dicke Nadel nun einmal eingefädelt hat, die Fadenenden nun einmal verknotet hat, den Faden am Hemdsstoff nun einmal befestigt hat, darf ich bitte bitten Herr Oberlehrer, daß Jaul einen großen Knopf mit Löchern so groß, daß er, der Jaul, mühelos mit der dicken Nadel durchstechen kann, in seinem Zimmer finden dürfen wird?«

»Bitte«, ruft mein Vater, »wie ihr wollt! Also wird Jaul einen großen Knopf in seinem Zimmer finden!«

»Danke sehr, Herr Oberlehrer«, rufen alle Schüler.

»Was, Weiter«, ruft mein Vater, »wird Jaul dann tun?«

»Jaul«, sagt Weiter, »wird mit der Nadel ins eine Loch des

Knopfes und den Hemdsstoff darunter stechen, Jaul wird ein Stückchen weiter weg in den Hemdsstoff und das zweite Loch des Knopfes stechen, Jaul wird den Faden herausziehen.«

»Und so fort!« ruft mein Vater. »Und so fort!«

»Jaul wird sich den Knopf selbst annähen«, rufen alle Schüler.

»Was, Schorchel«, ruft mein Vater, »wird Jaul dann tun?«

»Jaul«, sagt Schorchel, »wird am Knopf ziehen, Jaul wird versuchen, ob der Knopf festsitzt, Jaul wird, wenn der Knopf festsitzt, den Faden abreißen und die beiden Fadenenden hinten verknoten.«

»›Alles war des Knopfes wegen‹, wird Jaul rufen«, rufen alle Schüler, »›den ich diesmal selbst annähen mußte!‹ Aus dem Zimmer wird Jaul treten, rufen: ›Sieh, er sitzt am rechten Fleck! Sieh, das Hemd ist zugeknöpft!‹«

»Nicht so hastig!« ruft mein Vater. »Halt! Wie wird Jaul den großen Knopf durch das kleine Knopfloch seines Hemdes schieben?« ruft mein Vater. »Wer hat hier gejapst? Denkt ihr«, ruft mein Vater, »daß Jaul durchkommen wird? Wer hat hier gewimmert? Ich hab Ohren überall! Jaul wird«, ruft mein Vater, »wer verzieht dort das Gesicht, ich hab Augen überall, wohl oder übel den Knopf wieder abreißen müssen! Was also«, ruft mein Vater, »wird Jaul dann tun? Warum«, ruft mein Vater, »weinst du, Allseits?«

»Weil ich weiß«, sagt Allseits, »daß ich das nicht wissen werde, was Sie mich, Herr Oberlehrer, fragen werden.«

»Hör auf die Frage! Die Ohren auf!« ruft mein Vater. »Wie, Allseits«, ruft mein Vater, »hör gut zu, wie heißt du, Allseits?«

»Jaul«, sagt Allseits.

»Steh und stemm«, ruft mein Vater, »bis du wieder weißt, wie du heißt! Wie heißt du«, ruft mein Vater, »hör gut zu, Grein?«

»Jaul«, sagt Grein.

»Steh und stemm, Grein!« ruft mein Vater. »Wer hat hier gewimmert?« ruft mein Vater. »Wie heißt du, Kusch.«

»Jaul«, sagt Kusch.

»Steh und stemm!« ruft mein Vater. »Heißt du etwa auch Jaul, Raff?«

»Jaul, jawohl«, sagt Raff, »Herr Oberlehrer.«

»Steht und stemmt! Alle!« ruft mein Vater.

Alle Schüler stehen stemmend.

»Was tut ihr?« ruft mein Vater. »Alle!«

»Nähen«, rufen alle Schüler.

»Wo seid ihr?« ruft mein Vater. »Seht euch um! Die Augen auf!

»In Jauls Zimmer«, rufen alle Schüler.

»Und wie heißt ihr?« ruft mein Vater.

»Jaul«, rufen alle Schüler.

Alle Schüler stehen stemmend, stehen schwankend, stehen stumm.

Geschirr fällt zu Boden im Eßzimmer, zerbricht. Meine Mutter singt und summt und kichert zwischendurch.

Ich gehe nach meiner Mutter sehen.

Sie sitzt am Eßzimmertisch, meine Mutter, am leeren Eßzimmertisch, meine Mutter, den Nähkasten zwischen ihren weit auseinander zu Boden gestellten Beinen, zwischen den Scherben des zu Boden gefallenen Geschirrs, sitzt und singt und summt, meine Mutter, kichert zwischendurch, zieht mit ihrer rechten, ihrer ruhigen rechten Hand mit der Nadel den befestigten Faden aus dem Tischtuch heraus, hält in ihrer linken, ihrer ruhigen linken Hand einen Knopf, und mit der Nadel in das eine Loch des Knopfes und den Tischtuchstoff darunter stechend, und mit der Nadel ein Stückchen weiter weg in den Tischtuchstoff und das zweite Loch des Knopfes stechend, näht sie, knopfweit nur entfernt vom letzten angenähten Knopf der letzten tischtuchbreiten Reihe dieser knopfweit voneinander nur entfernten tischtuchlangen Reihe Knöpfe, diesen Knopf ans Tischtuch an.

# Die Prozession

Ein jeder in unserem Stadtviertel kennt den Herrn Kecker. Ein jeder weiß, wo er den Stumpf hat, wo das heile Bein. Und das heißt schon etwas. Ein jeder weiß, welche Wege er gewöhnlich einschlägt, auf zwei Krücken und ein Bein gestützt entlanggeht, mit schlenkerndem Stumpf, keuchend und schweißtriefend vor Anstrengung. Ein jeder weiß nach zwei, drei Worten, wer es ist, der da eine Rede hält, umgeben und dadurch verdeckt von Passanten, weiß es, ohne daß er weiter zuhören müßte, ohne daß er warten müßte, bis der Herr Kecker anfängt mit der Krücke zu fuchteln, bis des Herrn Keckers Krücke die Passantenköpfe überragt und auf und nieder fährt. Und das heißt schon etwas. Keiner verwechselt den Herrn Kecker mit einem anderen Invaliden, auch wenn er den Stumpf rechts hat, wie der Herr Kecker, und links das heile Bein, auch wenn sein Stumpf nicht allein rechts, sondern von ebensolcher Länge, von halber Schenkellänge also ist, wie des Herrn Keckers Stumpf.

Doch kommt es kaum vor, es sei denn besuchsweise, daß solch ein Invalide in unserem Stadtviertel auftritt. Kurz nachdem der Auftritt des Herrn Kecker in unseren Straßen zu hören war, zogen sich die anderen Invaliden in entferntere Stadtviertel, Vorstädte, ja fremde Städte zurück. Sie gaben gute Stellungen auf, zentral heizbare Wohnungen, sie ließen vielköpfige Familien im Stich. Es blieben ein paar Blinde, Blödel, Mißgeburten, um die sich keiner kümmert, auch der Herr Kecker nicht. Es blieb ein Einarmiger, der sich anbiedert beim Herrn Kecker, ihm zuwinkt mit dem heilen Arm, hinter ihm herläuft, wo immer er ihn trifft, ruft: »Meine Verehrung, liebster Herr Kecker!« und ihm seine Dienste anbietet. Aber der Herr Kecker weist ihn angewidert ab, nennt ihn einen Aufdringling. Und keiner in unserem Stadtviertel kann mit Sicherheit sagen, wo dieser Einarmige den Stumpf hat, wo den heilen Arm.

Viele behaupten, es kenne den Herrn Kecker die ganze Stadt. Und das hieße schon etwas. Sie sagen, wer ihn noch nicht gesehen habe in Apotheken, in Kaufhäusern, im Kino in Kriegsfilmvorführungen, der kenne seinen Ruf und die Gerüchte über ihn. Sie sagen, wer ihn zum erstenmal sehe, der sage zu sich oder zu seinem Begleiter: »Das kann nur der Herr Kecker sein!«

Wie es der Herr Kecker anstellte, daß sogar die Leute in fremden Städten über ihn sprechen, daß die Ehefrauen zu den Ehemännern, die Väter zu den Söhnen, die Lehrer zu den Schülern sagen sollen: »Führ dich nicht so keckerhaft auf!«, davon soll hier die Rede sein.

Seine Ankunft ist nicht allein erkennbar an seinem Auftritt, seinen Krücken, seinem Keuchen und, wenn er rastet, seinen Reden, sie ist erkennbar am Verhalten der Passanten. Sie brechen plötzlich Gespräche ab, mittendrin, sie gehen auseinander mit hastigen Abschiedsworten, sie bleiben plötzlich stehen auf halbem Wege dem Herrn Kecker entgegen, und wenn sie nicht in Geschäfte treten, in Hauseingänge, und wenn sie die Straße nicht überqueren, kehren sie um, gehen sie den Weg zurück in großer Eile, verschieben sie ihr Vorhaben oder lassen es fallen.

Andere, sei es, weil sie wagehalsig, sei es, weil sie verstört sind und unfähig zu einem Entschluß, gehen dem Herrn Kecker weiter entgegen, der Stück für Stück an sie heranrückt.

Und während hinter dem Herrn Kecker, weiter als nur außer Hörweite, das Gerede von neuem beginnt, und während vor dem Herrn Kecker, weiter als nur außer Hörweite, das Gerede abbricht, ist da, wo der Herr Kecker geht, zwischendrin, Stille und nur die Unterbrechung dieser Stille durch den Aufprall der Krückenhölzer des Herrn Kecker auf die Pflastersteine, durch den Aufprall der Schuhsohle des Herrn Kecker auf die Pflastersteine, durch das Keuchen des Herrn Kecker. Ob es nun ein Wagehals ist, ob es ein Verstörter ist, der dem Herrn Kecker entgegengeht, ein paar Krükkentritte vor dem Herrn Kecker wird sein Gang zum Getappe, knicken sich seine Knie, und er geht nicht auf ganzer Sohle, er schleicht auf Zehenspitzen, in mehr oder weniger weitem Bogen, am Herrn Kecker vorbei.

So mancher Wagehals hat versucht zu berechnen, wie eine Begegnung mit dem Herrn Kecker ausgehen könnte, hat Wetten abgeschlossen, ehe er sich auf den Weg machte ihm entgegen. Sie kann gut ausgehen, sie kann schlecht ausgehen. Das hängt ab von der Laune des Herrn Kecker, die nicht nur von der Witterung abhängt, die sich auch ändern kann von einem Schritt zum anderen.

Nur eines ist sicher: Ein paar Krückentritte umkehren vor dem Herrn Kecker, das kann einer nicht. Denn dann schreit der Herr Kecker: »Sie glauben wohl, mein Anblick ist ansteckend wie der Aussatz! Kommen Sie her!«

Sonst ist nichts sicher: Schlägt einer, weil er sich sagt oder weil ein anderer ihm sagt, es sei sicherer so, einen weiten Bogen um den Herrn Kecker bei der Begegnung, setzt sogar auf die Straße über, damit der Herr Kecker den Gehsteig ganz für sich hat, so kann es, es muß nicht, aber es kann vorkommen, daß der Herr Kecker stehenbleibt, auf das linke Bein und die rechte Krücke nur gestützt, und, mit der linken Krücke auf ihn weisend, schreit: »Er weicht mir aus! Also trägt er Schlimmes gegen mich im Sinn! Sonst könnte er wie jeder andere an mir vorübergehen!«

Geht dieser eine, angenommen er wagt es, bei einer zweiten Begegnung dicht am Herrn Kecker vorbei, so kann es, es muß nicht, aber es kann vorkommen, daß der Herr Kecker ihm die Krücke vor oder zwischen die Beine stellt. Dann stürzen entweder beide zu Boden oder einer von beiden und es ist besser für den Zweibeinigen, wenn er fällt – oder beide klammern sich aneinander und halten so das Gleichgewicht, dann schreit der Herr Kecker: »Er ist mir auf den Leib gerückt! Er hat mich angerempelt! Er hat meiner Krücke ein Bein gestellt!«

Weiterhin weiß keiner, ob er bei einer Begegnung den Herrn Kecker ansehen oder ob er wegsehen soll.

Sieht einer ihn an, so kann es, es muß nicht, aber es kann vorkommen, daß der Herr Kecker schreit: »Er gafft mich an, als sei ein Stumpf so außergewöhnlich wie ein Weltwunder!«

Sieht einer weg, so kann es, es muß nicht, aber es kann vorkommen, daß der Herr Kecker schreit: »Er sieht weg, als sei ein Stumpf so widerlich wie ein Wurm!«

Weiterhin weiß keiner, sei es nun einer, der ihn persönlich kennt oder nur vom Sehen her, sei es nun einer, der nur seinen Ruf, die Gerüchte über ihn kennt, ob er den Herrn Kecker grüßen soll oder nicht.

Jene, die ihn kennen und ihn grüßen, wie es sich gehört, kommen gut davon, wenn sich der Herr Kecker, den Blick geradeaus, schweißtriefend und keuchend, einmal die Krücken aufsetzend, einmal den Fuß, wortlos an ihnen vorbeibewegt. Es kann, es muß nicht, es kann aber auch vorkommen, daß der Herr Kecker stehenbleibt und schreit: »Sehen Sie nicht, daß mich das Gehen allein außer Atem bringt und in Schweiß! Wie können Sie es wagen, mich zu einem Gruß herauszufordern!«

Jene, die nur seinen Ruf, die Gerüchte über ihn kennen, wissen noch viel weniger, wie sie sich verhalten sollen.

»Vielleicht«, sagen die einen, »sollte man ihn doch lieber grüßen, denn er könnte uns mit einem Bekannten verwechseln, schreien: ›Wir kennen uns doch! Warum grüßen Sie nicht! Sie wollen mich wohl nicht mehr zur Kenntnis nehmen!‹«

»Andererseits«, sagen die anderen, »sollte man ihn lieber nicht grüßen, denn er könnte uns nicht verwechseln, schreien: ›Wir kennen uns nicht! Sie grüßen mich nur, um mich zum Narren zu halten! Geben Sie es besser gleich zu!‹«

Wenn er vorüber ist, wenn er sich entfernt hat, Schritt für Schritt, einmal die Krücken aufsetzend, einmal den Fuß, wenn er weiter weg ist, als nur außer Hörweite, sagen die wagehalsigsten zu ihren besten Freunden: »Hauptberuflich ist er eben doch Invalide.«

Außerdem ist der Herr Kecker Angestellter eines Betriebs in der Nähe unseres Hauses.

Anfangs, während seiner Probezeit, verhielt er sich zurückhaltend, schüchtern fast, saß still auf seinem Stuhl, den Stumpf auf dem Sitz, das heile Bein von sich gestreckt, tat seine Arbeit und kam und ging mit den anderen Angestellten, ließ sich auch überholen auf dem Hinweg, auf dem Heimweg, rief, und dies, als scherze er, hinter einem, der ihn überholte, her: »Wer hat, der hat!«

Während der Mittagspausen, wenn die anderen Angestellten hinaus gingen, wenn sie sich anboten, ihm beim Treppensteigen behilflich zu sein, winkte er ab, blieb sitzen auf seinem Stuhl, ließ sich das Fenster öffnen, sagte, das sei Luft genug für einen ausgedienten Krieger, der sich seiner Lebzeit lang den Wind um die Ohren hätte wehen lassen, winkte ab, wenn einer sich anbot, ihm Limonade zu besorgen oder Bier, sagte, und er wies dabei auf sein Eßgeschirr, darin der Eintopf, den seine Frau am Abend zuvor bereitet hatte, längst lauwarm war, sagte, das sei gut genug für einen ausgedienten Krieger.

Er stöhnte nur hin und wieder auf, hielt seinen Stumpf mit beiden Händen fest oder die Kniescheibe seines heilen Beins. Doch wenn die anderen Angestellten hinzustürzten, fragten, ob sie einen Arzt, ob sie eine Ambulanz holen sollten, so winkte er ab mit schmerzverzertem Gesicht, zwang sich zu einem wehmütigen Lächeln, sagte, und dies unterbrochen von Gestöhn und Gekeuch, sie sollten sich nicht sorgen, solange es nur so sei, ließe es sich ertragen.

»Wie er sich beherrschen kann!« sagten damals die anderen Angestellten zueinander.

Als der Herr Kecker fest angestellt war, bat er um einen zweiten Stuhl, saß da, der Herr Kecker, leise keuchend, der Stumpf auf dem Sitz, auf dem er das Gesäß hatte, das heile Bein langgestreckt, die Wade und den Fuß auf den Sitz des zweiten Stuhls gelegt, das Knie über der Lücke zwischen den zwei Stuhlsitzen. Häufiger als nur hin und wieder stöhnte er auf, hielt er seinen Stumpf mit beiden Händen fest oder die Kniescheibe seines heilen Beins. Und fragte ihn einer, ob er auch am heilen Bein eine Krankheit hätte, so winkte er ab mit schmerzverzerrtem

Gesicht, ließ das wehmütige Lächeln weg und sagte: »Lassen wir das! Das lindert meine Schmerzen nicht.«

»Wie er sich beherrscht!« sagten damals die anderen Angestellten zueinander.

Solange sich ein Angestellter in seinem Arbeitszimmer aufhielt, stöhnte der Herr Kecker vergleichsweise leise. War er aber allein im Zimmer und die Tür geschlossen, so ließ er seinen Schmerzen freien Lauf, stöhnte auf, so laut, daß es die anderen Angestellten auch am entgegengesetzten Ende des Korridors hören konnten.

Das war zu jener Zeit, in der sich der Herr Kecker hin und wieder freigeben ließ und gestützt auf zwei Krücken und ein Bein, immerhin noch selbständig, seinen Heimweg antrat. Und es entsprachen die Stunden, da er stöhnend saß, da er seinen Stumpf hielt oder die Kniescheibe seines heilen Beins, den Stunden, da er tatsächlich etwas tat.

»Es ist sinnlos, sich so zu beherrschen«, sagten damals die anderen Angestellten zueinander. »Wir sollten ihm einen Sessel beschaffen.«

»Macht doch kein Aufhebens um einen Krüppel wie mich«, sagte der Herr Kecker.

»Aber wir bitten Sie, lieber Herr Kecker!« sagten die anderen Angestellten. »Es fällt ja gar nicht auf!«

Sie halfen ihm, sich zu erheben vom harten, hölzernen Stuhlsitz, sich zu setzen auf den weichen gepolsterten Sesselsitz. Sogar der Direktor des Betriebs kam in sein Arbeitszimmer. »Geht es besser so?«, fragte er.

Der Herr Kecker nickte mit schmerzverzerrtem Gesicht. Das wehmütige Lächeln ließ er weg dabei.

Eine Woche später schenkte ihm eine Angestellte, ein Fräulein Anni, ein selbstgesticktes Sofakissen. So saß er damals da, der Herr Kecker: das Gesäß und den Stumpf auf dem weichen gepolsterten Sesselsitz, das heile Bein langgestreckt, die Wade und den Fuß auf das Sofakissen auf dem Stuhlsitz gelegt. Und er verbrachte längere Zeit mit dem Stöhnen, dem Stumpfhalten, dem Kniescheibenhalten als mit seiner Arbeit.

»Ein wenig Bewegung in frischer Luft, lieber Herr Kecker«, sagten damals die anderen Angestellten, »täte Ihnen besser als die Stubenhockerei.« Sie opferten die halbe Mittagspause, dem Herrn Kecker die Treppe hinab erst, dann die Treppe hinauf zu helfen. Sie aßen hastig ihr Essen, redeten hauptsächlich über das Befinden des Herrn Kecker, berieten sich, wie sie ihm das Leben erleichtern könnten.

»Wir sollten eine Bahre besorgen«, schlug ein Angestellter vor.

Als die Bahre erworben war, aus den Geldbörsen der anderen Angestellten bezahlt, von denen keiner seinen Anteil verweigern wollte, teilten sich die Angestellten zu Paaren ein. Sie wechselten einander paarweis ab, von Mittagspause zu Mittagspause. Sie trugen, einer vorn, einer hinten, mit der Bahre den Herrn Kecker treppab, auf und ab draußen, und wieder treppauf.

Anfangs lag er schlaff und keuchend in der Bahre, der Herr Kecker. Und hinter dem Vorhang des Direktionsfensters wiegte der Direktor seinen Kopf, als habe er Bedenken. Ein paar Tage später richtete sich der Herr Kecker auf in der Bahre. Er gab mit gestrecktem Zeigefinger am langgestreckten Arm seinen Trägern an, wohin er während der Mittagspause getragen werden wollte. Er ließ sich Bier bringen oder heiße Würste, obwohl die Bude eine halbe Mittagspause Weg hin und zurück entfernt lag. Er aß, wenn er nicht eben herumwies, oder er aß und wies gleichzeitig herum und erteilte mit vollem Munde unverständliche Befehle. Und hinter dem Vorhang des Direktionsfensters schüttelte der Direktor seinen Kopf. Als aber der Herr Kecker anfing, nicht nur aufrecht sitzend und essend die Richtung anzugeben, sondern auch die Geschwindigkeit, mit der er getragen werden wollte, so daß die Träger, die an der Reihe waren, hin und her rannten, schweißtriefend, mit knurrenden Mägen in der Mittagspause, und vor Erschöpfung hinterher nicht fähig waren, ihre Arbeit zu verrichten oder zusammenbrachen über ihrer Arbeit, murrten die Mutigeren unter den Angestellten.

»Was der aus seinem Invalidentum heraushölt!« sagten sie.

»Der versteht es, Vorteile aus seinem Nachteil zu ziehen!«. sagte sie.

»Der reißt sich kein Bein aus«, sagten sie. »Aber uns macht er Beine!«

Zwei von ihnen gingen zum Direktor.

»Wir haben«, sagten sie, »verstehen Sie uns bitte recht, Herr Direktor, nichts dagegen, daß der Herr Kecker eine Sonderstellung im Betrieb einnimmt, daß er einen Sessel hat wie Sie, daß er den Hauptteil seiner Arbeitsstunden mit Gestöhn verbringt, daß er sich häufiger als nur hin und wieder freigeben läßt. Das soll unsere Sorge nicht sein. Wir haben auch nichts dagegen, daß er sich auf einer Bahre tragen läßt, wenn er nicht in der Lage ist zu gehen. Es geht hingegen nicht an, daß er sich tragen läßt, wenn er ebensogut selbständig, das heißt auf die Krücken gestützt, gehen könnte, daß er außerdem die Richtung, die Geschwindigkeit angibt, obwohl er weder da noch dort etwas zu tun hat, obwohl er weder dann noch dann da oder dort sein muß, daß er sich zu essen bringen läßt, obwohl sein Eßgeschirr bis zum Rand voll Eintopf ist, und die hungrigen Träger hin und her hetzt, als hätten sie außer ihren vier Beinen als fünftes noch sein fehlendes Bein zur Verfügung.«

Der Direktor ließ den Herrn Kecker zu sich kommen.

Als der Herr Kecker durch den Korridor zum Direktionszimmer ging, krachten die Dielen, so heftig stieß er mit den Krücken dagegen.

»Ich werde aus meinem Stumpf herausschlagen«, hörten ihn die anderen Angestellten schreien, »was herauszuschlagen ist. Ich stütze alle meine Forderungen auf diesen meinen Stumpf!«

Dann ließ er seine Krücken los. Dann schlug er zu Boden.

Zwei Angestellte meldeten sich freiwillig, den Herrn Kecker auf der Bahre nach Hause zu tragen. Nebenher ging ein dritter, der die Krücken trug. Hinterher ein Stück Wegs liefen die beiden, die sich beschwert hatten. Sie beteuerten dem Herrn Kecker, daß sie es so, wie sie es gesagt hatten, nicht gemeint hätten. Der Herr Kecker äußerte sich nicht. Er lag auf der Bahre, den Hut auf dem Gesicht. Er ächzte in die Hutwölbung hinein. Erst, als den beiden einfiel, daß sie sich nicht gebärden konnten wie der Herr Kecker: die Arbeit stehenlassen und davonlaufen, erst als die beiden umkehrten, nahm der Herr Kecker den Hut vom Gesicht. Er schlug die Augen auf, sah voll Entsetzen auf den Krückenträger. Der trug die Krücken über der Schulter. Der Herr Kecker schloß die Augen, schlug sie auf. Noch einmal, als wollte er sich vergewissern, ob er recht gesehen hätte, sah er den Krückenträger an. Dann richtete er sich auf. Dann kritisierte er von der Bahre aus den Krückenträger.

»Krücken kann man nicht wie Skier tragen!« rief er.

Der Krückenträger nahm sogleich die Krücken von der Schulter. Er entschuldigte sich beim Herrn Kecker.

»Ist es recht so?« fragte er. Nun trug er die Krücken waagrecht und seitlich.

»Jetzt tragen Sie sie wie eine Leiter!« rief der Herr Kecker.

Der Krückenträger trug die Krücken sogleich senkrecht und seitlich, so daß sie beim Gehen den Grund berührten.

»Das ist«, rief der Herr Kecker, »eine Verharmlosung der Krücken. Sie gebrauchen sie ja wie Spazierstöcke!«

Der Krückenträger trug die Krücken sogleich vor der Brust. Und um nicht Schritt für Schritt mit den Schenkeln gegen die Krückenenden zu stoßen, ging er breitbeinig und wankend neben der Bahre einher.

»So wie Sie sie tragen«, rief der Herr Kecker, »haben die Krücken jeden Sinn verloren! Denn so dienen sie nicht der Fortbewegung, so sind sie ihr hinderlich!«

Da klemmte sich der Krückenträger die Krücken des Herrn Kecker unter die Achseln, mimte den Einbeinigen, den Krückenträger aus Tugend und ohne Not, indem er eines seiner zwei Beine geknickt hielt, den Fuß vom Grund entfernt und verzichtend auf den Auftritt. Nur alle paar Häuser, und auf der letzten Hälfte des Heimwegs des Herrn Kecker häufiger, wechselte der Krückenträger von einem Bein auf das andere über. Er streckte das soeben geknickte und daher ausgeruhte

Bein und trat damit auf. Er knickte das soeben gestreckte und daher arg belastete Bein und verzichtete auf den Auftritt.

»Ist es recht so?« hatte er nach ein paar geglückten Krückentritten den Herrn Kecker gefragt.

Doch der Herr Kecker lag wieder langgestreckt, den Hut auf dem Gesicht, und sprach in die Hutwölbung hinein: »Ein Einbeiniger, ein Versehrter wird hierzulande schlimmer behandelt als ein herrenloser Hund!«

Eine ganze Woche ließ der Herr Kecker sich gar nicht blicken. Er schickte seine Frau.

›Ich soll Ihnen ausrichten«, sagte mit bebender Stimme die Frau des Herrn Kecker, »daß es nicht sicher sei, ob er jemals wieder auf die Krücken komme.«

In dieser Woche verhielten sich die anderen Mieter im Haus sehr ruhig. Sie schlichen herum, wenn etwas zu holen war, sie flüsterten, wenn Worte zu wechseln waren. Die Frau des Herrn Kecker rannte treppauf, treppab, holte Medikamente, Stärkungsmittel, Nahrung für den Herrn Kecker, dessen Gestöhn durch das Haus hallte, dessen Aufschreie die anderen Mieter unter leisen Aufschreien zusammenzucken ließen.

Der Herr Kecker kam wieder auf die Krücken.

Begleitet von zwei Herren, die ihn zu Hause abgeholt hatten, trat er den Weg zum Betrieb an. Die Herren trugen Wettermäntel und Hüte und jeder eine Aktenmappe. Der eine ging zur Rechten des Herrn Kecker, der andere ging zur Linken des Herrn Kecker. Mit ernsten Gesichtern, mit langsamen feierlichen Schritten, mit Verspätung, traten sie hinter dem Herrn Kecker durch das Tor des Betriebs. Und während der Herr Kecker die Arbeit wieder aufnahm, ließen sie sich beim Direktor melden.

Was dort besprochen wurde, konnte keiner mit Sicherheit sagen. Ein Angestellter, ein Lauscher oder ein Wichtigtuer oder ein Lügner, wollte Worte gehört haben wie: »Unmenschlichkeit«, »Einen Einbeinigen wie einen Hund behandeln«, »Armer Mann«, »Mitglied immerhin verschiedener Verbände«, »Fall vor die Öffentlichkeit«.

Nach dieser Unterredung tat der Herr Kecker nur noch, als täte er etwas. Gelächter in seiner Nähe kam nicht mehr auf. Denn dann rief der Herr Kecker: »Wer hat hier gelacht!«, und er rief: »Wer hat mich hier ausgelacht!« Und antwortete ein Angestellter: »Es war nur ein Witz, wirklich, über den ich gelacht habe«, so rief der Herr Kecker: »Euere Witze, meint ihr, ich merke das nicht, sind nur Vorwände, damit ihr über mich lachen könnt!«

Manchmal tat er nicht einmal mehr so, als täte er etwas, saß, Gesäß und Stumpf auf dem weichen Sesselsitz, der Herr Kecker, Fuß und Wade auf dem selbstgestickten Sofakissen auf dem Stuhl, und machte den anderen Angestellten Beine.

War es heiß, so konnte ein Vorübergehender sie rufen hören: »Ein Bier für den Herrn Kecker! Nein, kein Bier! Lieber eine Limonade! Nein, doch lieber ein Bier!«

War es kalt, so konnte ein Vorübergehender sie rufen hören: »Einen Heizofen für den Herrn Kecker! Näher heran! Nein, nicht so nah, lieber ein wenig weiter weg!«

Häufiger als nur hin und wieder konnte ein Vorübergehender sie rufen hören:

»Der Herr Kecker kann nicht mehr! Es ist der Splitter diesmal! Nein, doch wieder der Stumpf! Was, also doch der Splitter!«

Denn einen Splitter hatte der Herr Kecker außerdem.

»Er sitzt im rechten Knie«, sagte der Herr Kecker. »Bei bestimmten Bewegungen sticht er eben.«

Der Direktor, ob es nun der Stumpf war, ob es nun der Splitter war, gab dem Herrn Kecker frei. Und der Herr Kecker ließ sich heimwärts tragen in der beschriebenen Weise.

»Ich denke nicht daran«, sagte mein Vater beim Frühstück und er klappte die Bücher zu, die er versehentlich und aus Gewohnheit geöffnet hatte, »mich auf den Unterricht vorzubereiten! Es hört mir ohnehin nur die Hälfte der Schüler zu. Die andere geht betend und singend immer hinter den Pfaffen her durch die Stadt. Ausfragen werde ich sie! Das ist es, was ich tun werde!« Er wischte sich mit der Serviette über das ganze Gesicht. Dann stand er auf vom Frühstückstisch.

»Bist du sicher«, sagte meine Mutter, »daß die Geschäfte heute geöffnet sind?«

»Wenn ich arbeite«, sagte mein Vater, »dann arbeiten die anderen auch!«

»Es ist kein staatlicher Feiertag«, sagte meine Mutter zur Nachbarin, die am Vormittag klopfte und klingelte gleich nach dem Klopfen, fragte, ob die Geschäfte offen seien wie üblich oder früher schlössen als sonst oder überhaupt geschlossen hätten. »Es ist nur ein kirchlicher. Aber ich kann gern für Sie einkaufen. Wir müssen bis zum Fischgeschäft.«

Und während die Nachbarin hin und her überlegte, ob sie Fisch kochen sollte zum Mittag oder doch lieber Fleisch, laut vor sich hin überlegte: »Der Fisch wie das Fleisch, beide haben sie ihr Für und Wider«, laut vor sich hin das Für und das Wider erwog: »Der Fisch ist zwar billiger als das Fleisch, das Fleisch hingegen frischer als der Fisch, weil es vom Schlachthof geradewegs zu den Metzgereien kommt, ganz zu schweigen von den Metzgereien mit eigenen Schlächtereien, der Fisch indes legt, trotz verbesserter Transportmittel, einen Weg von der Küste bis hierher zurück«, und während sich die Nachbarin in ihren Überlegungen verstieg, ausrief: »Lieber esse ich teueres Fleisch als faulen Fisch! Das kann ich auch meinem Mann nicht zumuten!«, und während die Nachbarin, und dies, nachdem meine Mutter eingewendet hatte, daß das keiner von ihr verlangte, während die Nachbarin gleich darauf meiner Mutter gestand: »Wenn ich es so erwäge, offengestanden, habe ich doch große Gelüste nach Fisch!«, sich vorstellte: »Wäre ich, wissen Sie, Küstenbewohnerin, ich würde die ganze Woche hindurch Fisch essen, und höchstens, aber ehrlich gesagt wüßte ich nicht einmal dies genau, zum Wochenende ein Häppchen Fleisch«, und während die Nachbarin meiner Mutter vorschlug: »Wenn Sie sich schon den Weg machen, liebe Frau Leinlein, bringen Sie mir in Gottes Namen auch ein Stück Fisch mit, egal ob er frisch ist oder faul, wegwerfen kann ich ihn immer noch, er ist ja billig!«, und während sich die Nachbarin, nachdem sie auf diese Weise hin und her überlegt hatte, ob sie Fisch kochen sollte zum Mittag oder doch lieber Fleisch, schließlich für den Fisch entschied, zog mich meine Mutter erst, zog sich meine Mutter dann zum Einkaufen an.

»Also gut«, sagte meine Mutter, »ich bringe Ihnen Fisch mit.« Als wir aus der Haustür traten, als wir ein paar Schritte den Gehsteig lang gegangen waren, hörte ich die Nachbarin rufen: »Frau Leinlein, Frau Leinlein, wir müssen es lassen!«

Meine Mutter zuckte zusammen. Wir gingen zurück, die Köpfe in die Nacken gelegt, sahen hinauf zur Nachbarin, die ihren Kopf, die ihren Oberkörper beängstigend weit zum Fenster hinaushängte. »Ich habe«, rief sie, »gottseidank, das Fleisch im Kühlschrank entdeckt. Ich kann mein teures Fleisch des Fisches wegen keinesfalls verkommen lassen!«

»Ist schon recht«, sagte meine Mutter.

»Recht, wieso recht?« rief die Nachbarin. »Ach so, recht!«

Das Fischgeschäft liegt in der Hauptgeschäftsstraße unseres Stadtviertels. Wir gingen vorüber am Betrieb, in dem der Herr Kecker angestellt ist, am Kino, das der Herr Kecker besucht bei Kriegsfilmvorführungen. Je weiter wir gingen, um so dichter lagen die Läden nebeneinander. Kleine Läden waren es mit Schaufenstern voll Geflügel, Wolle, Würsten, Spielzeug. Zwischen ihnen lagen vielfenstrige Selbstbedienungsläden, Konditoreien, Eisdielen, Apotheken. Vor den Ladenfenstern standen Kinderwagen mit Kindern darin oder ohne Kinder. Gelehnt an Ladenfenster oder Hauswände oder in Radständer geschoben standen Fahrräder. Um die Straßenbahnhaltestellen herum stehend oder in ihrer Nähe auf und ab laufend oder auf Bänken daneben sitzend, warteten Leute auf die Straßenbahn.

Die Käufer, die Käuferinnen liefen ladenein, ladenaus, warteten in Reihen darauf, daß sie bedient wurden. Die Verkäufer, die Verkäuferinnen eilten hin und her hinter den Ladentischen, wogen Waren ab, verpackten Waren, legten Waren zur Auswahl vor.

Auf der Straße, auf den Straßenbahnschienen oder zwischen den Schienen, lief mit weitausholenden Schritten ein ungeordneter Haufen Leute. Allen voraus lief ein langbeiniger Herr, in Hemd und Hose, das Jackett hatte er sich über die Schulter geworfen. Hinterdrein liefen die anderen, überholten einander rennend, reihten sich ein einige Meter hinter ihm, wurden überholt. Und rannten sie auch ein Stück, sie blieben dennoch hinter dem Langbeinigen zurück, der ausdauernd lief und die Atemtechnik beherrschte. Denn obwohl er allen, wenn auch nur um einige Meter, voraus war, machte er einen weitaus weniger abgehetzten Eindruck als sie. Alle paar Schritte rief er, ohne sich nach den anderen umzudrehen, und dies mit einer Lautstärke, als trennte sie bereits die Breite eines Flusses: »Aber eine Hauptstraße brauchen sie für ihre Prozession!« Nach einem weiteren Schritt, und ohne sich nach den anderen umzudrehen, wohl, um sie ihre Unterlegenheit im Laufen spüren zu lassen, fügte er hinzu: »Können Sie mich noch verstehen?«

Als er an der Straßenbahnhaltestelle vorüberlief, rief er den Wartenden zu: »Ehe Sie sich auf die Straßenbahn verlassen, kann ich Ihnen raten, verlassen Sie sich lieber auf die eigenen Beine!« Er lief weiter, ohne sein Tempo zu verringern. Und während sich ein Teil der Wartenden sogleich dem Haufen anschloß und mitlief, riefen die anderen: »Wieso?«, »Was ist los?«, »Warum kommt sie nicht?«

Der Langbeinige, längst ein Stück weiter, überließ es den Kurzbeinigeren, diese Fragen zu beantworten.

»Die Prozession«, rief einer und er wies mit dem Daumen über seine Schulter hinweg hinter sich, »geht hier durch!«

»Der Verkehr ist gesperrt!« rief ein zweiter.

Ein dritter zeigte wortlos im Zickzack, einmal nach rechts, einmal nach links, zu den Fassaden der Häuser hinauf. Darauf tat sich ein weiterer Teil der Wartenden zu einem zweiten Haufen zusammen und folgte in ein paar Metern Abstand den letzten Mitläufern des ersten Haufens.

»Mal abwarten«, sagten die wenigen zueinander, die mit

zweiflerischen Mienen um die Haltestelle standen. Dann sahen sie hinauf zu den Fenstern über den Läden.

Nicht wie üblich standen dort Topfpflanzen hinter den Fenstern oder Vasen mit Schnittblumen, nicht wie üblich hingen dort an den Fenstersimsen befestigte Blumenkästen mit Kastenpflanzen. Mehr als die Hälfte der Fenster über den Läden war geschmückt. Aufgerissen waren diese Fenster, umrahmt mit Grünzeug, mit Blumengirlanden. Auf den Fensterbrettern standen Statuen, Heiligenbilder, Kerzen, Kruzifixe. Zu den Fenstern hinaus, die Fassaden hinab, hingen Fähnchen. Neben den Hauseingängen zwischen zwei Läden standen mit Strikken befestigte oder in Töpfe gebuddelte oder an die Hauswände gelehnte Bäumchen, Birken, glaube ich. Zu den geschmückten wie den ungeschmückten Fenstern hinaus blickten bloßäugig, durch Brillen, durch Feldstecher, Männer und Frauen. Manche hielten Kinder in den Armen. Sie blickten auf die Straße oder auf den Fensterschmuck der Nachbarn daneben oder der Mieter gegenüber. Einige waren mit der Ausschmückung der eigenen Fenster beschäftigt. Sie schleppten Gegenstand für Gegenstand herbei. Sie bauten die Fenster und sich den Ausblick zu und hatten Mühe, zwischen dem Schmuckzeug hindurch oder über das Schmuckzeug hinweg auf die Straße zu sehen. Aus den Mansardenfenstern hängten Rentner, Rentnerinnen, Studenten die Köpfe. Über die Balkonbrüstungen, Schulter an Schulter geschichtet, beugten sich Mieter, Verwandte oder Freunde oder Bekannte dieser Mieter.

Meine Mutter betrat das Fischgeschäft.

Über dem Fischgeschäft, im Fenster, lag eine Frau, die Unterarme bis zu den Ellbogen auf Sofakissen gestützt. Mit ihren Armen, mit ihrem Oberkörper machte sie sich im Fenster so breit, daß rechts und links zwischen ihren Ellbogen und dem Rahmen eben noch Platz war für je ein schmales Heiligenbild. So lag sie im Fenster, die Frau: rechts und links einen Heiligen, rundherum eine Blumengirlande. Sie lächelte selbstgefällig, als sei sie die Hauptsache und das Schmuckzeug ihr zugedacht. Eine alte Frau im Haus gegenüber versuchte über die Straße hinweg mit ihr ein Gespräch anzuknüpfen. Sie hüpfte hin und her hinter einem Kruzifix, das den Fensterrahmen füllte, zwängte ihren Kopf bald über dem waagrechten Balken des Kruzifixes, bald unter dem waagrechten Balken des Kruzifixes, und dies einmal rechts, einmal links des senkrechten Balkens, daran der Gekreuzigte hing, hindurch. »Dies ist mein Sohn!« rief sie und sie wies auf eine Fotografie zu Füßen des Gekreuzigten. »Mein einziger Sohn!«

Am Ende der Straße, über dem einzigen Haus der Querstraße, das von hier aus sichtbar war, lag die Sonne und schien in die Straße hinein. Ich mußte blinzeln oder schirmend die Hand über die Augen legen, damit ich gegen sie ansehen konnte. Auch in den Fenstern dieses Hauses lagen Mieter. Sie sahen, die Köpfe nach rechts gedreht, die Querstraße hinab. Ich hörte Gesang aufkommen, abbrechen, aufkommen, je nach der Lautstärke der Geräusche ringsum.

»Sie nähern sich!« riefen einige auf der Straße oder zu den Fenstern hinaus. Die einen gingen rascher als zuvor weiter, die anderen blieben stehen. Aus den Läden traten Käufer und Verkäufer, sahen links die Straße hinab, ehe sie den Kauf, den Verkauf fortsetzten. Die Köpfe in den Fenstern, über den Balkonbrüstungen, sie alle drehten sich nach links.

Hinter mir hörte ich einen jammern: »Oh, wie ihr mich tragt! Wie ihr mich tragt! Unerträglich! Wie Betrunkene torkelt ihr, stolpert ihr! Wie einen Kartoffelsack tragt ihr mich, wie einen Sack Abfall! Wenn ihr mir den Garaus machen wollt, wenn ihr mich fallen lassen wollt, so laßt mich hier fallen, ihr Mordbuben, und nicht erst in einer Seitengasse, wo keiner es sieht!«

»Machen Sie Platz, meine Herrschaften«, rief ein anderer, »für einen Versehrten!«

Die Leute auf dem Gehsteig traten auseinander, so daß zwischen ihnen eine schmale Gasse entstand, in die nur die Köpfe besonders Neugieriger hineinragten. Die Leute auf dem gegenüberliegenden Gehsteig blieben stehen. Die in den Fenstern, die über den Balkonbrüstungen richteten die Augen, die Feldstecher auf die Gasse. Einige rückten das

Schmuckzeug auseinander, um durch die Lücke besseren Ausblick zu haben.

Durch die Gasse schritt ein Zug. Voraus schritt ein Zweibeiniger, der die Krücken trug. Dieser Krückenträger hatte eine Lösung für das Krückentragen gefunden, mit der der Herr Kecker – denn er war es, dessen Krücken getragen wurden – hätte zufrieden sein können. Nicht wie sonst trug er sie bald auf dem Rücken, bald seitlich, bald vor sich her, nicht wie sonst klemmte er sie unter die Achseln und mimte den Einbeinigen. Dieser Mann trug die Krücken wie man eine Fahne trägt, das heißt eine Fahnenstange. Denn oben eine Fahne zu befestigen, das hatte er nicht gewagt wegen Herrn Kecker. Er trug sie über der Schulter, so daß sie seinen Kopf überragten, trug sie, den rechten Arm über die Hölzer gelegt, mit dem gestreckten linken ihre Enden umfassend. Sein Gang war würdig wie der eines echten Fahnenträgers. Wie langsam er ging, wie feierlich, und nur vorausblickend, und nicht zurück!

Er hatte die Gasse längst durchschritten und schritt weiter auf dem Gehsteig, als die beiden, die ihm folgten, hintereinander und zwischen sich die Bahre tragend, mitten in der Gasse angelangt waren. Die Bahre schaukelte hin und her und auf und nieder. Aber es waren nicht die Träger, die sie schüttelten und schwangen. Es war der Herr Kecker, der sich darauf warf und wälzte mit einer Wucht, daß sogar die beiden Träger, und es waren keine Schwächlinge, ins Wanken gerieten, und hin und her gezerrt von seinem Gezappel Mühe hatten, das Gleichgewicht zu halten. Trotzdem traten sie so achtsam auf wie es möglich war. Ja, wenn der Herr Kecker weniger heftig zappelte, gingen sie sogar ein Stück auf Zehenspitzen.

Der Herr Kecker hatte das Hosenbein hochgekrempelt, bloßgelegt seinen Stumpf mit der rosafarbenen Narbe am Stumpfesende. Und während er ihn mit beiden Händen umfaßt hielt, und auf und nieder bewegte, trampelte er mit dem heilen Bein gegen die Bahre.

»Haltet ein!« rief er, als er sich von Leuten umgeben sah. »Gönnt mir einen Augenblick Rast!«

Die Träger blieben stehen. Sie warteten geduldig, mit gesenkten Köpfen, die Hüte tief in die Gesichter gedrückt. Die Köpfe der Leute ragten in die ohnehin schmale Gasse. Voller Teilnahme beugten sie sich hinab zum Herrn Kecker. Der ließ sich stöhnend nach hinten fallen.

»Was hat der da« fragte ein Kind und es wies auf den Stumpf des Herrn Kecker. Die Mutter des Kindes schlug auf den Mund des Kindes und zerrte es mit sich fort.

Der Gesang kam langsam näher.

Die Mieter des einzigen Hauses der Querstraße, das von hier aus zu sehen war, wiesen mit ausgestreckten Armen rechts die Querstraße hinab.

»Dürften wir jetzt weiter?« fragte der hintere Träger.

»Oh«, schrie der Herr Kecker und er richtete sich auf in der Bahre, »sie können es nicht erwarten! Fortfahren wollen sie, ihren Schabernack mit mir zu treiben! Die Herrschaften aber stehen untätig, sehen zu! Greift denn keiner ein, wenn solche Burschen einen ausgedienten Krieger piesacken, der sein Bein ließ für das Vaterland? Ausbuddeln sollte ich es, dreinschlagen! Auf die Schlachtfelder sollte ich sie treiben, die Kriegsdienstverweigerer!«

»Damals waren wir noch Kinder«, flüsterten die Träger.

Die Leute sahen prüfend in die roten, gesenkten Gesichter der Träger.

»Wir haben uns freiwillig zum Tragen gemeldet, wirklich«, flüsterte der vordere Träger.

»Wir hätten es uns leichter machen können, wirklich«, flüsterte der hintere Träger.

»Das ist wahr!« schrie der Herr Kecker. Er ließ seinen Stumpf los. Er schüttelte die Fäuste. »Sie reißen sich schier darum, mich zu tragen, weil sie nicht Manns genug sind, es mit einem Zweibeinigen aufzunehmen! Man muß sie ja nur ansehen, die Kümmernisse! Mit mir haben sie ein leichtes Spiel, zumal sie zu zweit sind!«

Die Leute, die ihm am nächsten standen, faßten zaghaft die Bahrenränder an. Eine Dame beugte sich über den Herrn

Kecker. Sie wischte mit einem Spitzentuch vom Kinn des Herrn Kecker den Speichel, der ihm Wort für Wort herausspritzte.

Der Gesang hatte sich soweit genähert, daß Worte zu verstehen waren wie: »Herr und Gott«, »Glorie«, »Seraphin«.

Der Herr Kecker beugte sich über den Rand der Bahre. Er sah am vorderen Träger vorbei die Gasse entlang.

»Wo ist der Krückenträger?« schrie er. »Oh, ich begreife! Er hat sich davongemacht, damit er meine Krücken zu seinen akrobatischen Tricks mißbrauchen kann! Oder, oh, ich begreife! Er will sie verbergen, damit er mir von einem Versteck aus zusehen kann, wie ich herumkrieche, wie ich nach den Krücken suche! Ihm nach!« Einem Kutscher ähnlich, der eine Peitsche in der Hand hält, schwang er den Arm gegen den vorderen Träger. Weil er aber weder eine Peitsche noch etwas auf gleiche Weise Antreibendes zur Hand hatte, griff er auf seinen Stumpf zurück und schlug damit heftig gegen den Boden der Bahre.

Die Träger versuchten sogleich weiter zu gehen. Aber die Leute hielten mit vielen hilfsbereiten Händen die Bahre an den Rändern fest.

»Wie können wir Ihnen beistehen?« fragten sie.

»Sollen wir Sie an Trägerstelle tragen?« fragten sie.

»Sollen wir einen Wagen rufen, einen Sanitäter, einen Arzt vielleicht?« fragten sie.

»Sie können sich gerne niederlegen! So lange Sie wollen, bis Ihnen wohler ist!« riefen die Leute in den Fenstern. »Wir stellen Ihnen gern ein Kanapee zur Verfügung, wenn Sie wollen! Ein Bett, was Sie wollen!«

Die Träger waren keine Kümmerlinge. Die Riesenkräfte jedoch hatten sie nicht, die nötig gewesen wären, die Bahre des Herrn Kecker mitsamt den daranhängenden Leuten, sowie den Leuten, die an den Rücken, an den Schultern dieser Leute hingen, vom Fleck zu ziehen. Sie setzten an zu einem weitausholenden Schritt. Der vordere Träger zerrte an den Griffen der Bahre. Der hintere Träger stemmte sich gegen die Griffe.

Wahrscheinlich wäre die ganze Bahre entzwei gerissen, hätte nicht der Herr Kecker von neuem zu schreien begonnen.

»Ich muß die Krücken kriegen!« rief er. »Laßt ab von der Bahre! Wollt ihr mich zerdrücken, in Stücke reißen! Oh, ich begreife, hinter meinem heilen Bein seid ihr her!«

Die Leute ließen erschrocken die Bahre los und die dahinter die Röcke, die Schultern dieser Leute.

»Keiner, entschuldigen Sie schon, kann es dem Herrn Kecker recht machen«, sagte der hintere Träger.

»Ihm nach!« schrie der Herr Kecker.

Und während der vordere Träger in raschen Lauf fiel, und während der hintere Träger, halb mitgerissen, hinterdrein stolperte, sich umdrehte nach den wütenden Leuten, sie zu beschwichtigen suchte und sagte: »Der Herr Kecker meint's nicht so, wie er's sagt! Der Herr Kecker war halt im Krieg! Der Herr Kecker meint, alle wären feindlich gegen ihn!«, wurde der Gesang lauter. Die Träger legten rennend die halbe Strecke bis zum Eck, zur Querstraße zurück. Der Herr Kecker saß aufrecht zwischen ihnen. Mit dem einen Arm umfaßte er den Stumpf, mit dem anderen wies er auf den Rücken des vorderen Trägers.

»Da, da!« rief er. »Dahin! Faßt den Deserteur!«

Der Krückenträger stand am Eck, für viele sichtbar, nur für den Herrn Kecker nicht. Der Rücken des vorderen Trägers verdeckte ihm den Ausblick und er wagte es auch nicht, sich bei so raschem Lauf über den Bahrenrand zu beugen, weil er befürchten mußte, daß die Bahre umkippte. Der Krückenträger blickte die Querstraße rechts hinab. Er nahm die Krücken von der Schulter. Er stützte sich darauf, indem er sie schräg von sich weg gegen den Grund stemmte. Der Herr Kecker, zwar vor der Sonne geschützt durch den Rücken des vorderen Trägers, dafür aber ohne Ausblick nach vorn, rief: »Haltet ein!«

Die Träger blieben stehen. Sie stellten sich nach dem Kommando des Herrn Kecker nebeneinander. Sie nahmen so, mit der Bahre zwischen sich, die ganze Breite des Gehsteigs ein.

Um das Eck bog die Spitze einer Prozession. Allen voraus und zu einer Sechserreihe geordnet, gingen Knaben. Sie trugen festliche Kleider und in den Händen aufgeklappte Gesangbücher. Sie gingen singend, die geschniegelten Köpfe gesenkt, bald in die Gesangbücher blickend, bald auf die Straße, bald auf die Schuhspitzen ihrer Nebenmänner, in einem Tempo, das die eigentlichen Anführer der Prozession, zwei berockte Kapläne, angaben. Und weil sie den Text und die Melodie des Liedes auswendig wußten, hielten sie die Köpfe erhoben, die leeren Hände gefaltet, die gestreckten Finger himmelan, und sie lösten sich nur voneinander, um einen Knaben, wenn er nicht den gemächlichen Schritt feierlicher Anlässe einhielt, an der Schulter zu fassen, ein Stück zurückzuziehen oder voranzuschieben. Sie sangen lauter als die sechs Knaben und halfen so nicht allein ihrem Gang, sondern auch ihrem Gesang auf die Sprünge. Denn die Knaben, schon hinreichend beschäftigt, die Richtung und das Tempo einzuhalten, sangen nur hin und wieder mit, meist verzogen sie lautlos und Singende nachahmend die Lippen, summten an den schwierigen Partien nur die Melodie oder sie sprachen nur den Text. Die Knaben, die ihnen folgten, hatten es leichter, zwischen zwei Reihen Schritt zu halten, falsche Töne, falsche Texte zu vertuschen. Denn die Aufmerksamkeit der Zuschauer ließ von Reihe zu Reihe mehr nach. Es waren nur ein paar Mütter und andere Verwandte, die am Straßenrand oder am Randstein mitliefen und stolz und immer wieder auf ihre Kinder, Neffen, Enkel wiesen. Ein paar Mütter schüttelten die Fäuste, hieben mit den flachen Händen in die Luft, riefen: »Aufgeschoben ist nicht aufgehoben!« Jene Knaben aber, die sich betroffen fühlten, die sich offensichtlich die Prozession zunutze gemacht hatten, die Prügelstrafe für ein, zwei Stunden zu verschieben, zwängten sich mit roten Gesichtern ins Reiheninnere.

Die Mädchen wurden von zwei Nonnen angeführt, rechts einer, links einer. Sie trugen mit Bändern um die Hälse gebundene Blumenkörbe vor der Brust. Sie griffen in die Körbe. Sie streuten Blumen auf die Straße.

Die Anzahl der Männer war gering. Damit sie nach mehr aussahen, waren sie zu Viererreihen geordnet. Wer sie als

Stamm des christlichen Mannsvolks der Pfarrei ansah, der konnte es nicht ohne Besorgnis um die Pfarrei. Denn abgesehen von zwei Reihen christlicher Jungmänner mit Rümpfen wie zwei Männer so dick oder so dürr wie ein halber Mann, abgesehen von diesen Jungmännern bestand das christliche Mannsvolk aus Greisen und Rentnern, die auf Stöcke gestützt mittappten oder sich gegenseitig weiterhalfen. Die Halbblinden unter ihnen rempelten ihre Vorder-, ihre Hintermänner an, gingen auch ein Stück Wegs neben der Prozession einher, bis sie von einer Nonne, einem Mönch, einem Kaplan eingereiht wurden. Die Schwerhörigen unter ihnen, wenn sie nicht eine Strophe voraus waren oder hinterher, fragten laut und den Gesang ihrer Nebenmänner unterbrechend, ob noch gesungen würde oder schon wieder gebetet oder gar gepredigt. Außerdem hatte ein Kaplan Arbeitslose und Herumlungerer von der Straße aufgelesen. Sie überlegten hin und her, die einen vor sich hin brabbelnd, die anderen sich reihenweise beratend, ob es sich lohnte, für einen Schöpflöffel Suppe mitzumarschieren. Von einer Schwester, die nebenherlief, wurden sie zum Mitsingen aufgefordert. Aber sie weigerten sich, sagten, daß sie keinesfalls mitsängen nur für Suppe, es sei denn, man böte ihnen einen Braten. Alle paar Häuser ging einer ab, trat aus der Prozession, trottete davon.

Um so lauter, um so selbstverständlicher sangen hinter ihnen ältere Damen von gepflegtem Äußerem, die ihre Tage mit nicht viel mehr als Gebet verbringen, mit Kleiderproben für Kirchen- und Friedhofsbesuche, für Prozessionen. Sie trugen schwarze Hüte mit farbigen Stoffblumen rund um die Ränder, schwarze, auch violette Mäntel. Die Gesangbücher trugen sie wohl nur des Tragens wegen, denn sie sahen beim Singen nicht hinein, sahen nicht einmal beim Umblättern hin, wohl, weil sie, außer Text und Melodie, den Seiteninhalt auswendig wußten. Bei tiefen Tönen schlossen sie die Lider, bei mittleren schlugen sie sie halb auf, bei hohen aber klappten sie sie hoch, drehten sie die Augen nach oben, bis nur noch das Weiße zu sehen war. Solche Töne brachten ihre dürren, langgliedrigen Gestalten ins Schwanken.

Der Herr Kecker saß aufrecht in der Bahre, während sie singend vorüberzogen, saß zwischen seinen Trägern, die mit gesenkten Köpfen, mit gekrümmten Rücken auf weitere Befehle warteten, die nur hin und wieder aus den Augenwinkeln furchtsame Blicke auf ihn warfen. Er hielt den Stumpf mit beiden Händen umfaßt und wippte damit gegen die Bahre.

Da kniete am Eck der Krückenträger nieder, nahm seinen Hut ab. Da bekreuzigten sich in den Fenstern des einzigen Hauses der Querstraße, das von hier aus sichtbar war, die Mieter. Da bogen um das Eck Ministranten, in weißen Hemden, in roten Röcken, reihenweise, und hinter den Ministranten Kapläne und Vikare, reihenweise, in weißen Hemden, in schwarzen Röcken, manche trugen schwarze Kappen auf den Köpfen. Und während die einen es dem Krückenträger gleichtaten, niederknieten, die anderen kopfschüttelnd davongingen oder sich grinsend und breitbeinig am Randstein aufstellten, und während die einen in den Fenstern zu singen anfingen oder singend und niederkniend unter die Fensterbretter sanken, die anderen auf die Straße blickten, bloßäugig, bebrillt, manche auch Feldstecher, Fotoapparate vor den Augen, trugen vier Ministranten an vier Stangen einen Baldachin um das Eck. Mitten unter dem rotgoldenen Ornament des Baldachins, an dessen Rändern goldene Fransen herabhingen, schritt der Stadtpfarrer der Pfarrei. Er warf einen kurzen, einen prüfenden Blick über sich, wohl, um festzustellen, ob er noch unter dem Baldachin ging, der ihn zu voller Geltung brachte. Vor der Brust in beiden Händen, dort, wo sein goldfarbener Umhang aufsprang, trug er einen in ein goldenes Tuch eingewickelten Gegenstand.

Noch ehe sich die Knienden um mich aufgerichtet hatten, als die ersten Kapläne und Vikare hinter dem Baldachin vorüberschritten, rief der Herr Kecker: »Voran!«

Die Leute wichen gegen die Hauswände zurück. Die Träger des Herrn Kecker zuckten zusammen.

»Aber Herr Kecker«, jammerten sie, »das können Sie keinesfalls verlangen!«

Der Herr Kecker ließ die Ministranten, die dem Baldachin vorausgingen, bis auf wenige Meter an sich herankommen. Dann hob er seinen Stumpf. Dann hieb er mit dem Stumpf gegen die Bahre.

»Über die Straße!« rief er.

»Bitte, Herr Kecker«, baten die Träger, »lassen Sie nur eben den Baldachin vorüber. Dann werden wir Sie tragen, wohin auch immer Sie wollen.«

»Über die Straße!« rief der Herr Kecker.

»Bis zum Äquator«, versprach der vordere Träger, vielleicht, weil er Hitze mehr als alles andere fürchtete.

»Bis zum Nordpol«, versprach der hintere Träger, vielleicht, weil er Kälte mehr als alles andere fürchtete.

»Bis ans Ende der Welt«, versprachen sie beide und ihre Stimmen bebten dabei.

»Ihr seid für meinen Leib, für mein Leben verantwortlich!« schrie der Herr Kecker. Er trampelte mit dem heilen Bein gegen die Bahre, er bäumte sich auf, er warf sich zurück, er wälzte sich hin und her. Die Träger, vom Tragen inzwischen völlig entkräftet, torkelten auf ein Schaufenster zu.

»Wollt ihr nun!« schrie er.

»Gott bewahre uns«, jammerten die Träger.

Dann machten sie sich auf den Weg über die Straße. Die zuckenden Gesichter gesenkt, die Rücken gekrümmt, die schlotternden Beine geknickt, schlichen sie auf die Prozession zu.

Die Träger erreichten die Prozession eine Ministrantenreihe vor dem Baldachin. Die Ministranten blieben stehen. Sie drehten sich nach den Kaplänen, den Vikaren um, als erwarteten sie einen Hinweis, wie sie sich verhalten sollten.

Zwischen zwei Ministrantenreihen hindurch, deren eine weiterlief, deren andere stillstand, trugen die Träger den Herrn Kecker am ersten, am zweiten, am dritten Ministranten vorbei.

»Halt«, rief der Herr Kecker. Die Träger blieben stehen.

Und während die erste Prozessionshälfte singend weiterlief, blieb die zweite vor dem Herrn Kecker ruckartig und Reihe für Reihe stehen. Weil aber die hinter dem Eck vorandrängenden Knaben, Mädchen, Männer und Frauen, die den Kaplänen, den Vikaren hinter dem Baldachin folgten, von den zurücklaufenden Kaplänen, Mönchen und Nonnen nicht rechtzeitig angehalten werden konnten, stießen die einzelnen Reihen gegeneinander und schoben sich ineinander. Die Prozession verbreiterte sich stellenweise bis zu den Randsteinen beiderseits, ja sogar darüber hinaus, so daß im einzelnen nicht zu unterscheiden war, wer Teilnehmer war und wer Zuschauer. Mitten durch diese Ballung bahnten sich die wild mit den Armen gestikulierenden Kapläne, Mönche und Nonnen einen Weg nach hinten, um zu verhindern, daß die Prozessionsteilnehmer in die Metzgereien, Eisdielen, Hinterhöfe getrieben wurden. Und während der Gesang hinter dem Eck eine halbe Strophe lang noch anhielt, brach er ruckartig und reihenweise ab vom Baldachin dem Eck zu. Nur ein paar Schwerhörige sangen weiter, bis einer sie so heftig in die Seite stieß, daß sie vor Schmerzen aufschrien, es sangen außerdem noch einige solo weiter, unter ihre Fensterbretter gesunken und ohne Ausblick und betäubt vom Klang ihrer Stimme, bis sie langanhaltendes Geklingel der Nachbarn aus ihrer Versenkung herausriß und empor. Sie hängten ihre verschreckten Gesichter zu den Fenstern hinaus. Sie suchten Halt an den Fensterbrettern. Sie stießen Statuen um, Vasen, Kruzifixe. Das umgestoßene Schmuckzeugs fiel in die Stuben hinein oder zu den Fenstern hinaus auf die Straße. Unten aber, weil zum Auseinanderspringen kein Platz war, sprangen die Leute aufeinander. Wo sie sich gegenseitig auf die Zehen traten, stöhnten sie nur unterdrückt. Wo sie aber einen Knienden, der nicht mehr auf die Füße gekommen war, bedrängten und traten, hub ein Wimmern an, ein Klagen, das für einen Augenblick die Augen, die Feldstecher, die Fotoapparate vom Herrn Kecker ablenkte.

Inmitten dieses Gedränges stand der Stadtpfarrer. Die vier Ministranten hielten die vier Stangen des Baldachins mit gestreckten Armen über ihre Köpfe gestemmt. Mit bedrückten Mienen starrten die Kapläne, die Vikare vor sich hin. Manche waren bis an den Rand des Baldachins, manche mehr als eine Nasenlänge weit darunter getrieben worden. Als der Stadtpfarrer merkte, daß er nicht mehr allein war unter dem Baldachin, sah er mißbilligend um sich, warf dann einen hilfesuchenden Blick hinauf, der diesmal wohl dem Himmel zugedacht war und nicht dem Baldachin, an dem er hängenblieb.

Die erste Hälfte der Prozession entfernte sich währenddessen so langsam, so länglich geordnet, so feierlich wie zuvor weiter und weiter von der zweiten. Es hätte schon eines großen Schreiers bedurft, sie zurückzurufen, die Lücke zwischen beiden Hälften zu überbrücken. Die Straße dazwischen war frei.

Der Herr Kecker hieß seine Träger, ihn ein Stück in diese Lücke hineinzutragen. Die Träger bewegten sich mit kleinen, steifen Schritten. Ein paar Meter abseits von der ersten, der ehemaligen letzten Ministrantenreihe hieß der Herr Kecker sie haltzumachen. Die Träger zitterten nicht mehr. Sie standen reglos mit gesenkten Köpfen, mit gekrümmten Rücken, mit geknickten Knien.

Der Herr Kecker stand mitten auf der Straße, zwischen zwei Prozessionshälften. Er sah um sich, wie einer, der eine Botschaft zu verkünden weiß. Und für einen, der etwas zu sagen hatte, bot sich eine Gelegenheit, wie er sie sich besser nicht wünschen konnte. Sei es aus Neugier, aus Schadenfreude, aus Furcht, sei es aus Bestürzung, die Teilnehmer wie die Zuschauer schwiegen. Der Herr Kecker breitete die Arme aus. »Ich«, rief er, riß den Mund weit auf, warf die Fäuste hoch, »ich habe den Krieg nicht gewollt!«

Weiter kam er nicht.

Die Leute, die ihm am nächsten standen, zuckten zusammen, als die Haustür hinter dem hinteren Träger zuschlug. Der Herr Kecker drehte sich um.

Wer diese Haustür geöffnet hatte, das konnte später keiner mit Sicherheit sagen.

»Selbst hat er es natürlich nicht getan«, sagen die einen. »Denn alle Hände hat er voll zu tun, um sich voranzubringen.«

»Natürlich hat er es selbst getan!« sagen die anderen. »Mit der einen Hand hat er sich aufgehalten, mit der anderen sich vorangebracht.« Und dann machen sie es vor, wie er, ihrer Meinung nach und trotz allem, sich die Haustür geöffnet hat. Er, der auf die Hände angewiesen war, wenn er weiterwollte, und diesen Stuhl mit Rädern statt Beinen. Er, der über den Gehsteig rollte, rumpfhoch und nur eine Hand breit über den Steinen. Er trug schwarze Handschuhe über den Händen, mit denen er die Hinterräder antrieb. Er legte sie auf die Reifen, ließ sie darauf, eine halbe Umdrehung lang, löste sie von den Reifen, legte sie auf, ließ sie darauf, löste sie, in rascher Folge, und immer dicht über den Steinen, damit er sich nicht über die eigenen Finger fuhr. Korrekt wie ein Herr war er gekleidet, mit schwarzem Hut und Rock mit weißem Tuch und weißem Hemd. Am Rockende jedoch, wo bei anderen die Beine beginnen, da hörte er auf.

Als seine Vorderräder dicht an den Randstein gerollt waren, drehte sich der Herr Kecker zum zweitenmal nach ihm um, mit dunkelrotem Gesicht nun und hervorquellenden Augen, sah ihm zu, der Herr Kecker, wie er sich mit den Händen auf die Straße stützte, der Karre einen Stoß versetzte durch einen heftigen Ruck aus dem Rumpf heraus, so daß sie den Randstein hinabrutschte. Darauf nahm er den Hut ab, legte ihn vor sich auf den Sitz, und rollte, die Hände in rascher Folge auflegend und lösend, über die Straße. Auf der Mitte der Straße sah er kurz zum Herrn Kecker hinauf. Der Herr Kecker wendete sich hastig ab, sah dann doch wieder hin, der Herr Kecker, als der in der Karre, die Augen geradeaus und ganz von seiner Fortbewegung beansprucht, an den Randstein gegenüber rollte, dagegen prallte mit der vorderen Sitzkante, sich stützte mit den Händen auf die Straße, der Karre einen Stoß versetzte durch einen heftigen Ruck aus dem Rumpf heraus, so daß sie mit den Vorderrädern den Gehsteig hinauf rutschte, und die Hinterräder mitsamt seinem Rumpf zwischen seinen nun auf den Gehsteig gestützten Händen nachzog.

Der Herr Kecker riß den Mund auf. Er wollte ihm etwas zuschreien. Allein, er brachte nur ein Röcheln heraus. Er kniff die Lippen zusammen und gebot, mit einem heftigen Stoß seines Stumpfes gegen die Bahre, seinen Trägern weiterzugehen. Der in der Karre rollte rumpfhoch und nur eine Handbreit über den Steinen auf die Haustür hinter dem vorderen Träger zu. Auch wie er da hineinkam, konnte später keiner mit Sicherheit sagen. Denn die Träger rannten in die Menschenmenge hinein. Die Leute sprangen auseinander und aufeinander. Sie achteten nur noch darauf, eine Gasse freizulassen zwischen sich und der nun gefährlich hin und her schwankenden Bahre, an deren Rändern sich der Herr Kecker festklammerte.

»Worauf wartet ihr noch!« rief ein Kaplan den Ministranten zu. »Weiter!«

Die Ministranten liefen hinter der ersten Hälfte der Prozession her, deren Gesang bald aufkam, bald abbrach, je nach der Lautstärke der Ausrufe, der Reden ringsum. Ohne Gesang hasteten die Kapläne, die Vikare hinter den Ministranten her. Ohne darauf zu achten, ob er noch unter dem Baldachin ging, und er ging ein ganzes Stück nicht darunter, folgte der Stadtpfarrer. Ihm folgten Kapläne und Vikare, folgten Knaben, Mädchen, Männer und Frauen, ohne Andacht und in mehr oder weniger großem Durcheinander, in gemischten, in ungleich großen Reihen.

»Frömmlinge, die! Inquisitorengesocks!« hörte ich den Herrn Kecker schreien. »Mich ausquetschen wollen! Mich! Kein Sterbenswörtchen werden sie erfahren! Mich bringt man nicht zum Reden! Nicht so leicht! Auch nicht mit solchen Methoden! Eher beiß ich mir die Zunge ab! Eher reiß ich mir die Zunge raus!« Dann rannten die Träger um das Eck.

# Die Schafe

Selten habe ich Füße gesehen von solcher Häßlichkeit wie die meinen. Doch betrübt mich ihr Anblick so wenig wie er mich freut. Ich betrachte sie beim Baden, beim Nagelschneiden, beim Barfußlaufen an heißen Tagen, ich betrachte sie abends im Bett mitunter, und dies eingehender als sonst, dann, wenn sie schmerzen nach langen Gängen, wenn sie anschwellen, wenn die Adern auf dem Spann herausquellen, wenn sich Blasen gebildet haben, Hühneraugen, neue Hornhäute, dann, wenn sich der Nagel einer meiner arg in den Schuhen gequetschten Zehen in die Haut, in das Fleisch der Nachbarzehe gebohrt hat.

Weiß ist ihre Färbung allein über dem Spann. Doch dieses Stück Weiß wird durchzogen von den blaßblauen Strängen der Adern, die bald mehr, bald weniger, immer aber soweit herausquellen, daß ich ihren Lauf mit dem Finger nachfahren kann. Zu den Zehen, zu den Fußrändern, zu den Fersen hin geht das Weiß ins Rosa erst, ins Himbeerrot dann, über. An den Ballen, an den Knöcheln, an den Fersen, und zwar an den Stellen der stärksten Krümmung, geht dieses Himbeerrot ins Violett über. Gelblich und brüchig sind meine Nägel, bis zur Hälfte fast mit Nagelhaut überwachsen. Von tieferem Gelb als meine gelblichen Nägel ist eine Hornhaut von beachtlicher Dicke, die meine Sohlen bedeckt, nicht ganz, aber fast. Und rosafarbene Streifen finden sich allein in den Rinnen zwischen den Hornhäuten. Und ein rosafarbener Fleck findet sich auf der Sohlenmitte eines jeden Fußes.

Ich habe sogenannte Spreiz- sowie sogenannte Senkfüße. Und stehe ich, berühre ich den Grund mit ganzer Sohle. Und stelle ich Fuß neben Fuß, berühren sich nur diese runden, diese violetten Halbkugeln meiner Knöchel und diese runden, diese violetten Halbkugeln meiner Ballen. Meine großen Zehen währenddessen streben fast rechtwinklig voneinander, stemmen sich schräg gegen meine zweitgrößten Zehen, drücken diese zweitgrößten Zehen heraus aus der Reihe der Zehen und hinauf, so daß sich meine Schuhe nicht nur in Ballengegend beulen, sondern dazu über den zweitgrößten Zehen.

Allein, auch auf solchen Füßen ließe es sich laufen, so schlimm es um sie steht, wäre da nicht noch ein anderes Problem. Denn lege ich sie Sohle auf Sohle, die Fersen genau aufeinander, so überragt die große Zehe des linken Fußes die große Zehe des rechten. Nicht genug, daß sie von auffälliger Häßlichkeit sind in ihrer Form, in ihrer Färbung, meine Füße sind überdies von verschiedener Größe. Und gehe ich mit meiner Mutter Schuhe kaufen, gibt es ein großes Hin und Her und Für und Wider zwischen mir und meiner Mutter und der Verkäuferin und mir, ob ich entweder ein für den linken Fuß passendes und daher für den rechten Fuß unpassendes Schuhpaar auswählen soll oder ein für den linken Fuß unpassendes und daher für den rechten Fuß passendes Schuhpaar. Die Verkäuferin wie meine Mutter überlassen mir die letzte Entscheidung. »Damit du mich dann nicht verantwortlich machst«, sagt meine Mutter. »Damit Sie mich dann nicht verantwortlich machen«, sagt die Verkäuferin. Und je nach dem Entscheid dieses Tages, der Ausschlag gibt für meinen Gang das nächste halbe Jahr lang, hinke ich entweder mit einem eingezwängten, stets geschwollenen, einem über den großen Onkel laufenden Fuß einher oder ich latsche, stets umknickend, mit Schritt für Schritt aus dem Schuh schlüpfender, aufgewetzter Ferse, mit einem rechten Fuß einher, der haltlos im Raum des rechten Schuhs vor und zurück rutscht. Und fragte mich einer, welche Art der Fortbewegung ich vorzöge, ich antwortete ihm: Die andere! Und so entscheide ich mich bei unserem halbjährlich wiederkehrenden Schuhkauf abwechselnd einmal zugunsten des linken, einmal zugunsten des rechten Fußes. Und von Mal zu Mal, doch dies nur so lange, bis ich mich entschieden, bis ich die ersten Schritte mit dem neuen Schuhpaar getan habe, halte ich die weiter zurückliegende Art der Fortbewegung für die schmerzlosere.

So kommt es, daß ich längere Gänge fürchte, daß ich mich vor allem drücke, was über das alltägliche Einkaufen hinausgeht.

Und wie ich so sitze in dieser Sonntagsnacht noch oder am Montagmorgen schon oder um Mitternacht herum, wie ich so sitze und einmal den rechten und einmal den linken Fuß zur Hand nehme, der Nachttischlampe nähere, den Lampenschirm drehe, wie ich so abwechselnd einmal den einen, einmal den anderen Fuß ins rechte Licht rücke, diese sieben Blasen, diese sechs weißen Wasserblasen von verschiedener Größe sowie diese eine dunkelrote Blutblase, und letztere länger als die sechs anderen zusammen betrachte, wie ich so heimlich sitze, seit meine Eltern sich schlafen gelegt haben, denke ich: »Du hättest dich auch heute drücken sollen oder gestern schon.«

Ich höre meinen Vater schnarchen ohne Unterbrechung, höre meine Mutter sich räuspern mit Unterbrechungen und in unregelmäßigen Abständen, höre meine Mutter sich von einer Seite auf die andere auf die eine legen unter dem leisen Knarren der Bettfederung, ich höre es klirren, dann, wenn meine Mutter im Dunkeln über die Glasplatte tastend mit der gläsernen Tablettenröhre gegen das Wasserglas gegen die Nachttischlampe gegen ihre Armbanduhr stößt. Ich höre dann die Federung ihres Ehebetts lauter knarren, wenn sie sich aufrichtet, wenn sie die erste, die zweite, die dritte und, wenn ich mich nicht verzählt habe, vierte Pille in den Mund steckt, schluckt mit dem Wasser im Glas, höre sie noch lauter knarren, dann, wenn meine Mutter sich aufstützt zwischen zwei Pillen, aus dem Bett steigt, sich im Dunkeln durch das Schlafzimmer tastet, durch den Korridor zum Badezimmer tappt und das Glas mit Wasser wieder vollaufen läßt.

Ich knipse die Lampe aus, sitze wie ich sagte, den einen oder den anderen Fuß in der Hand, nur eben im Dunkeln, warte so, bis sie das Wasserglas auf die Glasplatte des Nachttisches stellt, die Armbanduhr aufhebt und niederlegt, bis sie sich langlegt, meine Mutter, unter dem Knarren der Bettfederung, seufzend, doch ohne meinen Vater aufzuwecken.

Dann knipse ich die Lampe an, dann sehe ich mir meine sieben Blasen an.

Vier Blasen, darunter die Blutblase, sitzen an meinem linken Fuß. Drei, das heißt eigentlich zwei und eine ehemalige, nun aufgeplatzte Blase, sitzen an meinem rechten. An der Ferse rechtenfußes, an der Ferse linkenfußes, nicht genau am gleichen Fleck, aber fast, wölbt sich jeweils eine groschengroße weiße Wasserblase. Eine hemdsknopfgroße Wasserblase wölbt sich an den Ballen beiderseits, wobei die eine, die linkenballens, ein wenig kleiner ist als die andere, die rechtenballens. Es fällt nicht auf oder kaum und nur dann, wenn ich beide nebeneinander lege und vergleiche. Eine weitere Wasserblase von eher ovaler Form als runder sitzt gequetscht zwischen meiner drittgrößten oder, wenn man so will, drittkleinsten, und meiner viertgrößten oder, wenn man so will, zweitkleinsten Zehe des linken Fußes. Damit ich sie betrachten kann, muß ich beide Zehen mit den Fingern auseinanderzerren. Die bereits erwähnte ehemalige, nun aufgeplatzte Blase sitzt zwischen meiner viertgrößten, meiner meinetwegen zweitkleinsten, und meiner fünftgrößten, meiner meinetwegen kleinsten, meiner kleinen Zehe des rechten Fußes. Sie ist aufgerissen am Rand und durch den Riß in der weißen Blasenhaut leuchtet ein Stück rosafarbenes, feuchtes rohes Fleisch. Auch brennt sie heftiger als die anderen Blasen, wenn ich sie mit dem Finger betupfe. Sie brannte bereits im Laufe dieses Nachmittags heute oder gestern schon, als sie aufplatzte mitten im Wald, auslief, als mein Socken feucht wurde und an ihr festklebte. Die letzte, die siebte, die Blutblase zieht sich die Rinne entlang zwischen der großen Zehe und dem Fußsohlenende des linken Fußes. In ihrer dunkelroten Färbung hebt sie sich ab von den gelben Hornhäuten der großen Zehe wie der Fußsohle. In ihrer länglichen Form unterscheidet sie sich von den fünf runden, darunter auch der ehemaligen runden, nun aufgeplatzten, sowie der eher ovalen als runden Blase.

Und wie ich so sitze, wie ich mich so mit meinen Blasen befasse, wie ich an meinen sieben Blasen, achtsamer allerdings an der aufgeplatzten als an den sechs anderen, herumfingere, ihre Kuppen niederdrücke, ihre Ränder entlangfahre, wie ich zwischendurch die Nachttischlampe ausknipse, anknipse, dreimal oder vier- — was weiß ich, wie viele Pillen meine Mutter schluckt, wie viele Gläser Wasser sie sich holt –, schiele ich, den einen oder den anderen Fuß in der Hand, nach der Nagelschere, nach der Hautschere auf meinem Nachttisch. Ich nehme erst die Nagelschere in die Hand, schneide die fünf Fußnägel des einen, die fünf Fußnägel des anderen Fußes, Zehe für Zehe, ab, schnipple an der Hornhaut herum, schneide dicke Stücke Hornhaut von den Fersen, von den Zehen, und dies, so tief ich hineinschneiden kann, ab. Ich nehme dann die Hautschere in die Hand, schneide die Nagelhaut ab, die die Halbmonde meiner Fußnägel überwuchert, lege sie frei, die Halbmonde, wage mich – das gebe ich zu – alle paar Nägel zu tief hinein, schneide mir ins eigene Fleisch und die Halbmonde färben sich rot.

Ich werde warten, bis sich Grind gebildet hat. Wahrscheinlich, das heißt ganz sicher sogar, werde ich nicht abwarten können, bis der Grind abfällt. Ich werde die Grindränder anheben und nach einigem Hin und Her werde ich den Grind abkratzen – wie ich mich kenne –, noch ehe sich die Wunde geschlossen hat. Ebensowenig – ich will mir da nichts vormachen – werde ich abwarten können, bis diese sechs Blasen von selbst platzen wie diese eine, ehemalige, oder bis sie ausgetrocknet sind. Ich lasse die Hautschere ein paarmal auf und zu klappen. Ich nähere die Hautschere der groschengroßen Wasserblase an der Ferse linkenfußes. Ich steche zu, schneide einen Riß hinein, drücke mit zwei Fingern diesseits und jenseits des Risses auf die Blasenhaut und trockne den Tropfen, der herausquillt, ab an meinem Laken.

Das war die erste, die älteste meiner sieben Blasen, die ich mir im Lauf dieses Tages heute oder gestern schon gelaufen habe.

Klatschend und aufbruchsbereit stand mein Vater am Morgen auf der Türschwelle meines Zimmers, den Hut auf dem Kopf, in brauner Joppe und braunen Knickerbockers, den Griff des Wanderstocks über das Handgelenk gehängt.

»Auf, auf!« rief er. »Wir wollen heute wandern!« Er stieß mit dem Wanderstiefel gegen die Schwelle, machte kehrt, als er mich aus dem Bett steigen sah, und eilte mit schweren Schritten zur Küche.

»Ich kann auch nicht schneller als ich kann«, sagte meine Mutter. Sie raschelte mit Butterbrotpapier.

Ich zog den Rolladen hoch. Der Himmel war, so weit ich ihn sehen konnte über den Dächern der gegenüberliegenden Häuser, blaßblau und mit einigen, vergleichsweise wenigen Wolken bedeckt. Die meisten Rolläden waren noch herabgelassen.

Während ich mich anzog, ging mein Vater im Korridor auf und ab, las die Landkarte, sah auf die Armbanduhr zwischendurch und rief dabei: »Es sollte mich wundern, wenn wir vor Einbruch der Dunkelheit diese vier Wände hier noch verlassen würden!« Und immer, wenn er das rief, ließ meine Mutter in der Küche das Messer aus der Hand und zu Boden fallen, hob es ächzend auf und jammerte dabei: »Das wird mich noch! Ganz gewiß wird mich das noch!«

Sie stand vor dem Küchentisch, in ihrem spinatgrünen Sonntagskostüm, den Hut auf dem Kopf, in ihren Schuhen mit halbhohen Absätzen, in ihren dünnen durchsichtigen Strümpfen, durch die die bläulichen Adern an ihren Waden schimmerten, die sich ringelten stellenweise über ihren dünnen Beinen, stand so, meine Mutter, und schmierte Stulle für Stulle, belegte die Stullen mit Hartwurst, klappte zwei jeweils zusammen, wickelte sie ein in Butterbrotpapier und steckte sie zwischen zwei Thermosflaschen in den Rucksack auf dem Tisch.

»Ein Rucksack, das sieht aus wie!« sagte sie. »Wie!« wiederholte sie, band den Rucksack zu mit zusammengekniffenen Lippen und schüttelte mit dem Kopf auch den Hut auf dem

Kopf. Mein Vater schnallte sich den Rucksack auf den Rükken. Er nahm den Wanderstock in die linke Hand, faßte meine linke Hand mit seiner rechten Hand. Er führte mich ins Treppenhaus. Meine Mutter lief, alle paar Schritte bald mit dem einen, bald mit dem anderen halbhohen Absatz umknikkend, hinter uns her. Wir stiegen die Treppe hinab. Ein Stück der zusammengeklappten Landkarte, grün mit schwarzen Linien darauf, ragte aus der Brusttasche der Joppe meines Vaters. Auf dem Gehsteig faßte meine Mutter meine rechte Hand mit ihrer linken Hand.

Ich übertreibe nicht, wenn ich sage, wir hetzten zur Haltestelle. Mein Vater ging mit weitausholenden Schritten, den Wanderstock mit dem linken Fuß gemeinsam hebend und zu Boden setzend, zuweilen mit der Stockspitze der Stiefelspitze um einen halben Fuß voraus, zuweilen auch mit der Stiefelspitze der Stockspitze. Meine Mutter stolperte, ständig umknikkend oder mit den Absätzen in den Rillen zwischen den Pflastersteinen steckenbleibend, zwei Mannsbreiten hinter meinem Vater her. Ich rannte zwischen ihnen mit einem vorausgestreckten linken, mit einem zurückgestreckten rechten Arm.

Um das Haltestellenschild herum oder in seiner Nähe wie um das Haltestellenschild auf dem gegenüberliegenden Gehsteig standen Leute, familienweise. Sie standen in geraden oder bis zu Halbkreisen gekrümmten Reihen. Die einzelnen Mitglieder dieser vielköpfigen Familien hielten sich an den Händen gefaßt. Und nur der Vater am einen Ende einer Reihe, und nur die Mutter am anderen Ende einer Reihe, hatten jeweils eine Hand frei, um etwas zu halten oder um auf etwas hinzuweisen. Meistens stumm, und sich nur mit knappen Bemerkungen und ruckartigen Drehungen der Köpfe zu den Müttern hin unterbrechend, starrten die Familienväter auf diesem Gehsteig links die Straße hinab, starrten die Familienväter auf dem gegenüberliegenden Gehsteig rechts die Straße hinab die Straßenbahngleise entlang. Die Kinder standen mit gesenkten Köpfen in der Reihe, der Größe nach, dem Alter nach geordnet. Manche schleppten Proviant, Decken, luftentleerte Luftmatratzen auf den Rücken. Hin und wieder scharrten sie auf den Pflastersteinen oder sie stießen einen Kieselstein, eine Kippe über den Randstein auf die Straße.

»Sie kommt!« riefen die Familienväter. »Endlich!« Mit roten Gesichtern, den einen, den freien Arm ausgestreckt und auf die heranfahrende Straßenbahn weisend, zogen sie mit dem anderen die daranhängenden Familienmitglieder hinter sich her auf die Straße.

Die Sitze besetzten Mütter mit mindestens zwei Kindern auf den Schößen und einem, das zwischen ihre Schenkel geklemmt stand. Der Rest so einer Familie gruppierte sich um den Sitz, eine Hand des Vaters, einen Haltegriff fassend oder sich festklammernd an einem Zipfel elterlicher Kleidung. Nur einen Sitz besetzte ein junger Mann. Er saß, immerzu mit dem Gesäß auf dem Sitz hin und her rutschend, das Gesicht gesenkt, und besah mit zwinkernden Augen, mit auf und nieder zuckender Oberlippe seine Hosenbeine erst, darauf die Fassaden der Häuser, und dies, indem er sein Gesicht mit der Hand gegen die Stehenden abschirmte. Das waren Mütter, die mit bösen Gesichtern über die Köpfe der Kleinkinder in ihren Armen auf ihn herabblickten, die ihn belagerten, die ihn umbauten mit Gepäck und Klappstühlen, die »Wird sich umschauen der« zischten, »denn das rächt sich, wenn er ein Greis und auf den Anstand junger Männer angewiesen!«

Eher gedrängt als drängend, rückten wir bis in die Mitte des Wagens vor. Dort war der Gegendruck derer, die von der anderen Seite des Wagens eher gedrängt als drängend uns entgegenrückten so groß, daß wir stehenblieben. Ich sah eine siebenköpfige Familie auf die Straßenbahn zuhasten. Fünf Kinder waren es von verschiedener Größe, die zwischen dem Elternpaar dem Trittbrett zustrebten. Vier dieser fünf liefen auf eigenen Beinen. Den fünften in der Mitte der Reihe trugen die zwei Größten von den vier allein Laufenden zwischen sich in einer Tragetasche. Weil aber auch diese zwei Träger von ungleicher Größe waren, hing die Tragetasche schief zwischen ihnen, so daß der fünfte, der Getragene, nach unten rutschte und der Kleinere der zwei Größten von den vier allein Laufenden das Hauptgewicht des fünften zu tragen hatte. Der größere der zwei Träger, der Größte also von allen fünfen, hielt an der zweiten Hand über dem Henkel einer Einkaufstasche den Drittgrößten oder, wenn man will, Drittkleinsten. Der Zweitgrößte oder, wenn man wie gesagt will, Viertkleinste hielt an der zweiten Hand über dem Henkel einer zweiten Einkaufstasche den Viertgrößten, den Zweitkleinsten. Der wiederum faßte die Hand der Mutter am Reihenende, während der Drittgrößte oder -kleinste, ich meine den, der einerseits an der Hand des Größten hing, andererseits die Hand des Vaters am Reihenanfang faßte. Der Vater trug außer einem Rucksack, ebenso wie die Mutter, einen Klappstuhl, ebenso wie die Mutter, in der freien, in der Hand, mit der er, ebenso wie die Mutter, kein Kind zu halten hatte. Und die Stuhlbeine gegen die Fahrgäste auf der Plattform stemmend, trat der Vater auf das Trittbrett der Straßenbahn. Er zerrte den Drittgrößten oder -kleinsten, der zerrte den Größten von allen hinter sich her in die Straßenbahn.

In diesem Augenblick, als der in der Tragetasche über dem Trittbrett zwischen den ausgestreckten Armen seiner beiden größten, doch ungleich großen Brüder, hing, zog der Schaffner am Strang der Straßenbahnklingel. Der in der Tasche, das Kleinkind, begriffsstutzig und ohne Verstand, in schieferer Lage noch als zuvor durch den Höhenunterschied zwischen der Straße und der Plattform, mitten in einer Familie, deren eine Hälfte davonfuhr, deren andere Hälfte kreischend nebenher rannte, in einer Reihe mit der Mutter am Ende und ohne voneinander zu lassen, dieses Kleinkind hopste vergnügt auf und nieder, krächzte, patschte sich mit den Händen ins Gesicht und fiel hintenüber auf die Straße.

Der Schaffner zog am Klingelstrang. Die Bahn hielt an. »Nichts ist passiert, nichts!« rief die Mutter das Geschrei des Kleinkinds übertönend dem Vater zu. »Nur Schürfwunden! Nichts als Schürf und etliche Beulen! Es sieht immer schlimmer aus als es ist! Immer! Wir können weiter!«

»Sie haben alle einen Schutzengel«, murmelten die Mütter. »Alle!« Und ich sah sie sanft mit den Händen über die Köpfe ihrer Kinder fahren. Dann wurde mein Kopf durch das Hereindrängen der siebenköpfigen Familie zwischen die Bäuche meiner Eltern gepreßt. Und ich stand im Dunkeln die Fahrt lang, mit dem Gesicht im Bauch meiner Mutter, mit dem Hinterkopf im Bauch meines Vaters. Und ich hörte das ununterbrochene Geschrei des Kleinkinds, die gelegentlich einsetzenden Schreie anderer Kleinkinder, hörte den Schaffner ehe die Bahn anhielt die Haltestellennamen ausrufen, fragen während der Fahrt: »Wer ist noch ohne Fahrtausweis?«, klingeln ehe die Bahn anfuhr. Und ich hörte meinen Vater sagen: »Zur Endhaltestelle!«, hörte dicht neben mir das Ächzen des Schaffners, wenn er sich zwischen den Fahrgästen hindurchzwängte, klimpernd mit Kleingeld und Fahrscheine verteilend, und dies begleitet vom Geräusch reißenden Stoffs, abplatzender Knöpfe und den Protestrufen der Fahrgäste. Und ich hörte Haltestelle für Haltestelle eine von Mal zu Mal weinerlichere Stimme aus der Richtung des Sitzes, darauf der junge Mann so wenig seßhaft gesessen hatte, rufen: »Ich will aussteigen, augenblicklich! Ich bin nun schon weiter von meinem Ziel entfernt als zu Beginn der Fahrt!« Und von Mal zu Mal schwächer, hörte ich ihn dabei mit der Faust gegen das Fenster klopfen. An der Endhaltestelle, als es lichter um mich wurde, als sich die Bäuche meiner Eltern voneinander entfernten, als wir Schritt für Schritt dem Ausgang näherrückten, saß der junge Mann noch immer da, reglos nun und mit verrämter Miene vor sich hin blickend.

Wir schlossen uns den Familien an, die sich wieder zu Reihen geordnet hatten. Die Väter und die Mütter an den Rändern drehten im Gehen ihre roten zerrauften Köpfe den drei Schaffnern der drei Wagen zu, steckten schimpfend die Finger in die Risse ihrer geplatzten Kleider. Die drei Schaffner setzten sich auf eine Bank neben dem Endhaltestellenschild. Sie nahmen ihre Mützen von den Köpfen. Sie legten ein jeder seine Mütze zwischen sich und den danebensitzenden Kollegen, saßen so barhäuptig in der Sonne und verzehrten ihre Stullen.

Wir gingen zwischen den Zäunen einer Schrebergartenkolonie entlang. Das Tempo gab die erste Reihe der Ausflügler an. »Wenn das so weiter geht«, rief mein Vater, »kommen wir nie ins Grüne!«

Allein, es war unmöglich, hier auch nur eine Reihe zu überholen. Denn diese vielköpfigen Familien mitsamt des Gepäcks, das sie schleppten, nahmen, auch wenn sie Schulter an Schulter gingen, die ganze Breite des Weges ein. Zwischen den Vätern und den Müttern an den Reihenenden und den Zaunlatten beiderseits war der Abstand so gering, daß sie bei den kleinsten Abweichungen nach rechts oder links mit dem Gepäck, mit den Ärmeln an einer Latte hängenblieben, anhalten mußten, sich lösen, und so das Vorankommen des ganzen Zuges hinter sich hemmten. Einige, vergleichsweise wenige, stimmten einen atemlosen Gesang an, der wohl weniger seines Klanges wegen als seiner Lautstärke die Kleingärtner von ihrer Saat weg sehen ließ und auf den Weg. Zwischen den Zaunlattenlücken und den Ziersträuchern hindurch sah ich sie vor ihren Beeten knien. Mit Schweiß und Erde beschmiert, mit entblößten Oberkörpern wühlten sie in den Beeten, warfen Steine und Unkraut in des Nachbars Kleingarten, oder sie richteten sich auf, setzten Flaschen an die Lippen und tranken mit weit in die Nacken gelegten Köpfen.

Am Waldrand, und jeweils nur drei Bäume mitsamt den dazwischenliegenden Lücken voneinander entfernt, lagerten Familien. Die Familienväter lagen mit nackten weißen oder mit Hautfetzen bedeckten Oberkörpern auf Luftmatratzen. Sie hatten sich die Socken ausgezogen, die Hosenbeine hochgekrempelt. Ihre Köpfe schützten an den Ecken verknotete weiße Taschentücher, die wie Verbände wirkten. Die Gesichter hatten sie der Sonne zugewendet. Sie regten sich nur, um sich über die Leiber zu kratzen oder sich mit zwei Fingern Hautfetzen von den Oberkörpern zu zupfen oder sich mit den Handrücken unter den angehobenen Armen den Schweiß aus den Achseln zu wischen. Die Frauen saßen grätschbeinig auf Klappstühlen, die Strümpfe bis zu den Knöcheln herabgerollt, die Blusen aufgeknöpft. Manche trugen Unterröcke. Sie streckten, wenn sie nicht eben Stullen unter die Kinder verteilten, ihre Gesichter der Sonne entgegen. Die Brillenträgerinnen unter ihnen bedeckten mit Blättern, deren Stengel sie zwischen die Brillenstege und die Nasenwurzeln geschoben hatten, die Nasenrücken. Die Kinder indessen, nackt oder mit Unterhosen bekleidet, wälzten sich, die Glieder auf und nieder werfend, manche unter grotesken Verrenkungen der Rümpfe, über die Decken hinweg auf den Waldboden.

Zwischen diesen Familien, und so nur einen Baum und die Lücken diesseits und jenseits des Stammes voneinander entfernt, ließen sich weitere Familien nieder. Und während die Frauen Decken ausbreiteten, Klappstühle aufklappten, Proviant auspackten, sich dann, und dies, nachdem sie sich mit Seitenblicken vergewissert hatten, daß die anderen Frauen auch so saßen, die Blusen aufknöpften oder auszogen, knieten die Familienväter nieder. Sie steckten die Öffnungen der Luftmatratzen zwischen die Lippen, sie pumpten sie auf, bald mit geblähten, bald mit eingefallenen Backen, mit hoch sich hebenden und wieder senkenden Brustkörben. Sie steckten dann, die Öffnungen mit zwei Fingern zusammenpressend, unter dem Geräusch der dennoch herauszischenden Luft, die Stöpsel hinein.

»Ist es noch weit?« fragte ich meinen Vater.

»Hast du das gehört«, fragte mein Vater meine Mutter, »was er mich gefragt hat, der Stubenhocker?« Er blieb stehen, stieß mit dem Stock ein tiefes Loch in den Grund, als wollte er die Stelle markieren, an der ich gefragt hatte, wie weit es noch sei, und er rief dabei: »Hier schon hier!«

»Du fühlst dich wohl nicht wohl?« fragte meine Mutter mich.

»Wenn du ihn dauernd danach fragst«, rief mein Vater, »kommt er sich noch wichtiger vor mit seinem Wurm! Er soll einmal lernen, was es heißt, sich sein Essen zu verdienen!«

Und so lernte ich, was es heißt, mir mein Essen zu verdienen. Wir gingen einen Waldweg entlang, in den die Wurzeln der Bäume beiderseits hineinwuchsen. Auf den Wurzeln, über den Weg zerstreut, manchmal auch quer über den Weg hinweg, lagen abgerissene Äste. Und während mein Vater auf die Piste oder über die Aste hinweg trat, sie mit der Stiefelspitze, dem Stock auch, zur Seite stieß, ließ meine Mutter Ast für Ast meine Hand los, raffte den Rock bis zu den Knien und stieg so: den Kopf gesenkt, die Schultern hochgezogen, die Ellbogen angewinkelt und abstellend vom Rumpf, mit doppelt so hoch als nötig sich vom Grund hebenden Füßen darüber hinweg. Nur, wenn ein Ast so hoch hinaufragte, daß sie den Rock bis zu den Strumpfhaltern hätte heben müssen, stand sie einen Augenblick unschlüssig, das eine Bein gerade, das andere rechtwinklig geknickt und vorgestreckt, hob den Fuß bis sich der Rock spannte zwischen ihren Beinen, zog ihn dann zurück und tappte, sich mit der Handfläche gegen Baumstämme stützend, im Bogen zwischen den Bäumen hindurch um den Ast herum. Dort stand mein Vater, die Augen vorausgerichtet, zog die Luft vernehmlich ein durch seine Nase, stieß sie ebenso vernehmlich aus mit aufgeworfenen Lippen und stocherte mit dem Stock den Grund auf. Wenn wir so auf meine Mutter warteten, mein Vater und ich, stellte ich meinen linken Fuß vor, ließ meinen rechten die Hauptlast des Körpers tragen. Der Linke schmerzte an der Ferse. Ich schonte ihn, so oft es ging, bückte mich auch, faßte mit beiden Händen die Enden der Schnürsenkel, doch ehe ich sie aufziehen konnte, doch ehe ich meine linke Ferse, und wenn es nur für einen Augenblick gewesen wäre, vom Druck des linken Schuhs befreien konnte, war meine Mutter zur Stelle, streckte mir mit einem mißglückten Lächeln die Hand hin, und ich mußte weiterwandern.

Auf den Baumrinden am Wegrand waren Markierungen, weiße Kreise mit roten, blauen, gelben Kreuzen und Kreisen darin. Von hier aus war das Ende des Waldes, nicht unserer Wanderung, aber dieses ersten Waldes nach allen Richtungen hin abzusehen, so licht war er, so dürftig bewachsen, so leicht durchschaubar. Es war ein Föhrenwald oder ein Kiefernwald, glaube ich, oder ein Nadelwald anderer Art. Keinesfalls ein Tannenwald. Die Lücken zwischen den Bäumen nahmen weitaus mehr Raum ein, als die Bäume, deren dickster Stamm auch nur einen dünnen Mann breit war. In den Lücken konnten zwei ausgewachsene Männer langgestreckt liegen. Die Baumkronen berührten sich nicht. Die bald deutlich, bald schwach erkennbaren, bald verschwindenden Schatten der dünnen langen Stämme stellten Verbindungen her zwischen den Bäumen, die in geraden, fast schnurgeraden Reihen standen, wie aufgestellt. Die Schatten der kleinen Kronen bewegten sich hin und her über dem mit Ästen, Nadeln, Gras bedeckten Boden. Die Ausflügler, die den Wald ringsum einrahmten, saßen alle der Sonne in unseren Nacken zugewendet. Jene, die wir hinter uns gelassen hatten, kehrten dem Wald die Rücken zu. Jene rechterhand und linkerhand sahen seitlich am Wald vorbei. Jene aber, auf die wir zugingen, saßen um die Schattenlänge der äußersten Bäume abgerückt vom Waldrand oder zwischen den Schatten zweier Stämme, ohne sie zu streifen. Wo eine Familie so zahlreich war, daß der Raum zwischen den Schatten zweier Stämme nicht ausreichte, sonnten sie sich Leib an Leib gedrängt wie Frierende, die Schultern eingezogen an den Rändern der Familienreihe, als fürchteten sie, sich an den Schatten zu stoßen. Sie sahen in den Wald hinein.

Außer den Schatten, außer zahlreichen abgesägten Bäumen, die kronenlos und kreuz und quer herumlagen, gab es noch eine andere Verbindung zwischen zwei Bäumen. Das waren die Lichtscheuen unter den Ausflüglern, Männer ohne Familienanhang, die in Hängematten zwischen den Bäumen hingen, dort, wo der Abstand zweier Stämme, wo die Höhe der ersten Äste oder Astansätze für ihr Vorhaben geeignet war. Die Stricke am Kopfende, am Fußende dieser Hängematten, hatten sie um die Stämme geschlungen und an den Ästen oder Astansätzen befestigt, eine Armlänge, wo es ging, über dem Waldboden. Vielleicht, damit sie nicht zu tief fielen, falls die Stricke rissen, die Äste abbrachen. Während ihre Köpfe in eben der Höhe wie die Füße lagen, hingen die Rümpfe bogenförmig, mit tief durchgedrückten Gesäßen. Und weil die schmalen Streifen der Stammschatten ihre Gesichter nicht deckten, hingen sie, die Köpfe, die Oberkörper über den Kronenschatten, und dösten vor sich hin. Nur wenn der Wind die Baumkronen bewegte, wenn sich die Kronenschatten verschoben, wenn die Sonne auf sie schien, deckten sie die Gesichter mit Zeitungen zu oder sie richteten sich blinzelnd auf in ihren nun ein wenig schaukelnden Matten. Die Haut ihrer Rücken war mit roten Striemen gemustert, den Abdrücken der Stricke.

»Ob es sich wohl heute hält?« riefen sie durcheinander und einander zu durch den Wald, die Hände, damit die Frage verständlicher wurde, erst trichterförmig um die Lippen gelegt, darauf mit der einen Hand, damit die Frage noch verständlicher wurde, himmelwärts weisend, die andere Hand und dies, damit sie die Antwort der anderen besser hören konnten, um die Ohrmuscheln gelegt.

»Wer weiß, wer weiß?« antworteten sie durcheinander und einander durch den Wald, die Hände, damit die Antwort ebenso verständlich war wie die Frage, wieder um die Lippen gelegt.

Andere schritten zielstrebig, mit zusammengerollten Hängematten zwischen den Bäumen hindurch, machten Halt zwischen zwei Bäumen, rollten die Matten auf, legten sie die Lücke lang, ohne abzuschätzen, ob der Abstand, ob die Asthöhe geeignet waren, und befestigten dann die Stricke.

In die Baumrinden waren Zeichen geritzt, zwei gleiche Zeichen jeweils an zwei gegenüberliegenden Bäumen, die sich von den zwei gleichen Zeichen anderer, gegenüberliegender Bäume unterschieden. Manche Matten, an jenen Bäumen, da die ersten Äste oder Astansätze zu hoch oben anfingen, waren an eingeschlagenen Haken befestigt. Neben diesen Haken hingen an Kleiderhaken Kleider. An anderen Stämmen, über den Köpfen der Hängenden, ragten kleine hölzerne Abstellbretter heraus. Erfrischungen standen darauf, Imbisse und Taschenlampen, offenbar damit sie, falls es ihnen einfiel, bis zum Einbruch der Dunkelheit zu hängen, die Lücken zwischen den Baumstämmen finden konnten.

Hin und wieder stieg einer aus seiner Matte, ging mit eiligen Schritten, eine Hand am Hosenlatz oder den Latz aufknöpfend, auf den einzigen Busch dieses Waldes in Waldesmitte zu. Dieser Busch war umgeben von zerknüllten fauligen Zeitungsfetzen, umschwärmt von Fliegen. Sobald einer sich näherte, flogen die Fliegen auf. Der aber, der seine Notdurft verrichtete, stellte sich vor oder hinter oder neben den Busch, je nachdem, von welcher Stelle aus man ihm zusah, ließ einen Strahl aufs Papier prasseln, oder er hängte das Gesäß über den herabgelassenen Hosen über den Rand einer Grube, riß die Zeitung zu kleinen Fetzen, und fuhr sich, Fetzen für Fetzen nur einmal benutzend, mit dem Fetzen über den Fingern in die Rille zwischen den Gesäßbacken.

»Was siehst du da hin!« sagte mein Vater. Er hatte den Kopf der Grube zugedreht.

Und während wir weiterwanderten, mein Vater wacker ausschreitend, meine Mutter und ich bemüht, Schritt zu halten, meine Mutter ihre Schuhe betrachtend, als könnte sie es so vermeiden, umzuknicken auf ihren halbhohen, einen halben Finger höchstens hohen Absätzen, und ich hinkend, weil ich den linken Fuß achtsamer aufsetzte als den rechten, richteten sich die Hängenden wieder auf.

»Er hat sich verspätetet!« riefen sie.

»Ob er uns wohl heute hängen läßt?« riefen sie.

»Ob er wohl noch kommt oder ob er wohl verhindert ist?« riefen sie, hielten erst die Hände um die Lippen, die eine Hand dann um die Ohrmuschel gelegt, wobei sie mit der anderen in Richtung Endhaltestelle wiesen.

»Wer weiß, wer weiß, was ist!« antworteten sie einander.

»Das habe ich gern!« rief einer hinter uns.

Mein Vater drehte sich um. »Was soll das heißen!« sagte er.

Den Waldweg entlang auf uns zu, mit weitausholenden

Schritten, mit wütendem Gesicht, kam ein Mann. Der hielt eine eingerollte Hängematte unter den Arm geklemmt, und indem er mit dem anderen eine über den Waldweg wegfegende Gebärde vollführte, als könne er uns damit aus seinem Blickfeld verscheuchen, rief er: »Sie sind nicht gemeint! Sehen Sie zu, daß Sie weiterkommen!« Er bog in den Wald ein und schritt auf eine Hängematte zu, die nur ein paar Bäume vom Wegrand entfernt hing. Im Gegensatz zu den anderen Hängematten waren ihre Stricke weiß und ungeflickt. Darin lag ein Mann mit geschlossenen Augen. Er hatte angeregt nach rechts und links dem allgemeinen Gespräch gelauscht, ohne daran teilzunehmen.

Der andere warf seine Hängematte zu Boden, versetzte dann mit beiden Händen der aufgehängten Hängematte einen Stoß, daß sie hin und her schwang.

»Sie meinen wohl«, rief er, »wenn Sie die Augen schließen, sieht keiner Sie zwischen fremden Bäumen hängen! Ich hänge hier ein Weilchen länger schon als Sie, mein Herr, Sonntag für Sonntag, und nicht erst diesen Sommer lang!«

»Dann müssen Sie eben heute die Bäume wechseln«, sagte der in der Matte. Er versuchte sich aufzurichten.

Doch der andere hatte die Hände fest auf seine Brust gestemmt.

»Habt ihr das gehört!« rief er. Er wartete ab, bis der letzte Lacher des Gelächters, in das die ringsum Hängenden ausbrachen, verklungen war, dann stieß er einen Pfiff aus. Ein stämmiger Bursche erhob sich von einem Baumstumpf in der Nähe der Grube. Langsam und breitbeinig, unter dem Geräusch brechender Äste, ging er auf die Hängematte zu.

Der in der Matte merkte wohl, daß er liegend und zudem in der Luft hängend einem Gegner unterlegen war, der mit beiden Beinen auf festem Grund stand und die Hände auf ihn stemmte. »Das geht doch nicht an«, jammerte er, »daß man mir dieses Plätzchen hier streitig macht! Es gibt Bäume genug in diesem Wald! Man muß sich ja nur umschauen!« Und er sah hilfesuchend zwischen den Stricken der Matte hindurch auf jene, die sich in seiner Nähe aufgehängt hatten. Ja, er fing zu nicken an, als könne er damit auch die anderen zur Zustimmung bewegen. Die stiegen, ein Bein bereits auf dem Boden, aus ihren Hängematten. Manche hoben Äste auf und hieben damit durch die Luft. »Dieser Wald ist besetzt!« riefen sie und sie näherten sich so weit, daß ihnen kein Baum den Ausblick auf die ungeflickte weiße Matte verstellte. Und gegen die Stämme gelehnt, riefen sie durcheinander und einander zu: »Der wird unseren Frieden nimmer stören, der Neuling! Nimmt einem die Stimmung! Schneidet ihn ab!«

»Ich will ja aussteigen!« jammerte der in der Matte. Doch der Bursche stand schon hinter seinem Kopf. Er hielt eine Baumschere in den Händen. Er riß die Scherenspitzen auseinander, rief: »Eins!«, nahm den Strick zwischen die Schneiden, rief: »Zwei!«, und während er den Strick durchschnitt, indem er »Drei!« rief, hob der andere die Hängematte am Fußende so hoch er konnte an, so daß der in der Matte kopfüber zu Boden stürzte. Er raffte sich hoch, er klaubte seine Kleider auf, er überließ den anderen die Hängematte, und rannte davon, ohne sich anzukleiden. Der Bursche schnitt die Hängematte auch am Fußende ab. Und während er sie hinter sich her zur Grube schleifte, fing der andere an, die Stricke seiner Hängematte zu befestigen.

Die Umstehenden bestiegen ihre Hängematten, sie schaukelten hin und her, sie riefen durcheinander und einander zu durch den Wald: »Man muß sich nur zu helfen wissen! Man muß sich nur zu helfen wissen! Wer weiß, was sie sich sonst noch herausnehmen, die Neulinge! Sich an anderer Leute Bäume hängen! Nun, da dieser Wald wöchentlich lichter wird. Denn wenn wir uns werktags solch einen Sonntag verdienen, dringen die Holzfäller ein, roden drauflos, ohne zu bedenken, daß uns Bäume allein und ohne geeignete Abstände nutzlos sind! Damit wir hier überhaupt hängen können, müssen wir Woche für Woche die Stricke verlängern. Bald werden wir die Schatten mit der Lupe suchen müssen, bald werden wir auf Stümpfen sitzen und der Sonne ausgesetzt sein. Und es werden Schirme sein, die uns schützen. Und es werden Wetterwolken sein, auf die wir hoffen. So wird es sein! Wer weiß, wer weiß, wann! Daß es da einer wagt, sich hier hin zu hängen! Nun, da schon viele von uns abwechselnd einen Sonntag lang aussetzen müssen, damit ein jeder hier zum Hängen kommt! Aha, aha!« unterbrachen sie sich.

Oben mit Tropenhelm, unten barfüßig, mit nackten, stark behaarten Beinen, ging ein kleiner bärtiger Mann den Waldweg entlang. Er winkte, die ausgestreckten Arme nach allen Richtungen um sich werfend. Um den Hals gehängt, über einem Buschhemd, trug er einen Schalltrichter. Er blieb stehen auf der Mitte des Weges, senkte die Arme, legte die Hände an den Leib. Und wie er so aufrecht stand, berührten seine Fingerspitzen die Knie. Und wie er sich verneigte, berührten seine Fingerspitzen fast den Boden, ohne daß er den Rücken zu einem tieferen Bückling gekrümmt hätte, als es üblich ist. So überaus lang waren seine Arme. Er setzte den Schalltrichter an den Mund, und indem er sich drehte, rief er mit dröhnender Stimme durch den Wald: »Bereiten Sie sich bitte vor, meine Herrschaften! Binden Sie sich die Augen zu! Ich beginne sogleich!«

Und während sich die in den Matten schwarze Binden um die Augen banden, sich zurücklegten, kletterte der kleine Mann mit großer Fertigkeit auf einen zentral liegenden Baum. Er setzte sich in eine Astgabelung. Er ließ die Beine baumeln; saß so: freihändig, hoch oben und mitten im Wald, und führte den Schalltrichter mit beiden Händen an den Mund.

»Das ist das Ende!« begann er mit dröhnender Stimme. »Wir haben jede Orientierung verloren! Keiner hat sie gezählt, die Tage, die Wochen, die Monate, da wir uns durch dieses Dickicht schleppten und schlugen, da wir suchten nach einem Ausweg! Vorbei! Alles vorbei! Hier liegen wir nun! Was soll der Irrwitz, sich da einzureden, daß es hieraus eine Rettung gäbe? Machen wir uns doch nichts vor! Dieser Morast ringsum, dieses Unterholz, sie sind undurchdringlich! Keiner zählt mehr die Gefährten, die sang- und klanglos, unter kaum hörbaren Glucksern in den Sümpfen versanken. Und auch uns, das ist gewiß, brauchen wir keine Grüfte zu graben. Denn unersättlicher sind diese Sümpfe als die Raubtiere, die uns umlauern. Und so wenig wie den Hungrigen ein Brotbrösel, machen sie unsere Leiber satt. Gut ist nur, daß das Getöse der Brüllaffen das Lallen und Stöhnen der Sterbenden übertönt. Sie siechen dahin, die Gefährten, vom Fieber geschwächt, und nicht fähig, die Stechfliegen zu verscheuchen, die über ihre Gesichter kriechen. Und gut ist nur, daß ihre Finger zu matt sind, ein Buschmesser zu fassen. Denn wer weiß, wer weiß, ob sie sich nicht auf den Führer stürzten? Der hockt geduckt da, das Gesicht abgewendet, und redet sich auf die Unendlichkeit dieses Urwalds heraus. Früher oder später wird auch er umkippen, und langgestreckt liegen, wie wir alle hier. Und gut ist nur, daß trotz aller Entkräftung bei einigen der Gemeinschaftssinn überwiegt. Immer wieder raffen sie sich auf alle viere, kriechen hinüber zu einem Gefährten, und wenn sie nicht auf der Strecke zusammenbrechen, flüstern sie ihm ein Trostwort zu. Daß eine Expedition so enden kann, meine Gefährten, das haben wir alle gewußt! Doch daß diese Expedition so enden würde, wer von uns hätte das gedacht!«

Diesen letzten Satz sagte er mit bebender Stimme, greinte dann in den Schalltrichter hinein, und er unterbrach sich nur, um grunzend, krächzend, kreischend, fauchend wilde Tiere nachzuahmen.

Die in den Hängematten begannen zu lallen und zu stöhnen. Zitternd und geschüttelt von Schaudern, wälzten sie sich hin und her.

»Bin ich allein«, riefen sie klagend durch den Wald, »mit den Leichnamen meiner Gefährten?«

»Ist da keiner mehr«, riefen sie, »der meine Hand hält? Keiner, der mir sein Ohr leiht, um meine letzten Worte zu vernehmen?«

»Warte nur, warte!« riefen andere. Sie stiegen mit zugebundenen Augen aus ihren Matten und machten sich kriechend auf den Weg.

Im Eilschritt und uns immerzu umwendend, erreichten wir den Waldrand. Die in den Hängematten begannen, ihre letzten vor Schluchzen unverständlichen Wünsche vor sich hin zu lallen. Nur wenige saßen unberührt und aufrecht.

»Als ließe sich das nicht überstehen!« murrten sie. Ja, um zu beweisen, wie wenig sie solche Plagen erschüttern konnten, pfiffen sie vor sich hin. »Kommen Sie nun endlich zum Schluß!« riefen sie.

»Nein, nein!« wimmerten die anderen. »Nicht wieder dieses grauenvolle Ende! Dann lassen wir uns lieber retten!«

»Wer kann das noch komisch finden? Wer kichert hier und wimmert durcheinander? Wer weiß hier nicht mehr, was er will! Ist einer hier schon so verwirrt, daß er sein und unser aller Ende lächerlich finden kann?« greinte der Mann in seinen Schalltrichter hinein. Und während jene, die murrend in den Hängematten gesessen hatten, nun begannen, sich kichernd und wimmernd und um sich schlagend, als kitzelte sie einer, aus den Matten auf den Waldboden zu werfen, fuhr der Mann zu greinen fort: »Was ist das, das die Stechfliegen, die Ratten, die Raubtiere sogar vertreibt? Was bringt die Brüllaffen zum Schweigen? Ich sehe die Kleider meiner Gefährten Fetzen für Fetzen abfallen! Ich sehe meine Gefährten auf ihre entblößten Leiber einschlagen! Darüber hinweg, ihren verzerrten Gesichtern zu, die Taster voraus, kriechen sie, rote, riesige Ameisenkolonnen! Sie träufeln ihre Säure in die Augen meiner Gefährten! Sie machen ihre Opfer blind, ehe sie ihre Kiefer in die Haut hauen, ehe sie sich festhaken, hineinfressen, Gänge graben und verschwinden. Plump und aufgebläht vom Blut, das sie in sich hineingesaugt haben, tauchen sie auf an anderen, oft weit von den Eingängen entfernten Körperteilen. Sie schaffen aus den Gängen Fleischstücke ins Freie, tragen sie fort, zwischen die Kinnladen geklemmt, stückweise, meine Gefährten, und entfernen sich, so lautlos sie sich genähert haben.«

Er fing an zu kichern. Keinen sah ich in seiner Hängematte bleiben. Unter Geschrei und Gelächter wälzten sie sich durch den Wald, stießen gegen Baumstämme, so lange, bis sie stumm und bewußtlos liegenblieben.

Meine Mutter schüttelte sich und kratzte sich. Wir wanderten einen schmalen Weg entlang, durch abwechselnd Wiesen mit gelben Blumen und Feldern, Weizenfeldern vielleicht.

»Da«, sagte mein Vater und er wies den Stock waagrecht von sich streckend auf einen zweiten Wald, der aussah wie der erste, den ich für einen Föhren- oder Kiefernwald hielt oder einen Nadelwald anderer Art, »da können wir rasten!«

Ich sah Bauern hinter ihren Feldern stehen im Sonntagsstaat. Ihre Beine, ihre Bäuche verdeckte das Getreide. Sie sahen besorgt einmal zum Himmel hinauf, einmal zu ihren Feldern hinab.

»Es zieht sich zusammen!« riefen sie einander zu.

Unsere Schatten waren auf dem Weg immer seltener sichtbar. Ich sah zu Boden, achtete darauf, daß ich nicht gegen Steine stieß. Inzwischen schmerzte die Ferse meines rechten Fußes ebenso heftig wie die Ferse meines linken. Und wenn meine Mutter stolperte, umknickte, wenn sie mit zusammengekniffenen Lippen stehenblieb, fiel es mir schwer zu entscheiden, welchen Fuß ich vorstellen, welchen ich mit dem Hauptgewicht meines Körpers belasten sollte. »Ist es nicht schön hier!« sagte mein Vater. »Schon schon«, murmelte meine Mutter.

»Halt dich gerade! Atme tief ein!« sagte mein Vater zu mir. »Humple nicht herum wie ein altes Weib!«

Am Waldrand des zweiten Waldes setzte sich meine Mutter mit ihrem grünen Kostüm auf die grüne Wiese, den Rücken dem Wald, das Gesicht der Sonne zu. Und während sie sich ihre Schuhe auszog, setzte ich mich neben sie, und während ich mir meine Schuhe auszog, nahm mein Vater den Rucksack vom Rücken, und setzte sich dann neben mich.

So saßen wir in einer Reihe, die Rücken dem Wald zu, die Gesichter der Sonne zu, wenn sie zwischen den grauen Wolken hervorkam, und wir aßen und wir tranken das hierher Geschleppte.

Wenn mein Vater nicht hersah, befühlte ich vorsichtig meine Fersen, versuchte ich, meinen Socken herunterzuziehen. »Es ist nicht zu fassen!« rief dann mein Vater. »Hat der die Hände schon wieder an den Füßen! Hab dich nicht so!« Nach mehreren mißglückten Versuchen, zog ich mir die Schuhe an. Meine Füße waren so angeschwollen, daß ich Mühe hatte, sie hineinzuzwängen. »Ich muß eben mal«, sagte ich und ich hinkte mit offenen Schnürsenkeln, mit gekrümmten Zehen in den Wald.

Außer zwei Fahrrädern am Wegrand, einem Damenfahrrad und einem Herrenfahrrad, die so gegeneinander gelehnt standen, daß sie nicht umfielen, sah ich anfangs nichts, was nicht in einen Wald gehört. Ich ging auf einen der wenigen Büsche zu, damit ich mir meine Füße in Ruhe besehen konnte. Beim Gehen drehte ich mich immerzu nach meinen Eltern um. Reglos saßen sie, mir die Rücken zugekehrt. Sie hoben sich kaum ab vom Wald in ihrer grünen und braunen Kleidung. Hinter dem Busch hörte ich es rascheln. Zwischen den Blättern sah ich etwas Graues sich heben und senken und heben, in regelmäßiger Folge. Ich schlich mich um den Busch herum. Dahinter lagen, als wäre nicht Platz genug gewesen für zwei in diesem Wald, ein Mann und eine Frau übereinander. Sie lagen Bauch auf Bauch, obenauf der Mann, untendrunter die Frau. Der Mann in grauem Rock und grauen Hosen war von hinten ganz zu sehen. Und weil er länger war als sie, und weil er dikker war als sie, bedeckte er den Leib der Frau. Die Frau streckte ihre nackten Arme und Beine so weit sie konnte von sich. Reglos und nicht einmal bemüht, ihn abzuschütteln, und nur hin und wieder die Arme den mit Mücken und Mückenstichen bedeckten Beinen oder die mit Mücken und Mückenstichen bedeckten Arme, und dies über seinem Rücken, einander nähernd, um sich zu kratzen, ertrug sie die Last des Mannes. Sie blickte, den Kopf zur Seite gelegt, das Gesicht abgewendet, zwischen den Bäumen hindurch in die Ferne, ohne den geringsten Anflug von Wut oder Verdruß, ja nicht einmal erstaunt, sondern so, als ginge sie das Ganze nichts an, als wäre es üblich, übereinander zu liegen in einem Wald, darin eine Dorfgemeinde nebeneinander Platz gefunden hätte. So schwer allerdings, wie von hinten her betrachtet, war die Belastung von der Seite aus gesehen nicht. Denn unten lag der Mann mit den Beinen zwischen den Beinen der Frau auf dem Boden. Denn oben, rechts und links neben den Schultern der Frau, stemmte der Mann die gestreckten Arme gegen den Boden. Und so berührten sich nur die Bäuche der beiden. Von den Bäuchen aufwärts, je weiter es den Köpfen zu ging, vergrößerte sich der Abstand zwischen ihnen. Die einzige Verbindung zwischen ihren Oberkörpern war eine Krawatte, die dem Mann aus dem Rock hing. Ihre Köpfe waren zwei Köpfe weit voneinander entfernt.

Der Mann hob und senkte und hob sein Gesäß ohne Unterlaß. Er glotzte mit rotem Gesicht und rotangelaufenen Augen über den Kopf der Frau hinweg auf den Waldboden. Er keuchte so heftig, daß einer, der ihn nicht sah, meinen konnte, er wäre es, der die Last zu tragen hatte.

»Da ist schon wieder wer«, sagte die Frau.

»Das vergällt einem alles!« sagte der Mann atemlos. Er sah mich verstört, das Gesäß eingezogen und unbewegt, über die Schulter hinweg an. »Scher dich fort, du Balg!« rief er. »Deinetwegen fange ich nicht noch einmal von vorne an!«

Kaum hatte er das gerufen, hörte ich hinter mir eilige Schritte. »Daß du dich nicht schämst, da hinzuschauen!« rief mein Vater, packte, noch ehe ich mich umwenden konnte, meinen Hals mit beiden Händen, drehte ihn herum, so daß ich mit verrenktem Hals in die entgegengesetzte Richtung sah. Dort stand meine Mutter spinatgrün zwischen den Bäumen, sah, das Gesicht gesenkt und abgewendet, in ihre Handtasche hinein. Mein Vater zerrte mich, ohne mir Zeit zu lassen, mich umzudrehen, die Hände an meinem Hals, zu ihr hin. Und während ich rückwärts ging, die Augen vorausgerichtet, ging mein Vater vorwärts, die Augen zurückgerichtet.

»Legen Sie sich doch gleich auf den Weg!« rief er. »Dann sieht man Sie schon von weitem!«

»Wer hinschaut«, rief der Mann recht atemlos, »der ist selber schuld! Schließlich haben Sie die Wahl zwischen vier Himmelsrichtungen und hinaufschauen können Sie immer noch, wenn Ihnen der Ausblick nirgendwo gefällt!«

»Werden Sie nicht unverschämt!« rief mein Vater.

»Geh runter«, sagte die Frau. »Mir reicht's jetzt!«

»Das brauchst du mir nicht zweimal zu sagen!« rief der Mann. Ich hörte es rascheln.

»Sie schämen sich wohl nicht, Ihre Schweinigeleien am hellichten Tag zu treiben!« rief mein Vater.

»Laß doch laß«, sagte meine Mutter. Sie ging langsam weiter.

»Sie haben sich wohl noch nie die Hose aufgeknöpft, wie!« rief der Mann. »Sie haben sich Ihr Balg wohl selbst gebastelt, wie!«

»Mich«, rief die Frau unter dem Geschepper eines davonfahrenden Fahrrads, »mich kriegst du so schnell nicht mehr unter dich!«

Der Mann lachte böse auf.

»Du wirst so schnell keinen mehr auf dich kriegem«, rief er, »dafür sorge ich. Wem glaubst du denn, macht so was Spaß, wenn eine sich nicht sträubt, wenn eine sich hinlegt ohne Widerspruch, reglos liegt wie eine Lahme, nicht ein bißchen zappelt, wenn eine keinen Schnaufer tut!«

Als wir meine Mutter erreichten, fuhr der Mann auf dem Fahrrad davon. Mein Vater ließ meinen Hals los. Der Rucksack hing ihm schlaff über dem Rücken. Meine Mutter richtete ihr rotes Gesicht auf den Weg.

»Was«, sagte ich und ich wollte fragen, was denn der Mann und die Frau getan hatten.

»Halt deinen Mund!« sagte mein Vater.

»Sie haben etwas getan«, sagte meine Mutter, »was man nicht tut!« Dann gingen meine Eltern noch rascher weiter als zuvor.

Hinter diesem zweiten Wald waren wieder Wiesen mit gelben Blumen und Getreidefelder, Weizenfelder vielleicht. Der Weg lief auf einen dritten Wald zu, einem Kiefern- oder Föhrenwald, wie der erste und der zweite Wald, falls es Föhren- oder Kiefernwälder waren.

Der Schmerz an meinen Fersen hatte sich gleichmäßig über meine Füße verteilt. Sie stachen und brannten und hingen so heiß, so schwer untendran, daß ich Mühe hatte, sie zu heben, daß ich häufig gegen Steine stieß.

»Sieh dich um!« sagte mein Vater. »Es ist eine abwechslungsreiche Landschaft.«

Und ich sah mich um nach allen Seiten, obwohl eine Seite genügt hätte. Denn ringsum wiederholte sich mit geringfügigen Abweichungen das gleiche. Diesen gelblichgrünen Wiesen folgten diese grünlichgelben Felder folgten diese bräunlichgrünen, diese mehr oder weniger lichten, immer aber so leicht durchschaubaren Wälder, daß ich die darauffolgenden Wiesen und Felder und Wiesen erkennen konnte.

»Da«, sagte mein Vater und er wies den Stock waagrecht haltend nach links, »da kann man bei klarem Wetter den Feldberg sehen.«

Meine Mutter und ich, wir sahen sogleich nach links. Doch zwischen den Wiesen, Feldern, Wäldern und den grauen Wolken, die den Himmel nun lückenlos bedeckten, sah ich nur die roten Ziegeldächer eines Dorfes und zwischen den Dächern die runden, großen Kronen von Laubbäumen, Eichen vielleicht oder Eschen oder Buchen. Ich wußte es nicht. Ich wollte es auch nicht wissen.

»Und hinter dem Feldberg«, sagte mein Vater, den Stock noch immer waagrecht haltend, »kann man bei besonders klarem Wetter den Föhrenberg sehen.«

Meine Mutter und ich, wir sahen sogleich nach links. Doch der Ausblick war unverändert.

»Wirst du wohl ein freundliches Gesicht machen!« rief mein Vater. Er stieß mit dem Stock gegen den Grund.

Und ich schaute mit freundlichem Gesicht, bald vor meinem Vater vorbei, bald hinter meinem Vater vorbei, bald in die Joppe meines Vaters hinein, in jene Richtung, in der ich bei besonders klarem Wetter zwei Berge hintereinander hätte erkennen können, schaute freundlich auf die Wolken, auf die Dächer, auf die schwarzen, mit zunehmender Entfernung schrumpfenden Gestalten der Bauern, die sich auf das Dorf zu bewegten. Je kleiner sie wurden, je näher sie an das Dorf heran kamen, um so lauter kläfften die Hofhunde. Es war ein Gemisch aus dem hohen Gekläff der kleinen Köter, die sich bald heiser bellten, japsten, abbrachen und nur hin und wieder aufjaulten, und dem unermüdlichen, und nur von Knurren unterbrochenen, tiefen Geheul der großen Kettenhunde. Das Gekläff übertönten die Glockenschläge der Kirchturmsuhr, wahrscheinlich war es Nachmittag. Es wurde immer düsterer. Vor dem Dorf gingen die Bauern über eine Brücke. Mit der einen Hand fuhren sie am Geländer entlang, mit der anderen hielten sie ihre Hüte fest. Der Wind trieb die Gräser, das Getreide, die Kronen der Bäume nach links.

Wir erreichten den Waldrand des dritten Waldes. In der Mitte des Waldes merkte ich, daß eine Blase am rechten Fuß aufplatzte, daß der Socken feucht wurde, festklebte.

»Mama«, sagte ich, »mir ist schwindlig.«

»Kann er sich einen Augenblick hinlegen« sagte meine Mutter.

»Keinen Mumm hat er in den Knochen, der Kümmerling!« sagte mein Vater. »Leg dich hin wohin du willst!«

Zwischen den Bäumen hindurch, auf der gelblichgrünen Wiese, die diesem dritten Wald folgte, sah ich Schafe, schaffellfarbene.

»Kann ich mich da hinlegen?« sagte ich und ich wies auf die Schafe.

»Leg dich da lang!« riefen meine Eltern ohne hinzusehen. »Ich habe ohnehin mit deiner Mutter, ohnehin mit deinem Vater, ein Wörtchen unter vier Augen! So, so!« unterbrachen sie sich gleichzeitig und sie fügten erregt und gleichzeitig hinzu: »Du auch? Das ist ja fein, daß wir wenigstens in dieser Hinsicht einer Meinung sind!«

Und während sich meine Eltern streitend entfernten, schlich ich mich bis zur letzten Baumreihe an den Waldrand heran, zog meine Schuhe aus, legte mich bäuchlings ins Gras, das Gesicht den Schafen zu.

Durch die Lücke zwischen zwei Bäumen konnte ich die Schafsleiber von der Seite sehen. Sie grasten nicht, die Schafe. Reglos standen sie, Schaf neben Schaf. Die Hinterteile nach rechts, die Schafsköpfe geradeaus und nach links gerichtet, sahen sie am Wald vorbei hinter dem Schäfer her. Der ging geduckt gegen den Wind an quer über die Wiese auf ein Gehöft zu. Mit der einen Hand preßte er die Hutwölbung gegen seinen Schädel. Mit der anderen Hand hielt er den Umhang um seinen Leib gerafft. Sobald er diese Hand löste, hob und zum Gehöft hin winkte, trieb der Wind den Umhang fort von seinem Leib und nach hinten. Der Hofhund des Gehöfts begleitete kläffend seine Ankunft. Erst als der Schäfer im Gehöft verschwand, um etwas zu holen oder um sich vor dem Wetter zu schützen oder um ein wenig zu schwatzen – was weiß ich, warum er seine Schafe verließ –, verstummte der Hofhund. Im Gehöft wurde Licht gemacht. Es wurde immer düsterer. Über die Schafe wachte kein Schäferhund. Und sei es, weil aus dieser Richtung allein Schutz für sie zu erwarten war, sei es, weil sie ihre Schafsköpfe nun einmal in diese Richtung gedreht hatten, sahen die Schafe weiterhin auf das Gehöft. Es waren mehr Schafe, als ich zählen konnte. Sie standen in einer ungeraden Reihe, so daß der Baumstamm links der Lücke die Köpfe der weiter vorgerückten Schafe überschnitt und verdeckte, so daß der Baumstamm rechts der Lücke die Hinterteile und die Hinterbeine der weiter zurückgebliebenen Schafe überschnitt und verdeckte. Doch nicht allein die beiden Baumstämme rechts und links dieser zwei Schafsleiber langen Lücke überschnitten und verdeckten so vordere und hintere Schafsteile, sondern auch die Schafsleiber sich gegenseitig. Es verdeckten die Hinterteile der weiter vorgerückten Schafe die Köpfe der mittendrinstehenden, es überschnitten die Köpfe der weiter zurückgebliebenen Schafe die Hinterteile der mittendrinstehenden. Es verdeckten sich außerdem die gleichweit vorgerückten Schafe, die gleichweit zurückgebliebenen sowie manche der mittendrinstehenden. Und die Hinterteile der weiter vorgerückten Schafe berührten die Köpfe der weiter zurückgebliebenen.

Ein wenn auch nur annähernd klares Bild davon, wo ein Schaf aufhörte und wo ein anderes anfing, konnte ich mir machen, indem ich unter ihren Bäuchen hindurchsah. Dort sah ich zwischen Vorder- und Hinterbeinen weitere Vorder- oder Hinterbeine stehen oder auf die Wiese stampfen. Dort sah ich hin und wieder zwischen Vorder- und Hinterbeinen sich Schafsköpfe auf die Wiese senken, und langsam und ohne Gier mit den Schafsmäulern Grasbüschel rupfen, sich heben, mit aus den Mäulern heraushängenden Halmen, und hinter den Bäuchen verschwinden.

Hinter den Hinterteilen dieser Schafsherde, rechts neben der Wiese, und zwar zwischen der Wiese und dem darauffolgenden Feld, verlief eine Landstraße. Diese Landstraße entlang fuhr ein altes Automobil. Als es an der Hälfte der Herde vorübergefahren war, hielt es hupend am Wiesenrand an. Nur wenige Schafe drehten die Köpfe um, sahen dann wieder wie die übrigen und unbeirrt vom Geräusch des Öffnens, des Zuschlagens der Wagentür, vom Geräusch der sich nähernden Schritte, auf das Gehöft.

Über die Wiese, auf die Schafe zu, lief ein breiter, kurzbeiniger Mann. In seinem weißen Leinenanzug, in seinem hellgelben Strohhut, war er das einzige Lebewesen, das sich von dieser braungrünen Landschaft abhob. Ich sah mich vergeblich nach meinen Eltern um. Vielleicht stritten sie sich sehr leise und in der Nähe, und ich konnte sie nur nicht erkennen in ihrer braungrünen Kleidung hinter den braungrünen Büschen und Bäumen dieses dunkler und dunkler werdenden Waldes. Vielleicht hatten sie sich, vertieft in ihren Streit, weiter und weiter entfernt, ohne es zu merken.

»Ei, ei, ei!« rief der Mann im Herankommen die Schafe von hinten an. »Ihr seid ja allein, ohne Schäferhund und ohne Schäfer! Habt keine Bange! Ich will euch nichts Böses! Nur ein wenig achten will ich auf euch, so lange, bis der Schäfer zurückkehrt! Denn so arglosen, so friedlichen Tieren wie euch könnte leicht etwas zustoßen!«

Allein und hundlos, erkannte ich ihn erst, als er sich bis auf wenige Schafslängen an die Schafe herangemacht hatte. Er blieb stehen, der Herr Doktor Trautbert, und lächelte die Hinterteile der Schafe an. Die Schafe drehten ohne ihren Standort zu ändern dem Herrn Doktor Trautbert die Schafsköpfe zu. Nur ein Schaf, eines von den weiter vorgerückten, sah unbeirrt auf das Gehöft, ja es rückte sogar um eine halbe Schafslänge weiter vor und vom Herrn Doktor Trautbert ab.

»Ach ja«, seufzte der Herr Doktor Trautbert, »so ein Schäfer!« Das Schaf, das am weitesten vorgerückt war, blökte in Richtung Gehöft, trat dann aus der Schafsreihe heraus, drehte sich um und ging langsam zwischen den übrigen Schafen hindurch auf den Herrn Doktor Trautbert zu. Nun drehten sich auch die übrigen Schafe herum und folgten ihm.

»Wie zutraulich sie sind!« seufzte der Herr Doktor Trautbert. »Wenigstens die Schafe!« Er lächelte ihnen zu.

Und obwohl ringsum Wiese war und die Schafe weißgott genug zu grasen hatten, beugte er sich nieder und fing an, mit beiden Händen Gras zu rupfen. Als er so gebückt stand, blökte das Schaf zum zweitenmal. Es war wieder am weitesten vorgerückt, nur in die entgegengesetzte Richtung. Die übrigen Schafe blökten zurück. Der Herr Doktor Trautbert sah erstaunt und das Gesicht rot vom Bücken zu den Schafen auf. Das Schaf, das am weitesten vorgerückte, nahm einen kleinen Anlauf dem Herrn Doktor Trautbert entgegen. Der fiel, halb gestoßen vom Schaf, halb ausrutschend rücklings ins Gras. Der Hut lag ein Stück ab von seinem Kopf auf der Wiese. Und ehe er sich aufrichten konnte, stellte sich das Schaf mit allen vieren auf ihn, stand so: zwei Beine auf der Brust des Herrn Doktor Trautbert, zwei Beine auf dem Bauch des Herrn Doktor Trautbert, bald reglos, bald von einem Bein aufs andere tretend.

Es fing zu nieseln an.

Mit betretenem Gesicht lag der Herr Doktor Trautbert, starr

und die Finger um die Grasbüschel krallend, in dieser Nässe. Nachdem er seine Lage erfaßt hatte, versuchte er, indem er sich hin und her wälzte, das Schaf abzuschütteln. Allein, das Schaf hielt Gleichgewicht. Es war ein ausgewachsenes Schaf. Und als er es aufgab, und als er wieder reglos lag, beugte es sich über seinen Kopf und rupfte in seinem Haar herum. Ich glaube, es verspürte Lust, ihn aufzufressen. Doch gegen die Natur, die es zum Pflanzenfresser bestimmt hatte, konnte auch dieses Schaf nicht an. Es ließ das Haar aus dem Maul fallen und sah den Herrn Doktor Trautbert feindselig an.

Es fing zu regnen an.

»Was mag ich nur an mir haben!« stöhnte der Herr Doktor Trautbert und er bedeckte mit beiden Händen sein Gesicht, sah dann, den Kopf vorsichtig von einer Seite auf die andere drehend, zwischen den gespreizten Fingern hindurch auf die übrigen Schafe. Die standen Schaf neben Schaf um ihn herum, schauten bald auf ihn, bald auf das Schaf, das ihn belastete.

Es regnete heftiger. Im Gehöft brannte Licht. Der Schäfer schwatzte wahrscheinlich. Ich wagte es nicht, mich nach meinen Eltern umzuschauen. Das Schaf auf dem Herrn Doktor Trautbert blökte zum drittenmal. Ein zweites Schaf trat aus dem Kreis der Schafsleiber heraus. Es ließ sich quer über den Beinen des Herrn Doktor Trautbert nieder.

»Ich würde ja nichts sagen«, ächzte er, »wäret ihr von Natur aus angriffslustige Tiere. Kein Sterbenswörtchen würde ich sagen.« Dann brach er ab und keuchte. Die Last, die er trug, mußte recht schwer sein.

Aus dem Kreis der Schafsleiber trat ein drittes Schaf. Es stellte sich, die Vorderbeine rechts des Kopfes, die Hinterbeine links des Kopfes, mit dem Bauch über das Gesicht des Herrn Doktor Trautbert. Der hob die Arme und stemmte die Hände gegen den Schafsbauch, damit es sich nicht niederlassen konnte.

»Wie lange«, dachte ich, »wird wohl der Schäfer noch schwatzen. Wenn er auf die Schafe im einzelnen zu sprechen kommt, kann er vor Mitternacht nicht zurück sein. Bis dahin haben sie ihn dreimal erdrückt.«

Die Ellbogen des Herrn Doktor Trautbert knickten sich. Der Schafsbauch senkte sich tiefer über seinen Kopf. Der Schafskreis schloß sich dichter um ihn. Sie standen Schaf gegen Schaf gepreßt. Zwischen ihren Beinen hindurch sah ich ihre Schafsköpfe suchend über den Leib des Herrn Doktor Trautbert hinwegsehen, darauf auch für ein viertes, wenn nicht gar fünftes Schaf Platz gewesen wäre.

»Ich kann es nun nicht mehr ertragen«, bettelte der Herr Doktor Trautbert. »Steigt bitte ab!«

»Wartet nur, wenn ich meine Hunde hole!« drohte der Herr Doktor Trautbert. Dann fing er an, um ihnen Furcht einzujagen, bellend seine Hunde nachzuahmen. Aber die Schafe rührten sich nicht.

Und sei es, weil er bellte, sei es, weil der Schäfer nun im Licht des sich öffnenden Hoftors erschien, kläffte der Hofhund. Als der Schäfer hinaustrat, tauchte hinter ihm im Tor eine zweite Gestalt, wahrscheinlich der Gehöftsbesitzer, auf. Sie wies zum Himmel hinauf, vielleicht, um den Schäfer auf den Regen aufmerksam zu machen. Der Himmel war grau und dicht bewölkt und weder von Sonne, Mond noch Sternen durchbrochen. Das Gehöftstor wurde geschlossen. Das Licht im Gehöft erlosch.

Der Schäfer näherte sich, diesmal ohne den Hut, ohne den Umhang zu halten. Der Wind hatte nachgelassen. Hinter den Schafen blieb er stehen, sah verdutzt über die Schafsrücken hinweg auf das, was da in der Mitte des Kreises ächzend und vor sich hin winselnd eher einem bedrohten Hund als einen bedrohenden nachahmte. Er versetzte zwei Schafen einen Klapps auf die Hinterteile, schob sie dann auseinander und stellte sich zwischen sie.

»Sie kommen sich wohl ein wenig zu leicht vor!« rief er, indem er das Schaf zu seiner Rechten wie das Schaf zu seiner Linken im Schaffell kraulte. »Lassen Sie gefälligst meine Schafe ungeschoren!«

Er schob die drei Schafe vom Herrn Doktor Trautbert. Sie reihten sich sogleich in den Kreis der Schafe ein. Stück für Stück richtete sich der Herr Doktor Trautbert auf, bis er mit dem Kopf, mit dem Oberkörper die Schafsrücken überragte. Er sah um sich, suchte wohl eine Lücke zwischen den Schafsleibern, durch die er sich hätte hindurchzwängen können. Der Schäfer, und dies indem er die Hände in der Gebärde eines Betenden erst aufeinanderlegte, dann langsam und um Mannesbreite voneinander entfernte, hieß die Schafe auseinander zu rücken. Sie öffneten den Kreis. Und während sich die Schafe wieder zu einer ungeraden Reihe nebeneinander stellten, die Köpfe nach links dem Gehöft zugewendet, dessen Umrisse kaum sichtbar waren zwischen dem nun grauschwarzen Himmel und der grauschwarzen Landschaft, die Hinterteile nach rechts gerichtet, ging der Herr Doktor Trautbert quer über die Wiese auf seinen Wagen zu. Und während er über die Wiese ging, drehte er sich immerzu um und er rief: »Sie sollten sich Ihrer Schafe schämen!« Der Schäfer lehnte sich mit gekrümmtem Rücken gegen einen Baumstamm. Er sah nicht auf die Schafe. Er hatte sein Gesicht dem Herrn Doktor Trautbert zugewendet und bedeckte mit beiden Händen sein von den Schafen abgewendetes Gesicht. Und einer, der ihn nicht kichern hörte, hätte meinen können, er schämte sich seiner Schafe.

Als der Herr Doktor Trautbert den Wagenschlag zuschlug und den Motor anließ, drehte nur ein Schaf seinen Schafskopf herum. Es war am weitesten aus der Reihe heraus und vorgerückt. Einäugig und mit bösem Seitenblick sah es am Schäfer vorbei hinter dem davonfahrenden Auto her, ohne seinen Standpunkt zu ändern. Darauf fing es zu grasen an, gierig und den Kopf ruckartig zu den Grashalmen senkend und über die Grashalme hebend und zu den Grashalmen senkend. Der Schäfer nahm die Hände vom Gesicht und händeklatschend hinter den Schafen herlaufend, trieb er sie in Richtung Gehöft über die Wiese.

Als ich, was weiß ich wie lange, in dieser Nässe liegend, überlegt hatte, was ich tun sollte, hörte ich entfernt und langgezogen meinen Vater »Lo« und »thar« und »Lo« und »thar« rufen, hörte ich entfernt und langgezogen meine Mutter »Wo« und »ver« und »lo« und »ren« rufen.

»Hier!« rief ich. »Hier!« Ich richtete mich auf.

»Was«, rief mein Vater, »heißt«, rief mein Vater, »hier«, rief mein Vater, »hier.«

»Rechts«, rief meine Mutter, »oder«, rief meine Mutter, »wo«, rief meine Mutter.

»Links«, rief mein Vater. »Gib Antwort!«

»Hier!« rief ich. »Hier!«

Und während meine Eltern »Da« und »Dort« riefen und zwischendurch »Gib Antwort!«, und während ich »Hier, hier«, rief und zwischendurch »Bei den Bäumen« und zwischendurch »Bei der Wiese«, kamen meine Eltern näher.

»Für heute reicht es«, sagte mein Vater.

»Was ich so mitmache«, sagte meine Mutter. »Wirklich so mitmache!«

Mein Vater hob mich auf seine Schultern. So saß ich das rechte Bein über seine rechte Schulter gelegt, das linke Bein über seine linke Schulter gelegt, mit den Händen seinen Hals umfassend, während er meine Schienbeine mit den Armen über seiner Brust festhielt. Er trug mich über die Wiese, die Landstraße entlang. Und während er mich trug, schlief ich ein. Und ich wachte auf in meinem Bett. Und ich hörte meinen Vater schnarchen ohne Unterbrechung, hörte meine Mutter sich räuspern mit Unterbrechungen und in unregelmäßigen Abständen. Und ich wußte nicht, ob noch Sonntag war oder Montag morgen schon.

# Die Ruderer

Kein Geräusch dringt aus der Küche: keine Schritte, kein Gemurmel, kein Geschepper. Kein Topfdeckel klappert, kein Geschirr klirrt, kein Besteck fällt zu Boden.

»Siehst du sie kommen?« ruft mein Vater.

»Nein«, sage ich, »noch nicht.«

Ich sehe Frauen sich dem Haus nähern, von rechts her, von links her, ich sehe Frauen sich vom Haus entfernen, nach links, nach rechts. Keine bleibt stehen vor der Haustür. Keine sieht im Vorübergehen hinauf zu diesem Fenster, zu diesem Eßzimmerfenster, an dem ich stehe, aus dem ich auf die Straße sehe.

»Wiederhole«, ruft mein Vater, »was sie gesagt hat!«

»Sie hat etwas gemurmelt«, wiederhole ich, ohne noch zu wissen, wie oft ich es wiederholt habe.

Mein Vater sitzt am ungedeckten Eßzimmertisch. Er stützt die Ellbogen auf die Tischplatte. Er blickt auf seine Armbanduhr am Handgelenk. Von Zeit zu Zeit ruft er die Uhrzeit aus, und gleich darauf die Zeit, seit der er auf das Mittagessen wartend sitzt, und gleich darauf fragt er, ob ich sie kommen sehe.

»Wie hat es sich angehört?« ruft mein Vater.

»Ich habe es nicht verstehen können«, sage ich, ohne noch zu wissen, wie oft ich es gesagt habe.

»Es kann später werden, etwa so?« ruft mein Vater.

»Nein«, sage ich.

»Ich bin gleich zurück, etwa so?« ruft mein Vater.

»Nein«, sage ich.

Mein Vater springt auf von seinem Stuhl. Er zieht mich vom Fenster. Wir stehen einander dicht gegenüber.

»Ihr werdet lange warten müssen, etwa so?« ruft mein Vater.

»Ihr werdet lange suchen müssen, etwa so?« ruft mein Vater.

»Nein«, sage ich, »gewiß nicht.«

»Steh Rede und Antwort!« ruft mein Vater.

»Vielleicht«, sage ich. »So ähnlich vielleicht«, sage ich. Ich nicke.

»Sie hat also gesagt: ›Ihr werdet lange warten, ihr werdet lange suchen müssen‹«, ruft mein Vater. »Hättest du mir das nicht sofort sagen können!«

»Schon«, sage ich.

»Was heißt hier schon!« ruft mein Vater. Er schiebt mich aus dem Eßzimmer, aus dem Korridor, ins Treppenhaus. »Antworte mit einem Ja oder mit einem Nein!«

»Ja!«, sage ich.

Mein Vater schlägt die Haustür zu.

»Wir werden sie suchen!« ruft mein Vater. »Wir werden sie finden!«

Wir gehen in die Richtung der Hauptgeschäftsstraße unseres Stadtviertels. Einige der Vorübergehenden drehen sich nach uns um. Doch obwohl sie eilig gehen, setzt mein Vater auf die Straße über und überholt rennend die auf den Gehsteigen Gehenden. Nur, wenn der Fahrer eines Fahrzeugs hupt, reiht sich mein Vater auf dem Gehsteig ein. Hin und wieder, auf diesem oder auf dem gegenüberliegenden Gehsteig, höre ich Leute meinen Vater: »Guten Tag, Herr Oberlehrer!« grüßen.

»Tag, Tag«, sagt mein Vater, ohne den Hut zu heben, ohne sich den Grüßenden zuzuwenden.

»Sieh dich um«, ruft er, »damit wir sie nicht übersehen!« Und wir drehen im Gehen die Köpfe nach rechts und nach links.

»Was hat sie an?« ruft mein Vater.

»Was sie immer anhat«, sage ich.

»Was hat sie immer an?« ruft mein Vater.

»So einen Rock«, sage ich, »und so eine Bluse.«

»Sag, was du unter so verstehst!« ruft mein Vater.

»Eine weiße Bluse, glaube ich«, sage ich und ehe ich hinzufügen kann, daß ich glaube, daß sie immer einen dunklen Rock anhat, ruft mein Vater: »Ich will nicht wissen, was du glaubst! Ich will wissen, was ein jeder weiß, der nicht blind ist oder blöd: Was sie anhat, Tag für Tag!«

»Eine weiße, eine ein wenig gelbliche Bluse«, sage ich, »und einen schwarzen, einen ein wenig bräunlichen Rock.«

»Bist du sicher?« ruft mein Vater und er sieht mich prüfend an.

Ich nicke. Ich bin nicht sicher.

»Bist du sicher!« ruft mein Vater.

Ich schüttle den Kopf.

»Sieh an, sieh an, er weiß es nicht!« ruft mein Vater. »Er kann nicht sagen, was er sieht, Tag für Tag!«

Und wir drehen im Gehen die Köpfe nach rechts und nach links. Und hin und wieder, wenn ich eine Frau mit gesenktem Kopf in heller Bluse, in dunklem Rock, ein paar Häuser entfernt auf uns zukommen sehe, glaube ich sie zu erkennen, hebe ich die Hand, um auf sie zu weisen, öffne ich den Mund, um zu rufen: »Da da ist sie!«, und ich erkenne gerade rechtzeitig über einer ähnlichen Bluse ein anderes Gesicht, dessen Augen an mir vorbeisehen. Und hin und wieder sehe ich meinen Vater eine Frau anstarren, die mit gesenktem Kopf, in heller Bluse, in dunklem Rock, ein paar Häuser entfernt auf uns zukommt, sehe ich seine Hand sich ballen, sehe ich seinen Mund sich öffnen, sehe ich ihn gerade rechtzeitig und jäh sich abwenden von einem anderen Gesicht über einer ähnlichen Bluse, dessen Augen an ihm vorbeisehen.

»Ich will wissen«, ruft mein Vater und dann bricht er ab, ehe er gerufen hat, was er von mir wissen will, und dann hebt er seinen Hut, verneigt sich, und dann sagt er: »Guten Tag, Herr Direktor!«, während hupend hinter einem anderen Wagen her ein Wagen mit vier geöffneten Fenstern vorbeifährt. Hinter dem gekrümmten Rücken des Chauffeurs sitzt aufrecht, den Hut auf dem Kopf, der Direktor. Er hält in der rechten Hand einen Lederhandschuh und schlägt damit, auf den Rücken des Chauffeurs ein. Er weist, ohne sich durch den Gruß meines Vaters ablenken zu lassen, mit dem ausgestreckten linken Arm über die Schulter des Chauffeurs in Fahrtrichtung, und er ruft: »Jeden Tag das gleiche! Geben Sie gefälligst Gas!«

»Ich will wissen«, ruft mein Vater.

»Da, da ist sie!« rufe ich und ich deute zwischen den Leuten hindurch auf sie. Sie trägt eine helle Bluse, einen dunklen Rock. Sie geht einen halben Arm Abstand haltend neben einem Mann her, der kleiner ist als mein Vater.

»Einen Augenblick!« ruft mein Vater. Die Leute vor uns drehen sich um. Sie treten auseinander. Mein Vater geht mit weitausholenden Schritten zwischen ihnen hindurch, bis er dicht hinter dem Mann steht, der kleiner ist als er, zusammenzuckt, sagt: »Guten Tag, Herr Oberlehrer!«

»Guten Tag, Herr Lehrer!« ruft mein Vater. »Das ist aber fein, daß wir uns begegnen! Was ist das denn für eine Dame, mit der Sie in aller Öffentlichkeit und zur Mittagszeit dazu herumspazieren?«

»Das ist meine Frau, Herr Oberlehrer«, sagt der Lehrer. »Wenn ich vielleicht vorstellen darf, der Herr Oberlehrer, meine Frau«, und indem er nach unten weist, fügt er hinzu: »Unser Sohn.«

Zwischen ihnen sehe ich einen kleinen Jungen stehen.

»Gib dem Herrn Oberlehrer schön die Hand«, sagt die Frau.

Der Junge streckt die Hand hoch. Mein Vater ergreift die Hand des Jungen und fängt zu zwinkern an wie ein aus dem Schlaf Geschreckter.

»Wir gehen heute außerhalb essen«, sagt der Lehrer. »Meine Frau hat das Essen verbrennen lassen.«

»Da haben Sie recht!« ruft mein Vater. Er hebt grüßend den Hut und eilt überstürzt und mich hinter sich herreißend die Hauptgeschäftsstraße entlang.

Das Schild des Metzgers ragt in die Straße hinein. Es ist ein schweinfarbenes, nach den Umrissen eines lebensgroßen Schweines geformtes Schild. Um den Laden, um die Ladentür, das Schaufenster, um die Wohnungsfenster des Metzgers neben dem Laden, stehen Leute zu einem dichten schmatzenden und zwischendurch mit erhobenen Armen hurraschreienden Haufen gedrängt. Sie nehmen die ganze Breite des

Gehsteigs ein. Je näher wir kommen, um so häufiger sehe ich auf dem Gehsteig, im Rinnstein angebissene oder breitgetretene weiße Würste liegen oder weiße Wurstpellen, um so häufiger sehe ich Hunde, die sich beißen um die Würste, um die Wurstpellen. Die Pflastersteine sind naß von Lachen fettiger Brühe. Auf dem Randstein in einer Reihe, in unregelmäßigen Abständen voneinander, hocken Leute, schläfrige, aufstoßende. Sie haben die Rock-, die Hosenbunde aufgeknöpft. Teils halten sie weiße Würste in den Händen, teils haben sie die Würste unangebissen aus den Fingern fallen lassen, teils lassen sie sie fallen.

»Nun müßte man sich erheben können«, seufzen sie.

»Nun müßte man sich fortbewegen können«, seufzen sie.

»Auch wenn man nur langsam vorankäme, mit kleinen Schritten nur«, seufzen sie, »so hätte man wenigstens Aussicht, daß man sich irgendwann langlegen könnte und ein Schläfchen halten.« Und sich mit den Händen auf den Randstein stützend, heben sie die Gesäße ein wenig an, rücken um Gesäßbreite höchstens ein Stück voraus, nach rechts oder nach links, je nachdem, wohin sie gern gewollt hätten, lassen es dann sein und senken die Gesäße auf den Randstein.

»Nun müßten wir uns einen Omnibus bestellen können, der uns heimschafft«, seufzen sie. »Es war zuviel des Guten!«

»Was ist hier los?« fragt mein Vater.

»Der Metzger«, antwortet einer, »der Herr Metzger feiert heute sein fünfundzwanzigstes Jubiläum.« Er spricht auf dem Randstein sitzend zur Straße hin, zu träge, meinem Vater den Kopf zuzudrehen.

»Der Metzger«, antwortet ein zweiter und er versucht vergeblich mit dem Arm auf den Laden zu weisen, »der Herr Metzger verköstigt heute seine Kunden kostenlos.«

»Sie können essen, soviel Sie wollen«, antwortet ein dritter, »wenn Sie Kunde sind. Aber ich rate Ihnen.« Der Mund klappt ihm zusammen.

»Er rät Ihnen«, setzt ein vierter den Rat des dritten fort, »essen Sie mäßiger als wir.«

»Luise!« ruft mein Vater. »Luise!«

Am Rande des Haufens drehen einige die Köpfe nach uns um. Wurstenden ragen aus ihren Mündern.

»Lassen Sie uns durch« ruft mein Vater.

Die Leute drängen sich enger aneinander. Vor uns entsteht eine schmale Gasse. Wir zwängen uns hindurch. Hinter uns schließt sie sich sogleich wieder.

Hinter dem Fenster neben dem Schaufenster seiner Metzgerei sitzt der Metzger. Er sitzt bis zum Gürtel sichtbar über dem Fenstersims auf einem erhöhten Sessel zwischen zwei großen dampfenden Trögen rechts und links der Armlehnen des Sessels. Über seinem weißen Kittel hängt ihm um den Hals bis hinab zum Gürtel eine Kette weißer Würste. Er hat seinen roten Kopf den Leuten zugedreht. Und den Mund mit den hervorspringenden Schneidezähnen weit aufgerissen, und die Augen zu einer waagrechten Furche kurz unter der kahlen feuchten Schädeldecke zusammengekniffen, lächelt er den Leuten zu, greift er mit beiden Händen in die Tröge, hebt er tropfende heiße Würste heraus, wirft sie, ohne die Augen zu öffnen, teils in die Leute hinein, teils über die Leute hinweg auf die Straße, teils vor die Füße derer, die dem Fenster am nächsten stehen. Und während die einen die Arme heben, die Würste auffangen, die Münder auftun, schreien: »Hurra!«, schreien: »Hoch lebe der Herr Metzger!«, und sich dann die Würste in die Münder stecken oder mit aufgerissenen Mündern die Würste aus der Luft schnappen, ragen den anderen Wurstenden aus den Mündern. Sie lassen die Würste entweder gleich ganz herausfallen oder sie beißen sie durch, so daß nur die Enden abfallen oder sie stopfen sie mit den Fingern vollends hinein, stehen dann stumm und mit dicken Wülsten an den Backen beiderseits.

»Bleib hier stehen«, sagt mein Vater.

Er steigt über die Schultern derer, die auf den Treppen vor der geöffneten Ladentür sitzen, hinweg. Er bewegt sich vorsichtig und im Zickzack, die Augen nach unten gerichtet durch den Laden hinter den marmornen Ladentisch. Wahrscheinlich ist auch der Fußboden belegt mit sitzenden oder liegenden Leuten. Denn hin und wieder höre ich einen wimmern und seufzen: »So passen Sie doch auf!« Auf dem Ladentisch sichtbar und gleichzeitig geschützt durch eine Glasplatte liegen nebeneinandergeschichtet Würste, die Anschnitte nach vorn, den Kunden zugedreht. Mein Vater geht an der Rückwand des Ladens vorbei. Daran hängen an Haken aufgeschnittene Würste, längliche und gebogene, und Klumpen rohen Fleischs. Darunter auf einer Anrichte liegen Platten mit Gehacktem, mit weißen und dunkelroten Innereien. Mein Vater stößt die Tür in der Mitte der Rückwand auf. Im vom Dampf verdunkelten Lampenlicht des Raums hinter dem Laden sehe ich den Metzgerlehrling stehen. Er wischt sich die Hände an einer Gummischürze ab.

Im Schaufenster zwischen einer Reihe herabhängender Würste steht in weißer Schürze und weißer Haube eine Puppe, die einen Koch darstellt. Der Koch hält in der linken Hand eine Platte mit gebratenen Fleischstücken. Und indem er den Kopf von der rechten auf die linke auf die rechte Schulter legt, stößt er mit der Haube gegen die Würste beiderseits. Sie pendeln hin und her, stoßen die danebenhängenden Würste an, diese wiederum die danebenhängenden an und so fort, so daß alle Würste sich unaufhörlich bewegen. Die Lider des Kochs klappen über seinen Glasaugen auf und nieder. Nur, wenn sein Kopf in der Mitte zwischen den Schultern liegt, steht er ruckartig still, führt unter den aufgerissenen geradeaus glotzenden Glasaugen die rechte Hand zum Munde zur Platte zum Munde und verteilt lautlose Kußhände auf die Fleischstücke.

Der Metzger hebt mit der rechten Hand eine Wurst aus dem Trog rechterhand, hält sie sich vors Gesicht und sieht sie an mit halbgeöffneten Augen.

»Der Herr Metzger ißt wieder!« rufen die im Haufen stehenden Leute. »Guten Appetit, Herr Metzger!«

Der Metzger wirft die Lippen auf, formt sie zu einem runden, einem ein wenig enger als wurstdicken Loch. »Oh!« ruft er, läßt die Zunge herausschnellen und leckt die Wurstpelle ab. Er schiebt die Wurst in den Mund hinein, langsam und ohne zuzubeißen und nur so tief hinein, daß der Zipfel zwischen den Zähnen liegt. Zwischen der Wurstpelle und den Mundwinkeln sickert Speichel, rinnt die Kinnladen des Metzgers hinab. Er zieht die Wurst aus dem Mund heraus, umfaßt nur das eine Wurstende mit den Fingern, entfernt die nun senkrecht nach oben stehende Wurst um Armeslänge von seinem Mund, sieht sie an, dreht sie waagrecht und dem Mund zu, stößt sie in die Mundhöhle, so tief hinein, daß die Fingerkuppen zwischen den Zähnen stecken. Die Augen des Metzgers tränen. Er tut den Mund auf, so weit, daß zwischen den Lippen fünf Würste Platz gefunden hätten. Aus dem Rachen des Metzgers dringt ein Geräusch, das dem des Erbrechens nicht unähnlich ist. Der Metzger zieht die Wurst aus dem Mund heraus. Die Wurstpelle ist aufgerissen. Zwischen den Pellenfetzen quillt die Füllung heraus. Doch ehe die Wurst auseinanderbricht, stößt er sie in den Mund, reißt er die Zähne über der Wurstmitte auseinander, läßt die Zähne aufeinanderklappen, und schlingt die Wurst hinunter, indem er hinter der ersten Wursthälfte die zweite Wursthälfte mit der Hand in den Mund stößt. Er kneift die Augen wieder zu einer waagrechten Furche kurz unter der kahlen feuchten Schädeldecke zusammen, er lächelt, der Metzger, er greift in die Tröge rechts und links der Lehnen, er wirft tropfende heiße Würste aus.

Ich dränge mich durch den schmatzenden Haufen Leute, der sich immerzu anfüllt, auch wenn hin und wieder einer abgeht, aufstoßend, die Hände schützend vor den Bauch gelegt, mit kleinen Schritten. Um ihn herum, und nur so weit Abstand haltend, daß die am Rande stehenden Leute mit ausschlagenden Füßen sie nicht erreichen können, schleichen Hunde, schnüffelnd, mit eingezogenen Schwänzen.

Ich sehe eine Frau in heller Bluse, in dunklem Rock eilig dem Zentrum der Stadt zu gehen. Ich laufe hinter ihr her, an diesen dichter und dichter nebeneinanderliegenden Läden vorbei, zwischen diesen ladenein, ladenaus laufenden Leuten, diesen um Haltestellenschilder herumstehenden Leuten, diesen auf haltende Straßenbahnen zu laufenden, hinter davonfahrenden Straßenbahnen her laufenden Leuten. Ich laufe hinter einer Frau in einer hellen Bluse, in einem dunklen Rock her, laufe hinter einer Frau in einer dunklen Bluse, in einem hellen Rock her, hinter einer Frau in einer roten Bluse, in einer grünen, einer blauen Bluse, in einem schwarzweiß karierten Rock, in einem roten, grünen, blauen Rock.

Die Straßenbahnen fahren über die Brücke auf die Hochhäuser, Kaufhäuser, Kirchen, Kinos am gegenüberliegenden Flußufer zu.

Ich steige die Treppe neben der Brücke hinab. Das Wasser des Flusses ist braungrün. Neben dem Ufer ist ein schmaler Rasenstreifen. Im Rasen stecken in regelmäßigen Abständen Schilder. Ich gehe den Kiesweg zwischen dem Rasenstreifen einerseits und den unbesetzten lehnenlosen Bänken andererseits entlang auf die nächste Brücke zu. Ich setze mich auf eine Bank. Die Brücken rechts und links sind von Mauern eingefaßt. Außer den Straßenbahnen und Autos, die auf dieses oder auf das gegenüberliegende Flußufer zufahren, sehe ich die Köpfe und die Oberkörper von Leuten, die ganzen, die halben Köpfe von Kindern sich auf dieses oder auf das gegenüberliegende Flußufer zu bewegen. Die Straßenbahnen, Autos, Leute auf der Brücke rechts sehen von hier aus gleich groß oder gleich klein aus wie die Straßenbahnen, Autos, Leute auf der Brücke links. Ich sitze so weit von beiden Brücken entfernt, daß ich die Männer von den Frauen, die Frauen von den Männern nicht unterscheiden kann. Ich sehe ihre hellen oder dunklen, ihre mehr oder weniger farbig bekleideten Oberkörper, die hellen ovalen Flächen ihrer Gesichter. Sie gehen barhäuptig, sie tragen Hüte auf den Köpfen. Sie gehen mit gesenkten Gesichtern, mit vorgebeugten Oberkörpern, mit gekrümmten Rücken. Sie gehen aufrecht mit geradeaus gerichteten Gesichtern. Sie gehen mit nach oben gerichteten Gesichtern, die Köpfe in die Nacken gelegt, mit zurückgebeugten Oberkörpern. Sie gehen hintereinander, nebeneinander, sie überholen einander, sie gehen aneinander vorbei. Ich sehe neben ihnen halbe oder ganze Köpfe. Ich nehme an, daß es Kinderköpfe sind. Denn warum soll ich annehmen, daß einige Männer oder Frauen auf Knien über die Brücke rutschen und dies, ohne daß sich die auf übliche Weise über die Brücke Gehenden nach ihnen umdrehen oder stehenbleiben und sie anstarren.

Natürlich dreht sich manchmal einer oder eine um, natürlich bleibt auch manchmal einer oder eine stehen, bückt sich einer oder eine mit bis zu Mauerhöhe herabhängendem Kopf oder unter die Mauer sinkendem Kopf. Ich sehe ein durchgebogenes Rückenstück oder nicht einmal ein Rückenstück. Ich sehe gleich darauf Kopf und Oberkörper an derselben Mauerstelle auftauchen oder ich sehe Kopf und Oberkörper nicht mehr auftauchen oder ich sehe an einer anderen Mauerstelle ein Stück davor, ein Stück dahinter einen Kopf und einen Oberkörper auftauchen. Und ich meine, es sei ein anderer Kopf und ein anderer Oberkörper. Und ich nehme an, daß der Augenschein trügt, auf solche Entfernung zumal, und ich nehme an, daß ich in dem Augenblick, als der eine oder die eine sich aufrichtete, auf die andere Brücke gesehen habe oder auf eine andere Mauerstelle der gleichen Brücke, und ich nehme an, daß ich in dem Augenblick, als ein anderer oder eine andere sich an anderer Mauerstelle bückte und verschwand, auf die andere Brücke gesehen habe oder auf eine andere Mauerstelle der gleichen Brücke. Denn warum soll ich annehmen, daß Männer oder Frauen auf Brücken plötzlich verschwinden, auf Brücken plötzlich auftauchen, auf Brücken und in Augenblicken ihr Aussehen verändern, zumal ich den Kopf ständig drehe und von einer Brücke zur anderen sehe und zwischendurch Blicke auf das Wasser werfe, auf diese braunen Ruderboote, mit den mit den Rücken zur Fahrtrichtung sitzenden Ruderern, von denen sich die einen mit eingezogenen Rudern von der Strömung auf die linke Brücke zu treiben lassen, von denen die anderen gegen die Strömung auf die rechte Brücke zu rudern, die Arme mit den Rudern über dem Wasser und im Bogen hinter sich werfend, die Ruder ins Wasser tauchend, die Ruder an sich und dem Boot vorbeiziehend, die Ruder über dem Wasser und im Bogen an sich und dem Boot vorbeiwerfend, eintauchend. Hin und wieder werfen sie hastige Blicke hinter sich in Fahrtrichtung. Am gegenüberliegenden Ufer, auf einer der lehnenlosen Bänke hinter dem Kiesweg hinter dem Rasenstreifen mit den in regelmäßigen Abständen im Rasen steckenden Schildern, sehe ich einen sitzen, den ich zuerst für einen auf der Bank liegenden und von der Bank herabhängenden, aus den Röcken der Ruderer bestehenden Kleiderhaufen gehalten habe, klein und durch die Entfernung verkleinert wahrscheinlich und schwer erkennbar, sehe ihn den Kopf von Brücke zu Brücke drehen und zwischendurch Blicke aufs Wasser werfen, auf die Ruderer, auf die Ruderer zwischen uns, auf mich vielleicht, mich vielleicht zuerst für einen auf der Bank liegenden und von der Bank herabhängenden, aus den Röcken der Ruderer bestehenden Kleiderhaufen haltend, und dann für einen, der klein sitzt auf einer lehnenlosen Bank und durch die Entfernung verkleinert wahrscheinlich und schwer erkennbar, den Kopf von Brücke zu Brücke drehend und zwischendurch Blicke aufs Wasser werfend.

Manchmal bleibt einer oder eine stehen auf der rechten, auf der linken Brücke mit nach unten und zurück gerichtetem Gesicht, redet vielleicht auf einen Hund ein, auf ein noch nicht mauerhohes Kind. Manchmal taucht zwischen zwei hintereinander über die Brücken Gehenden etwas auf, das weder Rücken ist noch Kopf noch Hut, taucht auf weiter als um Armeslänge entfernt vom Vorausgehenden wie vom Hinterdreingehenden, und bewegt sich zwischen beiden. Vielleicht ist es das Dach eines Kinderwagens, den der Hinterdreingehende oder eher die Hinterdreingehende schiebt, den der Vorausgehende oder eher die Vorausgehende zieht. Manchmal bleibt einer oder eine auf der Brücke stehen, beugt sich über die Mauer, sieht ins Wasser, manchmal bückt sich einer oder eine, hebt ein bisher nicht sichtbares Kind hoch, läßt es über die Mauer ins Wasser sehen, manchmal hebt ein Kind einen bisher nicht sichtbaren, einen hellen hautfarbenen Gegenstand hoch, hält ihn über die Mauer. Es müssen Puppen sein, die da manchmal ins Wasser fallen. Denn keiner springt hinterher, obwohl Rettungsringe an der Brückenmauer hängen, denn keiner stürzt diese oder die gegenüberliegenden Treppen hinab, reißt sich am Ufer stehend die Kleider vom Leib, schwimmt durch den Fluß, taucht unter. Die an der Mauer Stehenden setzen die Kinder zu Boden. Die Kinder sind nicht mehr sichtbar. Sichtbar sind die hellen Flecke ihrer Hände höchstens, die auf die Mauer einschlagen. Die an der Mauer Stehenden beugen sich weit über die Mauer. Sie senken die Köpfe so tief, daß die hellen ovalen Flecken ihrer Gesichter nicht sichtbar sind. Sie sehen ins Wasser, so lange vielleicht, bis die Puppen von der Strömung fortgetrieben sind, bis die Puppen, wenn es Puppen sind, mit Wasser vollaufen, versinken.

»Was werfen sie ins Wasser?« rufe ich einem Ruderer zu, der sich mit eingezogenen Rudern auf der Höhe etwa dieser Bank, in der Mitte etwa dieses Flusses auf die linke Brücke zu treiben läßt. Ich stehe auf, ich sehe den am gegenüberliegenden Ufer aufstehen, ich weise, damit dem Ruderer meine Frage verständlicher wird, den Arm hebend und senkend auf die Brücke, auf das Wasser, ich sehe den am gegenüberliegenden Ufer den Arm heben und senken und auf die Brücke und auf das Wasser weisen, als wolle er wie ich wissen, was sie ins Wasser werfen, als wolle er wie ich, indem er den Arm hebt und senkt, dem Ruderer seine Frage verständlicher machen. Er, der gleich weit wie ich entfernt ist von beiden Brücken, er, der gleich viel wie ich erkennen müßte, nämlich daß sie etwas ins Wasser werfen, er, der gleich wenig wie ich erkennen müßte, nämlich was sie da ins Wasser werfen.

»Was? Was?« ruft der Ruderer. Er dreht dem gegenüber, mir den Kopf zu, läßt sich dann, das Gesicht auf die rechte Brücke gerichtet, auf die linke Brücke zu treiben, ohne eine Antwort auf meine Frage, auf die Frage dessen gegenüber, ohne eine zweite Frage nach meiner Frage, nach der Frage dessen gegenüber, falls der gegenüber überhaupt etwas gefragt hat, denn ich habe nichts gehört und der Ruderer hat nichts verstanden, läßt sich weiter nach links treiben, der Ruderer, vielleicht, weil er glaubt, daß der gegenüber und ich nicht ihm, sondern daß wir einander eine Frage gestellt hätten. Denn der gegenüber und ich, wir sehen nicht den Ruderer an, wir sehen einander an, denn der gegenüber und ich, wir drehen uns den Bänken zu. Ich gehe zur Bank, auf der ich bisher gesessen habe, zurück. Ich wende mich im Gehen nach dem gegenüber um, um zu sehen, ob er sich im Gehen nach mir umwendet, sehe ihn im Gehen sich nach mir umwenden, um zu sehen vielleicht, ob ich mich im Gehen nach ihm umwende. Und wir sehen uns im Gehen nacheinander umwenden. Und wir drehen hastig die Köpfe den Bänken zu, das heißt ich wende mich nicht mehr um und kann nicht wissen, ob er sich umwendet, so wie er, falls er sich nicht mehr umwendet, nicht wissen kann, ob ich mich umwende, so wie er, falls er sich umwendet, weiß, daß ich mich nicht mehr umgewendet habe. Ich setze mich auf die Bank. Ich sehe den gegenüber auf der Bank sitzen, wie er mich mir gegenüber auf der Bank sitzen sehen müßte. Wer hat sich zuerst gesetzt? Ich oder beide gleichzeitig oder er? Hätte ich mich zuerst auf die Bank gesetzt, hätte ich ihn sich setzen sehen müssen. Ich habe ihn nicht sich setzen sehen. Hätten wir uns gleichzeitig auf die Bänke gesetzt, hätte weder er mich mich, noch ich ihn sich auf die Bank setzen sehen können. Hätte er sich zuerst auf die Bank gesetzt, hätte er mich mich setzen sehen müssen.

»Haben Sie mich mich setzen sehen?« rufe ich, die Hände trichterförmig vor den Mund haltend, über den Fluß.

»Was will der?« rufen mehrere Ruderer. Sie drehen dem gegenüber, mir, und umgekehrt, die Köpfe zu. Der gegenüber läßt die Hände, diese hellen kleinen Flecke von seinem Gesicht, diesem hellen ovalen Fleck, sinken. Über dem hellen großen ovalen Fleck seines Gesichts sehe ich einen schmalen dunklen Streifen. Es ist entweder das Haar oder eine Mütze auf dem Haar, wenn der gegenüber Haar hat auf dem Kopf.

Er sitzt geduckt auf der Bank, sei es, weil er sich nicht zurücklehnen kann, sei es, weil sein Rücken gebeugt ist vom Alter. Ich würde ihn wieder für einen Kleiderhaufen halten, wie er mich vielleicht, hätte ich ihn nicht aufstehen, gehen, auf und nieder weisen sehen, sich umwenden, wie er mich vielleicht. Klein ist er, verglichen mit den Ruderern, vielleicht, weil er doppelt so weit von mir entfernt ist als die Ruderer oder weiter noch als doppelt so weit. Den Kopf von Brücke zu Brücke drehend, sehe ich ihn zwischendurch aufs Wasser, auf mich vielleicht sehen, sehe ihn ein wenig verbreitert, vielleicht, weil er wie ich die Arme rechts und links neben sich auf die Bank gestemmt hat. Ich weiß nicht, ob er hersieht, wenn ich den Kopf nach rechts, nach links gedreht, auf die rechte, auf die linke Brücke sehe, ob er, wenn ich auf Brücken sehe, auf Brücken sieht, wie er nicht wissen kann, ob ich hersehe, wenn er den Kopf nach rechts, nach links gedreht, auf die rechte, auf die linke Brücke sieht, ob ich, wenn er auf Brücken sieht, auf Brücken sehe. Ich stütze die Ellbogen auf die Schenkel, das Kinn auf die Hände. Ich sehe mit gesenktem Kopf zwischen meinen Beinen hindurch auf den Kies. Soll ich, nur weil einer gegenüber sitzt, von dem ich nicht weiß, ob er etwas von mir will, der wahrscheinlich nichts von mir will, denn was sollte er wollen von mir, der wahrscheinlich nicht weiß, ob ich etwas von ihm will, was ich von ihm wollen sollte, soll ich deswegen den Kopf senken, den Kies, den Staub, die Kippen im Staub anblicken? Ich hebe langsam den Kopf. Niedrig und zusammengesackt, als sei er eingenickt, während ich auf Kies, Staub, Kippen blickte, sitzt der gegenüber auf der Bank. Sichtbar ist der große dunkle Fleck seines Haars oder einer Mütze auf dem Haar, falls er Haar hat auf dem Kopf, und ein schmaler heller Streifen nur seines Gesichts. Der helle Streifen verbreitert sich zu einem ovalen Fleck, der dunkle Fleck verschmälert sich zu einem schmalen Streifen.

Und wieder sehen wir einander an.

Den rechten Arm hebend winke ich zur rechten Brücke von mir aus gesehen. Den rechten Arm hebend winkt er zur rechten Brücke von sich aus gesehen. Was von mir aus rechts liegt, liegt von ihm aus links, was von ihm aus rechts liegt, liegt von mir aus links. Kann ich so etwas, kann er so etwas, können wir so etwas einen Unterschied nennen? Ich weiß nicht, ob einer oder eine von den Brücken zu mir, zu ihm herunterwinkt. Denn wir blicken zu den Brücken winkend einander an. Und falls einer oder eine uns auf den Brücken winken sieht, müßte er, müßte sie annehmen, daß wir nicht ihm, nicht ihr zuwinken, sondern einander. Und warum soll der gegenüber nicht annehmen, daß ich ihm zuwinke, und warum soll ich nicht annehmen, daß der gegenüber mir zuwinkt? Wer hat zuerst gewinkt! Ich oder beide gleichzeitig oder er?

»Kennen Sie mich?« rufe ich.

»Nein!« ruft ein Ruderer.

»Kann sein!« ruft ein zweiter Ruderer.

»Ruhe!« ruft ein dritter Ruderer. »Wir haben am Sonntag Regatta!«

Die drei Ruderer drehen die Köpfe dem gegenüber, mir, und umgekehrt, zu. Sie rudern nebeneinander, einander überholend, einander einholend auf die rechte Brücke zu. Bald liegen ihre Boote auf gleicher Höhe, bald ist ein Boot den zwei anderen, bald sind zwei Boote dem dritten um eine halbe Länge, um eine Länge höchstens voraus. Der gegenüber muß wie ich Fragen stellen. Wem stellt er Fragen? Fragt er die Ruderer? Fragt er mich wie ich ihn frage? Fragt er mich das, was ich ihn frage? Ich höre ihn mich nichts fragen wie er mich sich nichts fragen hören müßte. Nur die Ruderer fühlen sich angesprochen. Denn sie drehen die Köpfe diesem und dem gegenüberliegenden Ufer zu, denn sie antworten: Nein, kann sein, Ruhe, wir haben am Sonntag Regatta.

Vielerlei Fragen lassen sich stellen, auf die diese Antworten möglich sind.

»Ist das Wasser kalt?« rufe ich drei hinter den drei Ruderern herrudernden Ruderern zu.

»Nein!« ruft der erste, wahrscheinlich, weil er, bevor er sein Boot bestieg, ins Wasser gefaßt hat.

»Kann sein!« ruft der zweite, wahrscheinlich, weil er, bevor er sein Boot bestieg, nicht ins Wasser gefaßt hat.

»Ruhe!« ruft der dritte, verärgert wahrscheinlich, weil er eine halbe Länge hinter den zwei anderen Booten liegt. »Wir haben am Sonntag Regatta!«

Und wieder drehen die Ruderer die Köpfe dem gegenüberliegenden Ufer, diesem Ufer, und umgekehrt, zu.

Vielleicht hat auch der gegenüber, um zu prüfen, auf welche Fragen solche Antworten möglich sind, den Ruderern die gleiche Frage gestellt oder eine ähnliche, wie beispielsweise: Ist das Wasser tief?, oder: Rudern Sie morgen wieder?, oder: Werden Sie die Regatta gewinnen?, oder: Haben Sie meine Frau gesehen, meinen Sohn, meinen Enkel?

Vielleicht hat er nicht mich wie ich ihn, sondern die Ruderer oder einen der Ruderer, weil er ihm bekannt vorkam, gefragt: Kennen Sie mich?

Verlängert sitzt er gegenüber. Er hat die Arme über seinen Kopf gestreckt. Ich merke, daß ich meine Arme strecke. Das Sitzen auf lehnenlosen Bänken ist unbequem. Das ist vielleicht der Grund, warum hier so wenige sitzen, das heißt: weniger als wenige, nur zwei, der gegenüber und ich. Das ist vielleicht der Grund, warum wir einander ansehen. Denn wären mehrere oder wenige wenigstens hier, würden wir einander nur hin und wieder und meistens die anderen ansehen. Ich lasse die Arme sinken. Ich scharre mit den Füßen den Kies, den Staub, die Kippen auf. Der gegenüber ist für einen Augenblick von einer Staubwolke verdeckt. Oder ist es die Staubwolke vor mir, die mir den Ausblick auf den gegenüber verdeckt, die ihm den Ausblick auf mich verdecken müßte? Die Ruderboote rudern auf die Ufer zu. Unter der rechten Brücke fährt ein Schleppkahn hindurch. Er zieht einen mit Kohlen bedeckten Frachtkahn. Die auf der rechten Brücke Gehenden bleiben über die Mauer gebeugt stehen. Die Ruderboote schaukeln in den Wellen, die sich rasch zu den Ufern hin bewegen. Der vorüberfahrende Schleppkahn verdeckt mir den Ausblick auf den gegenüber, verdeckt dem gegenüber den Ausblick auf mich. Hinter dem nach links sich entfernenden Ende des Schleppkahns sehe ich den gegenüber weit nach rechts gebeugt auf mich sehen, müßte er hinter dem sich für ihn nach rechts entfernenden Ende des Schleppkahns mich für ihn weit nach links gebeugt auf sich sehen sehen. Vielleicht hat er angenommen, gefürchtet, gehofft, ich hätte mich in der Zwischenzeit davongemacht, wie ich angenommen, das heißt: gehofft, und keinesfalls gefürchtet habe, er hätte sich in der Zwischenzeit davongemacht. Der Frachtkahn fährt vorüber. Ich könnte aufspringen, ich könnte neben dem Frachtkahn und verdeckt vom Frachtkahn auf die linke Brücke zu rennen. Wie rasch fährt der Kahn? Wann würde der gegenüber mich hinter dem Kahn herlaufen sehen? Der gegenüber müßte nicht abwarten, bis ich hinter dem Kahn sichtbar bin, er müßte nur abwarten bis das Ende des Frachtkahns vorüber ist. Dann wüßte er, was los ist. Dann wüßte er, daß ich neben dem Kahn herlaufe, davonlaufe. Er müßte kein guter Läufer sein, um mich einzuholen. Aber vielleicht ist er es, der aufgesprungen ist. Aber vielleicht ist er es, der nun neben dem Frachtkahn und verdeckt vom Frachtkahn auf die linke, auf die für ihn rechts liegende Brücke zuläuft. Oder vielleicht steht er einfach auf, ist aufgestanden, geht er einfach weg, ist er weggegangen. Der Frachtkahn ist gleich vorüber. Ich lege mich bäuchlings auf die Bank, den Kopf der rechten Brücke zu. Hinter dem nach links sich entfernenden Ende des Frachtkahns sehe ich auf der Bank liegend über den Fluß. Ich richte mich auf, um genauer zu sehen, ob die Bank gegenüber leer ist, sehe den gegenüber sich aufrichten, um genauer zu sehen wahrscheinlich, ob diese Bank hier leer ist. Ich stelle mich auf die Bank. Ich strecke den Arm nach dem gegenüber aus, sehe den gegenüber auf der Bank stehen, den Arm nach mir ausstrecken. Ich meine ihn, er meint mich. Diesmal ist kein Irrtum möglich.

»Was wollen Sie?« rufe ich.

Diesmal ist kein Ruderboot zwischen uns. Diesmal fragt, diesmal antwortet kein Ruderer, diesmal dreht kein Ruderer den Kopf herum.

Hat der gegenüber etwas gefragt? Hat der gegenüber meine Frage verstanden? Hat der gegenüber auf meine Frage geantwortet? Fragt der gegenüber sich, ob ich ihn etwas gefragt habe? Fragt der gegenüber sich, ob ich seine Frage verstanden habe, ob ich auf seine Frage geantwortet habe?

Ich gehe vor der Bank auf und ab, sehe den gegenüber vor der Bank auf und ab gehen. Ein langer Zug von Leuten geht diesen Kiesweg entlang. Er verdeckt mir den Ausblick auf den gegenüber, er verdeckt dem gegenüber den Ausblick auf mich.

Allen voraus trägt die Frau, die jung ist und dick wie eine alte, ein Kopfkissen. Zwei Schritte Abstand haltend geht der Mann, der alt ist und dünn wie ein junger. Er hat die Schultern hochgezogen, er schlägt die Augen nieder, er preßt die Hutwölbung gegen seinen Hosenlatz, er legt das Kinn bald auf die rechte, bald auf die linke Schulter, als schäme er sich. Ihm folgen im Sonntagsstaat zwei alte Frauen, die Großmütter vielleicht. Sie schieben nebeneinander jede einen leeren Kinderwagen mit Spitzenkissen, mit Spitzendecke. Schritt für Schritt werfen sie sich oder dem Wagen der anderen wütende Blicke unter ihren breiten Huträndern hinweg zu. Die zwei alten Männer hinter ihnen, die Großväter vielleicht, reden beschwichtigend auf sie ein.

»Es wird sich gewiß Verwendung für den Wagen finden«, sagen sie.

»Kommt Zeit, kommt Rat«, sagen sie.

»Während wir nun nicht wissen, wohin mit den Wagen«, sagen sie, »werden wir bald nicht wissen, wohin mit den Kindern.« Ihnen schließen sich Frauen an, vielleicht die älteren, die jüngeren Schwestern der Frau, die Schwägerinnen also des Mannes, vielleicht die jüngeren, die älteren Schwestern des Mannes, die Schwägerinnen also der Frau, vielleicht die angeheirateten Ehefrauen jener Männer, die hinterdrein gehen. Diese Männer sind möglicherweise die älteren, die jüngeren Brüder der Frau, die Schwager also des Mannes, möglicherweise die jüngeren, die älteren Brüder des Mannes, die Schwager also der Frau, möglicherweise die angeheirateten Ehemänner der Schwestern des Mannes oder der Frau. Sie müßten also allesamt Töchter und Söhne sowie Schwiegertöchter und Schwiegersöhne der beiden hinter dem Ehepaar hintereinander hergehenden Elternpaare des Ehepaars sein.

Augenscheinlich sind diese Elternpaare des Ehepaars sowie anderer sich ihnen anschließender Ehepaare die Großeltern der zwischen den Reihen teils geführten, teils selbständig laufenden Kleinkinder, Kinder, Schulkinder und Halbwüchsigen. Diese müßten folglich untereinander Geschwister oder Vettern und Basen sein sowie die Enkel und Enkelinnen jener beiden Großelternpaare sowie die Kinder oder Neffen und Nichten jener Schwestern und Brüder und angeheirateten Frauen und Männer, die untereinander verwandt oder verschwägert sein müßten, falls es sich nicht um der Familie nahestehende Freundinnen und Freunde oder Ehepaare handelt. Vielleicht aber sind jene älteren Frauen, die ich für Schwestern oder Schwägerinnen der Frau oder des Mannes halte, deren Tanten und folglich Schwestern und Schwägerinnen eines der zwei Großelternpaare, falls es Großeltern, falls es Paare sind. Vielleicht aber sind jene älteren Herren, die ich für Brüder oder Schwager der Frau oder des Mannes halte, deren Onkel und folglich Brüder und Schwager, vielleicht aber nur Nachbarn oder Bekannte eines der zwei Großelternpaare, falls es Paare sind. Und warum nicht Geschwister, und warum nicht miteinander bekannte alte Leute, die auf Parkbänken sitzend miteinander ins Gespräch gekommen sind, die vielleicht zueinander gesagt haben: »Kommen Sie doch mit. Es kann nichts schaden, es kann nichts nützen. Und der Weg ist auch nicht weiter als zum Park.«

Aber angenommen, es handelt sich um Großeltern, und die Kinderwagen sprechen dafür, und die feindlichen Blicke der beiden alten Frauen sprechen dafür, so müßten jene älteren Frauen und jene älteren Männer die Großtanten und Großonkel und nicht die Eltern oder die Tanten und Onkel jener Kinder sein, die dann ihrerseits nur zum Teil, wenn überhaupt, deren Enkel sein müßten, und zum Teil, wenn überhaupt, deren Neffen und Nichten, und folglich nur zum Teil Geschwister untereinander oder Vettern und Basen, zum Teil Neffen oder Nichten und Onkel oder Tanten und alles mögliche untereinander, wie sie auch beispielsweise die Geschwister, beziehungsweise, und dies, falls überhaupt eine verwandtschaftliche Beziehung besteht, die Schwägerinnen und Schwager des Ehepaars an der Spitze des Zuges sein müßten, falls es ein Ehepaar ist und nicht Vater und Tochter – und dann wäre ich nicht imstande, die Beziehungen der einzelnen zueinander zu entwirren –, denn der Altersunterschied ist beträchtlich, und ich höre den Mann: »Kindchen!« flüstern, und ich kann nicht feststellen, wen er damit meint, weil er den Kopf immerfort nach allen Seiten dreht, oder, um fortzufahren, Onkel und Nichte oder ein zufällig an die Spitze neben die Frau, die allem Anschein nach nicht zufällig vorausgeht, geratener Bekannter, der vielleicht nicht einmal ein Bekannter der Frau ist, sondern nur ein mit einem Mitglied des Zuges Bekannter.

»Zeig Viktorchen!« rufen die Frauen.

Der Mann hinter der Frau an der Spitze streckt die Arme mit dem Hut aus. Die Frau legt das Kissen darauf. Sie hebt aus der Mulde des Kissens einen Säugling. Der ist so klein, daß er in ihren bis zu Brusthöhe erhobenen, mit den Handflächen nach oben gedrehten und um Handbreite nur voneinander entfernten Händen Platz hat. Seine Arme und seine Beine füllen die Babyjackenarme und die Babyhosenbeine nur zur Hälfte aus. Wie bei einem Amputierten hängen die Enden schlaff an seinen reglosen Armen und Beinen herab. Sein Kopf ist bläulich und kahl. Er hat beinahe die Größe des Rumpfes, die Beine dazugerechnet. Seine Augen sind geschlossen. Doch schläft er nicht. Er wimmert, die zahnlosen Kiefer weit auseinanderreißend, hoch und leise vor sich hin, und während er wimmert, sickert aus seinen Mundwinkeln schubweise weiße Flüssigkeit.

»Wie wonnig er ist, wie wonnig!« rufen die Frauen. Sie lassen die Männer und Kinder stehen. Sie stürzen hinzu. Sie stellen sich zu einem händeringenden, mit den Füßen scharrenden Kreis zusammen. »Zum Auffressen, wie zum Auffressen!« rufen sie. Sie beißen sich auf die Unterlippen. Sie bewegen sich auf diese Bank zu.

Es ist ratsam weiterzugehen. Ich gehe, sehe den gegenüber gehen. Wir gehen zur rechten Brücke. Geht er in meiner Richtung? Gehe ich in seiner Richtung? Wer ist zuerst gegangen? Ich lege mich auf den Rasenstreifen. Ich schlage drei Purzelbäume. Ich richte mich auf.

»Hurra!« rufen die Ruderer, dem gegenüber, mir zu.

Das kann kein Greis sein, der da gegenüber Purzelbäume schlägt wie ich, kein Erwachsener, kein junger Mann, der da gegenüber Handstände, Kopfstände macht, Brücken schlägt wie ich, der seine Jacke auszieht, ins Wasser wirft wie ich, seine Schuhe, seine Strümpfe wie ich meine, der da barfuß über Schilder springt wie ich, dem die Ruderer wie mir zurufen: »Das ist verboten!«, der da gegenüber sich auf Bänke steigend, über Bänke rennend, von Bänken springend wie ich zur rechten Brücke bewegt, der wie ich die Treppen hinaufsteigt, nicht mehr sichtbar ist für mich wie ich vielleicht für ihn, der sich vielleicht über die Brücke gehend zu diesem Ufer hin bewegt wie ich mich über die Brücke gehend zum gegenüberliegenden Ufer hin bewege, der vielleicht über die Brücke gehend den Kopf senkt, damit er mich nicht sieht, wie ich über die Brücke gehend den Kopf senke, damit ich ihn nicht sehe.

»Ich habe gesagt, daß du warten sollst!« ruft mein Vater hinter mir. »Warum hast du nicht gewartet?« ruft mein Vater hinter mir.

Ich zucke zusammen. Ich bleibe stehen. Ich höre den Magen meines Vaters knurren.

»Schweig!« ruft mein Vater, ein wenig weiter weg. »Ich will nichts hören!« ruft mein Vater weiter weg. »Kein Wort!« ruft mein Vater weiter weiter weg.

Ich gehe dem gegenüberliegenden Ufer zu, gehe durch Hauptgeschäftsstraßen an Hochhäusern, Kaufhäusern, Kirchen, Kinos vorüber, gehe durch Seitenstraßen an Mietshäusern vorüber. Ich bleibe stehen vor einem Haus, lehne mich gegen die Fassade.

»Du mußt jetzt zum Essen kommen!« ruft mir eine Frau aus einem Fenster des Erdgeschosses zu. »Der Vater sitzt längst bei Tisch!«

Ich trete von der Fassade des Hauses zurück. Ich sehe zum Fenster hinauf.

»Komm schon, komm! Es wird alles kalt!« ruft die Frau. Sie hat sich dem Zimmer zugedreht. »Steht am Haus«, sagt sie, »und tut, als sei er nicht gemeint.«

Die Haustür ist nicht verschlossen. Ich drücke sie auf. Die Wohnungstür im Erdgeschoß steht offen. Ich trete in einen Korridor.

»Mach die Tür zu!« ruft die Frau.

Ich schließe die Wohnungstür und trete ins Eßzimmer. Ein Mann und eine Frau sitzen an einem gedeckten Eßzimmertisch einander gegenüber. Die Frau sitzt mit dem Rücken zur Eßzimmertür, das Gesicht dem Fenster zu. Der Mann sitzt mit dem Rücken zum Fenster. Der Stuhl zwischen ihnen ist unbesetzt. Der Mann hat sich einen Serviettenzipfel hinter den Kragen gezwängt. Er stützt die Handflächen auf den Tisch, rechts und links neben Messer und Gabel. Er hebt das Gesäß ein wenig vom Sitz. Er beugt sich über den Tisch, daß seine Serviette herabhängt auf den leeren Teller, und übersieht so den Inhalt der Schüsseln. Dann senkt er das Gesäß auf den Sitz. Dann greift er zu. Er lädt sich auf mit der Vorlegegabel, mit dem Vorlegelöffel, Gabel für Gabel, Löffel für Löffel, bis er einen großen Haufen auf dem Teller hat.

Und während ich mich zwischen sie setze, und während mir die Frau einen Haufen auftut, drückt der Mann mit der Gabel das Gemüse, die Kartoffeln breit, schneidet der Mann mit dem Messer das Fleisch zu großen Happen klein und gießt mit dem Soßenlöffel Soße über das Ganze.

Und während mir die Frau meinen Haufen breitdrückt, mein Fleisch klein schneidet zu kleinen Happen und das Ganze mit Soße begießt, fängt der Mann zu essen an. Sein Bauch berührt die Tischkante, seine Schenkel klaffen so weit auseinander, daß ein Kopf Platz gefunden hätte zwischen ihnen, seine Beine umschlingen die Stuhlbeine. Er führt vollgeladene Gabeln zum Munde und kaut mit großer Sorgfalt klein, den Blick auf den Kopf der Frau gerichtet, die sich nun selber auftut. Sie sitzt mit gesenktem Kopf dem Mann gegenüber. Der Mann belädt kauend die Gabel aufs neue, hebt sie vollbeladen an die Lippen, und während er sie vor den Lippen bereithält, schiebt er mit dem Messer über den Teller verteilte Speisebrocken zu einem neuen Haufen zusammen. Wenn die Wülste in seinen Backen kleiner werden, wenn sie verschwinden, wenn der Mann zu Ende gekaut hat, lassen seine Augen ab vom Kopf der Frau. Der Mann schaut schielend auf die Gabelladung. Er reißt den Mund weit auf.

»Iß jetzt«, sagt die Frau in ihr Essen hinein, »und sieh dem Vater nicht beim Essen zu, das verdirbt ihm den Appetit.«

Ich nehme den Löffel in die Hand. Ich senke den Löffel auf den Haufen auf dem Teller. Ich sehe die Finger der Frau den Tellerrand festhalten.

»Wie siehst du denn aus?« sagt die Frau.

Der Mann hält die vollbeladene Gabel in Mundeshöhe bereit, die Zinken den Lippen so nah, daß ich fürchte, er könne sich daran verletzen.

»Aber wer bist du denn?« sagt die Frau. Sie zieht den Teller weg. Ich sitze, halte den Löffel in der Hand.

Der Mann kippt die ganze Gabelladung auf den Teller zurück. Er stößt sich und seinen Stuhl mit den Füßen ab vom Tisch. Er springt vom Stuhl. Er beugt sein Gesicht ganz nah zu meinem Gesicht.

»Wer?« ruft er. »Wer?«

Ich sehe seinen weit aufgerissenen Mund, mit den hervorspringenden Schneidezähnen. Ich höre meinen Löffel auf den Teppich fallen.

# Der Herr

Ich liege im Dunkeln, bedeckt bis zum Hals, das Gesicht einer Tür zu. Zwischen der Türschwelle und der Tür, zwischen dem Türrahmen und der Tür, durch die Ritzen der Türfüllung, durch das Schlüsselloch, dringt Licht herein. Ich erkenne die Umrisse zweier Gestalten. Reglos und stumm steht die eine gegen die Wand neben der Tür gelehnt. Reglos und stumm kauert die andere vor der gegen die Wand gelehnt stehenden Gestalt. Ich richte mich auf, nicht geräuschlos. Und während die eine Gestalt reglos und stumm und gegen die Wand gelehnt stehen bleibt, stößt die andere einen leisen Schrei aus, springt hoch, mit knackenden Knien, stürzt auf die reglos und stumm stehende Gestalt zu, umfaßt deren Mitte mit einem Arm, greift mit dem anderen zur Türklinke, drückt sie hinab und stößt die Tür auf.

Sie schleppt mit einem Arm und mühelos einen Herrn aus dem Zimmer, der länger ist, der breiter ist als sie. Im Lichtschein des Korridors erkenne ich ihn von hinten. Er ist festlich gekleidet mit schwarzem Anzug und Zylinder. Über den Händen trägt er weiße Handschuhe. Er hat die Arme ausgebreitet. Ich höre, daß sie ihn ins Nebenzimmer sperrt.

»Erkennst du mich nicht?« singt sie. Sie knipst das Licht an. Ich schirme die Augen mit der Hand ab gegen das Licht. Ich sehe sie auf der Türschwelle stehen. Sie trägt ein langärmeliges hochgeschlossenes schwarzes Kleid. Die Rockzipfel zu beiden Seiten hängen ihr fast bis zu den Knöcheln herab. Ich erkenne sie nicht.

»Ich bin deine Großmutter«, singt sie.

Sie geht auf mich zu, die Füße ungewöhnlich hoch vom Kachelboden hebend bei jedem Schritt, sie aufsetzend mit klatschendem Geräusch, geht mit wehendem Rock, die Oberarme abstehend vom Rumpf, die Ellbogen angewinkelt. Wie ich sie so auf mich zukommen sehe, meine ich, das einzige, was sie am Hinauffliegen hindert, sei das Gewicht ihrer klobigen Schuhe.

»Du bist noch magerer geworden, mein Kind!« sagt sie. Sie schlägt die Hände zusammen. Sie sind langfingrig und dürr. Aus den Handrücken treten die Knochen hervor und über den Knochen die Überbeine und über den Überbeinen die blaßblauen Adernstränge. Sie trägt am Ringfinger rechter Hand zwei Ringe. Diese Ringe sitzen so locker, daß sie bei jeder Handbewegung bis zum Knöchelknick des geknickten und mit der Fingerspitze gegen den Handballen gepreßten Ringfingers rutschen.

»Du warst schon einmal hier«, sagt sie. Sie dreht sich um, bewegt sich, die Füße hoch vom Kachelboden hebend bei jedem Schritt, wie über Hindernisse hinwegsteigend, auf den Herd zu. Ihre Fesseln sind schmal wie Handgelenke, und rechts und links treten die Knöchel hervor. Sie schimmern bläulich durch ihre Strümpfe, bläulich wie die Adern, die an ihren Waden hervorquellen. Sie steht einen Augenblick reglos, die Hände von sich gestreckt, neun Finger gespreizt, und den Ringfinger geknickt, sie bückt sich mit knackenden Knien, sie holt aus einer Kiste unter dem Herd einen Hammer.

»Es ist Mitternacht«, singt sie. »Du mußt nun weiterschlafen.« Und den Hammer in beiden Händen vor sich hertragend, steigt sie aus der Küche.

Ich höre sie die Tür des Nebenzimmers aufschließen. Ich höre ihre Schuhe gegen den Fußboden klatschen. Sie steigt hin und her, meine Großmutter, sie öffnet, sie schließt eine Schranktür.

»Was sein muß«, singt sie, »das muß sein!«

Dann fängt sie an, heftig mit dem Hammer gegen die Wand zu schlagen. Und während sie hämmert, schlägt die Küchenuhr. Ich versuche, die Uhrschläge zu zählen. Aber in diesem Gehämmer meiner Großmutter, in diesen ungleichzeitig einsetzenden Uhrschlägen anderer Uhren über mir und unter mir, in diesen mittendrin einsetzenden und alle anderen Uhrschläge, nur nicht die Hammerschläge meiner Großmutter, übertönenden Glockenschlägen einer Kirchturmuhr, verzähle ich mich.

»Herrgott«, höre ich einen Mieter schreien, »immer diese Hämmerei!«

Ich lege mich zurück. Ich höre meine Großmutter unverständlich vor sich hin murmeln. Bald singt sie eher als sie murmelt, bald murmelt sie eher als sie singt. Zwischendurch läßt sie sich mit knackenden Knien auf den Fußboden fallen, rutscht sie über die knarrenden Dielen hinweg, und ihr Gemurmel, ihren Singsang unterbrechend, schmatzt sie, zwischendurch springt sie mit knackenden Knien auf vom Fußboden, steigt sie unter dem Geräusch ihrer aufklatschenden Schuhsohlen über die knarrenden Dielen hinweg, rückt sie ein Möbelstück in eine Richtung, schmatzt sie, rückt sie ein Möbelstück in eine andere Richtung, stößt sie einen schmatzenden Laut aus, und dies, ohne während des Hin- und Herrückens weiter zu murmeln.

Ich wache auf, Stunde für Stunde, wenn meine Großmutter unter den Glockenschlägen der Kirchturmuhr aufspringt, einen Schrei ausstößt, wie eine aus dem Schlaf Geschreckte, wenn sie fortfährt lauter und unverständlicher zu murmeln, meine Großmutter, wenn sie bald eher singt als murmelt, wenn sie bald eher lallt als singt.

Ich höre sie die Haustür zuschlagen, absperren am Morgen.

Ich springe aus dem Bett, laufe den Korridor entlang. Ich drücke die Klinke der Haustür nieder, ziehe an der Klinke. Ich höre meine Großmutter unter dem Geräusch ihrer aufklatschenden Schuhsohlen die Treppe hinabsteigen. Ich drehe mich um, drücke versuchsweise die Klinken zweier Türen nieder. Sie sind verschlossen. In den Schlüssellöchern stecken keine Schlüssel. Ich gehe vorüber am Garderobenspiegel, der so hoch hängt, daß ich mein Gesicht nicht sehen kann, an der Konsole unter dem Garderobenspiegel.

An den Wänden des Korridors, in regelmäßigen, in rahmensbreiten oder -langen Abständen voneinander, hängt in quadratischen goldfarbenen Bilderrahmen hinter Glas mit schwarzen Buchstaben beschriebenes weißes Papier. Es ist so beschrieben, daß zwischen dem ersten Buchstaben einer jeden Zeile und dem Rahmen, daß zwischen dem letzten Buchstaben einer jeden Zeile und dem Rahmen, daß zwischen allen Buchstaben der ersten, der obersten Zeile und dem Rahmen sowie zwischen allen Buchstaben der letzten, der untersten Zeile und dem Rahmen gleichgroße, zeilenlange Abstände sind. Zwischen allen Buchstaben sind buchstabengroße Lücken, so daß es vielleicht nicht nur für mich, sondern auch für einen, der lesen kann, schwierig ist, festzustellen, wo ein Wort endet und wo das darauffolgende Wort beginnt. Aber nicht nur zwischen den Buchstaben einer Zeile, auch zwischen den Buchstaben zweier Zeilen sind buchstabengroße, zeilenlange Lücken. Die Buchstaben aller Zeilen stehen untereinander, die Lücken zwischen den Buchstaben aller Zeilen liegen untereinander, so daß außer den waagrechten beschriebenen und den dazwischen liegenden unbeschriebenen Zeilen senkrechte beschriebene sowie unbeschriebene Zeilen entstehen. Die Anzahl der Buchstaben einer waagrechten Zeile entspricht der Zeilenanzahl eines Papierbogens, so daß das Geschriebene, wenn auch durchbrochen durch die Lücken zwischen zwei Buchstaben, zwischen zwei Zeilen, von quadratischer Form ist wie der Rahmen und der Rand zwischen dem Rahmen und dem Geschriebenen. Die Zwischenräume zwischen den Buchstaben und den beschriebenen Zeilen nehmen mehr Raum ein als die Buchstaben.

Ich hänge ein Bild ab vom Haken, sehe es an, suche vergeblich nach einem Punkt innerhalb der Zeilen oder an den Zeilenenden oder am Ende der letzten Zeile des Geschriebenen, so daß es vielleicht nicht nur für mich, sondern auch für einen, der lesen kann, und dies besonders dann, falls es für ihn schon schwierig war, festzustellen, wo ein Wort endet und wo das darauffolgende Wort beginnt, noch schwieriger ist, festzustellen, wo ein Satz aufhört und wo der darauffolgende Satz anfängt, oder ob auf dem Papierbogen überhaupt ein Satz angefangen und abgeschlossen wird und nicht nur fortgesetzt oder abgebrochen. Denn vielleicht hat der Schreiber einen zu langen Satz zum Abschreiben ausgewählt und ihn abgebrochen, mitten im Wort vielleicht, als das zum Vollschreiben vorgesehene Quadrat mit Buchstaben ausgefüllt war, ihn fortgesetzt auf dem Papierbogen des nächsten Bildes rechts oder links, des übernächsten und so fort, oder aber der Schreiber hat kurze Sätze ausgewählt, auf die Punkte verzichtet, damit die Lücken wenigstens gleich leer sind und kein Unterschied ist zwischen leeren und da und dort mit Punkten unzureichend gefüllten Lücken. Denn die Buchstaben sind zwar von gleicher Größe, aber von verschiedener Form. Denn viele Buchstaben von gleicher Form wiederholen sich zwar, aber die einen wiederholen sich häufiger, die anderen seltener, manche stehen nur einmal geschrieben, und nicht nur dies, die sich wiederholenden Buchstaben sind unregelmäßig im Quadrat des Geschriebenen verteilt, bald stehen sie diesseits und jenseits der buchstabengroßen Lücke nebeneinander, bald in der gleichen Zeile, oder diesseits und jenseits der zeilenlangen Lücke untereinander, bald stehen sie mehrere Zeilen weit voneinander entfernt oder an den entgegengesetzten Ecken des Quadrats. Auf der Glasplatte, die das Geschriebene bedeckt, vielleicht, damit keiner auch nur einen Buchstaben durchstreichen kann, sehe ich teils unter den Buchstaben, teils in den Lücken zwischen zwei Buchstaben Fingerabdrücke. Es sind vielleicht die Versuche eines Lesers, einen anderen Leser auf ein wichtiges Wort hinzuweisen, vielleicht die Versuche eines Lesers, zwei Worte auseinander zu halten oder zwei Sätze. Vielleicht auch sind es jene Stellen, da der Leser nachsann über das Gelesene und den Finger auf der Stelle ließ, damit er nach dem Nachdenken wußte, bei welchem Wort er mit dem Lesen fortfahren mußte.

Ich drehe das Bild herum. Ich sehe, daß die meisten Buchstaben ihr Aussehen verändern und so entweder etwas anderes bedeuten oder überhaupt nichts mehr, wie beispielsweise und um einen leichter beschreibbaren Buchstaben herauszugreifen, dieser nach rechts geöffnete Halbkreis, sich auf den Kopf gestellt nach links öffnet und dadurch einem anderen Buchstaben ähnlich wird, dessen nach links sich öffnender Halbkreis durch einen senkrechten Strich versperrt wird, oder dieser aus zwei schräg aufeinanderzulaufenden und an ihren unteren Enden zusammenstoßenden Strichen bestehende Buchstabe, der auf den Kopf gestellt einem anderen Buchstaben ähnlich wird, dessen zwei schräg aufeinanderzulaufende und an ihren oberen Enden zusammenstoßende Striche in der Mitte ein waagrechter Strich verbindet. Andere Buchstaben behalten auch auf den Kopf gestellt ihre Form, ihre Bedeutung also bei, wie beispielsweise, und um einen leichter beschreibbaren Buchstaben herauszugreifen, dieser aus einem senkrechten Strich und sonst nichts bestehende Buchstabe, oder dieser aus zwei senkrechten gleichlangen nebeneinanderstehenden und in halber Strichlänge durch einen waagrechten kürzeren Strich verbundenen Strichen bestehende Buchstabe, der auf die Seite gelegt unlesbar oder als ein anderer lesbar wäre, den der Beschreiber der Papierbogen, falls es ihn gibt, nicht verwendet hat, oder dieser ebenfalls aus zwei senkrechten gleichlangen nebeneinander stehenden Strichen bestehende und im Gegensatz zum letzteren nicht in halber Strichlänge und durch einen waagrechten Strich verbundene, sondern an den Enden durch einen schrägen Strich verbundene Buchstabe, wobei dieser schräge Strich das obere Ende des links stehenden senkrechten Strichs mit dem unteren Ende des rechts stehenden senkrechten Strichs verbindet, oder beispielsweise dieser durch einen eher ovalen als runden Kreis dargestellte Buchstabe, der zur Not auch auf die Seite gelegt entzifferbar wäre. Außer diesen der leichteren Beschreibung halber ausgewählten Beispielen, sehe ich einen Buchstaben, der auf den Kopf wie auf beide Seiten gestellt unverändert und also lesbar bleibt. Dieser Buchstabe besteht aus zwei gleichlangen schräggestellten und in entgegengesetzten Richtungen aufeinanderzulaufenden und einander rechtwinklig und mittendrin durchstreichenden Strichen.

Ich fahre mit dem Zeigefinger unter der obersten Zeile entlang von links nach rechts, wie ich es bei Lesenden beobachtet habe. Der erste Buchstabe hinter dem zeilenlangen Randstreifen hinter dem Rahmen besteht aus einem nach rechts geöffneten Halbkreis, von dessen unterem Ende ein kurzer waagrechter Strich bis in die Mitte der Halbkreishöhlung verläuft. Der zweite, bereits beschriebene Buchstabe hinter der buchstabengroßen Lücke, besteht aus einem eher ovalen als runden Kreis. Der dritte, noch nicht beschriebene Buchstabe hinter der buchstabengroßen Lücke, besteht aus einem senkrechten Strich, der ebenso lang ist, wie der Strich dieses nur aus diesem Strich bestehenden Buchstaben. An seinem oberen Ende sitzt ein waagrechter, ein wenig kürzerer Strich, den der senkrechte Strich entzwei teilt, so daß die beiden Strichhälften des waagrechten Strichs gleich weit zu beiden Seiten des senkrechten herausragen. Als vierter Buchstabe und hinter der buchstabengroßen Lücke wiederholt sich dieser soeben beschriebene dritte Buchstabe. Nach einer wiederum buchstabengroßen Lücke folgt als fünfter ein aus zwei aneinandergehängten und halb so großen Halbkreisen wie die bereits beschriebenen Halbkreise bestehender Buchstabe. Wobei sich der obere Halbkreis nach rechts öffnet und der untere Halbkreis nach links, wobei das untere Ende des oberen Halbkreises mit dem oberen Ende des unteren Halbkreises verbunden ist. Dieser Buchstabe zählt zu jenen Buchstaben, die auch auf den Kopf gestellt ihre Form, ihre Bedeutung also beibehalten. Nach einer wiederum buchstabengroßen Lücke folgt als sechster ein aus einem senkrechten Strich bestehender Buchstabe, der ebenso lang ist wie der Strich des nur aus diesem Strich bestehenden und mehrmals beschriebenen Buchstaben. An seiner oberen Strichhälfte und zwar rechts des Strichs hängt ein nach links sich öffnender, ein durch die Strichhälfte jedoch geschlossener Halbkreis, der von ebensolcher Größe ist, wie die beiden Halbkreise des soeben beschriebenen fünften Buchstaben. Der nach der buchstabengroßen Lücke folgende siebte Buchstabe besteht wie der soeben beschriebene sechste aus diesem senkrechten Strich sowie diesem rechts des Strichs hängenden und nach links sich öffnenden, durch die Strichhälfte jedoch geschlossenen Halbkreis. Zusätzlich läuft von jener Stelle, da das untere Halbkreisende auf die Strichmitte stößt, ein kürzerer Strich schräg nach rechts unten. Dieser Strich endet auf einer Linie mit dem senkrechten Strich, nur um den Durchmesser des Halbkreises abgerückt. Folgte nach der buchstabengroßen Lücke diesem nicht eben leicht beschreibbaren siebten Buchstaben als achter ein ebenso schwer beschreibbarer Buchstabe, ich weiß nicht, ob ich fortfahren würde mit der Beschreibung dieser obersten Zeile des Geschriebenen. Es folgt indes dieser meiner Meinung nach am leichtesten beschreibbare und dazu bereits beschriebene, dieser aus einem senkrechten Strich und sonst nichts bestehende Buchstabe. Als neunten nach der Lücke in der Zeile, darunter ich nach Art eines Lesenden von links nach rechts entlangfahre, finde ich einen ebenfalls beschriebenen und, wenn ich an die Beschreibung anderer Buchstaben denke, vergleichsweise leicht beschreibbaren Buchstaben. Es ist dieser durch einen nach rechts sich öffnenden Halbkreis dargestellte Buchstabe. Es folgt, und warum soll ich die Lücke immer erwähnen, als zehnter dieser vor einer großen Anzahl Buchstaben, vielleicht vor einem halben Alphabet, beschriebene Buchstabe, der aus zwei senkrechten gleichlangen nebeneinanderstehenden und in halber Strichlänge durch einen waagrechten kürzeren Strich verbundenen Strichen bestehende Buchstabe, der auf den Kopf gestellt als der gleiche lesbar bleibt. Der dem zehnten folgende Buchstabe, und nun wäre es nützlich zu wissen, welche Zahl nach zehn kommt, entspricht dem bereits beschriebenen dritten sowie dem nach dem dritten sich wiederholenden vierten Buchstaben. Den nach dem nach dem zehnten folgenden Buchstaben habe ich vor vielleicht einem Alphabet Buchstaben beschrieben. Es ist dieser nach links sich öffnende Halbkreis, dessen Öffnung durch einen senkrechten Strich versperrt ist. Diesem nach dem nach der Zahl, die auf zehn folgt, folgenden Buchstaben schließt sich dieser so leicht beschreibbare, nur aus einem senkrechten Strich bestehende Buchstabe an.

Nun, da ich von links nach rechts die Buchstaben bis über die Zeilenhälfte hinaus beschrieben und gezählt habe, nun, da sich mein Zeigefinger in der rechten Bildhälfte befindet, fällt mir ein, daß ich jene Buchstaben nach zehn, zu deren genauester Bestimmung mir die Bezeichnung der Zahlen fehlt, ebensogut von rechts nach links zählen kann. Ich zähle von rechts nach links weitere zehn Buchstaben zu den von links nach rechts gezählten zehn. Es stellt sich heraus, daß jener zuletzt von links nach rechts beschriebene und so leicht beschreibbare Buchstabe, von rechts nach links gezählt, der zehnte ist. Es fehlen mir nur die Bezeichnungen der Zahlen zweier Buchstaben, rechts und links nämlich der buchstabengroßen Lücke in Zeilenmitte, die Bezeichnung der Zahl des Buchstaben rechts des von links nach rechts gezählten zehnten Buchstaben sowie die Bezeichnung der Zahl des Buchstaben links des von rechts nach links gezählten zehnten Buchstaben.

Ich fahre fort, die nunmehr von rechts nach links gezählten Buchstaben von links nach rechts der Reihe nach zu beschreiben. Diesem von rechts nach links gezählten zehnten Buchstaben folgt als neunter ein aus einem senkrechten Strich bestehender Buchstabe, von dessen oberem, von dessen unterem Ende, von dessen Mitte je ein kürzerer waagrechter Strich nach rechts verläuft. Diese drei waagrechten Striche sind gleichlang. Große Schwierigkeiten bereitet mir die Beschreibung des von rechts nach links gezählten achten Buchstaben. Er besteht aus vier schrägen Strichen, von denen, und nun zähle ich von links nach rechts, der erste und der zweite in der Weise schräg aufeinanderzulaufen, daß sie an ihren unteren Enden zusammenstoßen, von denen der zweite und der dritte in der Weise schräg aufeinanderzulaufen, daß sie an ihren oberen Enden zusammenstoßen, von denen der dritte und der vierte in der Weise schräg aufeinanderzulaufen, daß sie an ihren unteren Enden zusammenstoßen. Schnitte ich nun, und ich werde mich hüten, das zu tun, diesen Buchstaben an jener Stelle entzwei, da der zweite und der dritte schräge Strich an ihren oberen Enden zusammenstoßen, so hätte ich jenen bereits beschriebenen Buchstaben zweimal, dessen zwei schräg aufeinanderzulaufende Striche an ihren unteren Enden zusammenstoßen. Es folgt von rechts nach links gezählt als siebter dieser bereits beschriebene Buchstabe, dessen zwei schräg aufeinanderzulaufende und an ihren oberen Enden zusammenstoßende Striche in der Mitte ein waagrechter Strich verbindet. Der von rechts nach links gezählte sechste Buchstabe entspricht dem von links nach rechts gezählten zehnten. Der von rechts nach links gezählte fünfte Buchstabe entspricht dem von links nach rechts gezählten siebten. Der von rechts nach links gezählte vierte Buchstabe entspricht dem von rechts nach links gezählten sechsten, der seinerseits dem von links nach rechts gezählten zehnten entspricht. Es wiederholt sich also dieser Buchstabe dreimal in der Zeile. Es entspricht außerdem der von rechts nach links gezählte dritte, und somit sich zweimal wiederholende Buchstabe, dem von rechts nach links gezählten neunten. Es entspricht außerdem der von rechts nach links gezählte zweite Buchstabe dem von rechts nach links gezählten zehnten, der seinerseits dem von links nach rechts gezählten achten entspricht. Dieser Buchstabe wiederholt sich also dreimal in der Zeile, wie der von rechts nach links gezählte vierte oder der von rechts nach links gezählte sechste oder der von links nach rechts gezählte zehnte. Schließlich liegt mein Finger unter dem letzten Buchstaben der Zeile, von links nach rechts gezählt, dem ersten Buchstaben der Zeile, von rechts nach links gezählt, dieser Buchstabe wiederholt sich viermal in der Zeile. Er entspricht dem dritten und dem vierten der von links nach rechts gezählten Buchstaben sowie dem dem ebenfalls von links nach rechts gezählten zehnten Buchstaben folgenden Buchstaben.

Und während ich so eine Zeile Buchstaben mit dem Zeigefinger entlangfahre, die ein Wort, mehrere Wörter, vielleicht einen Satz sogar ergeben, der etwas besagt, etwas vielleicht, das zu wissen mir nützlich wäre, kann ich keinen der Buchstaben entziffern, geschweige denn ein Wort, oder einen Satz sogar. Ich drehe das Bild im Korridor stehend. Ich überlege, wo oben ist, wo unten, wo rechts und wo links. Ich orientiere mich dann mit Hilfe des Aufhängehakens, und es ist gottseidank nur einer am ganzen Bild angebracht, und hänge das Bild an die Wand. Ich gehe in die Küche, ziehe den Rolladen hoch. Ich sehe gegenüber eine backsteinerne Kirche. Durch die geöffneten Kirchtore treten alte Männer in schwarzen Anzügen und schwarzen Hüten, treten alte Frauen in schwarzen Mänteln und schwarzen Hüten. Die Männer nehmen die Hüte von den Köpfen, die Frauen behalten die Hüte auf den Köpfen. Die Männer und die Frauen tauchen ihre rechten Hände in ein Becken neben dem Eingang, heben sie heraus und fassen sich an ihre gesenkten Gesichter. Mit den ausklingenden Glockenschlägen tönt Musik aus der Kirche und Gesang.

Ich setze mich aufs Kanapee. Über dem Kanapee auf einem Holzbrett zwischen zwei Primeltöpfen steht in einem goldfarbenen Rahmen hinter Glas eine Fotografie mit drei weißen Rändern. Ein Rahmen von halber Breite hätte ausgereicht für die schmale Fotografie. Sie zeigt einen jungen Herrn von vorn, der ebenso festlich gekleidet ist wie jener Herr, den ich von hinten nur und flüchtig gesehen habe, als ihn meine Großmutter hinausschleppte. Auch er trägt einen schwarzen Anzug, einen Zylinder und einen weißen Handschuh über seiner linken Hand. Er tritt aus einem hohen halben Tor, das dem Kirchtor gegenüber nicht unähnlich ist. Und während in der rechten Bildhälfte hinter dem weißen schmalen Randstreifen außer dem Torpfosten nur eine mannsbreite dunkle Lücke mit wenigen helleren Flecken zu sehen ist, die wahrscheinlich Einblick geben soll ins Innere des Gebäudes, und ein winziges Stück seiner linken Schulter, reicht die linke Bildhälfte nicht aus für den Herrn. Vor dem Ende seiner rechten Schulter hört das Bild randlos auf. Sein rechter Arm mit seiner vielleicht ebenfalls weißbehandschuhten Hand fehlt. Ein Stück seines rechten schwarzen Hosenbeins verdeckt weißer Stoff. Der Herr blickt ernst über seine rechte, seine abgeschnittene Schulter hinweg auf etwas herab, das dem Betrachter des Bildes verborgen bleibt. Über die sichtbaren Körperteile des Herrn verteilt finden sich Fingerabdrücke.

»Das ist dein Großvater«, sagt meine Großmutter. Sie tritt in die Küche unter dem Klang der Kirchenglocken. Sie trägt einen schwarzen Hut, dessen Schleier ihr bis über die Augen hängt. In den Händen hält sie ein Gebetbuch. Sie steigt auf mich zu, setzt mit dem Zeigefinger rechter Hand einen neuen Fingerabdruck auf die Fingerabdrücke auf der Glasplatte über der Fotografie des jungen Herrn, hebt den Zeigefinger von der Fotografie, dreht verlegen mit der linken Hand die zwei Ringe um den Ringfinger rechter Hand, und den Kopf auf ihre hochgezogene linke Schulter legend und auf die leere Stelle zwischen dem Rahmen und der randlosen linken Längsseite der Fotografie neben der rechten, der abgeschnittenen Schulter des jungen Herrn weisend, sagt sie: »Seinerzeit!«, singt sie: »Seinerzeit!« Dann steigt sie kichernd, mit hochgezogenen Schultern aus der Küche. Sie schließt die Tür des Nebenzimmers auf, sie läßt sich zu Boden fallen mit knackenden Knien.

»Es ist Sonntag«, singt sie. »Deine Pein wird nun bald zu Ende sein!«

Sie trägt einen schwarzen, an einem Kleiderbügel aufgehängten Anzug in die Küche, hängt ihn an den Haken an der Küchentür.

»Das ist der Anzug deines Großvaters«, sagt sie.

Sie rückt einen Stuhl ein Stück ab vom Tisch, schleppt ein Bügelbrett herbei, legt es mit dem einen Ende auf die Tischplatte, mit dem anderen Ende auf die Stuhllehne, so daß es schief liegt zwischen der eine Hand breit höheren Stuhllehne und dem Tisch, sie stellt auf das tieferliegende Bügelbrettende auf dem Tisch ein Bügeleisen, steigt mit dem Stecker in der Hand und die Bügeleisenschnur hinter sich herziehend um den Tisch herum zum Herd, kniet nieder mit knackenden Knien und steckt den Stecker in die Steckdose.

Die Schnur spannt sich zwischen der Steckdose unter dem Herd und dem Bügeleisen auf dem Tisch, steigt von der Steckdose aus Wadenhöhe über Kniehöhe zu Schenkelhöhe zum

Bügeleisen an. Meine Großmutter schlägt die zusammengelegten Hosenbeine auseinander, legt ein Hosenbein lang auf das Bügelbrett, so daß nur ein Stück des zweiten Hosenbeins auf dem Bügelbrett liegt, das andere Stück des zweiten Hosenbeins über das höherliegende Bügelbrettende herabhängt, steigt dann über das kniehoch hängende Schnurstück hinweg und näßt unter dem Hahn über dem Abguß einen weißen Lappen. Sie steigt ein Stück auf das Bügelbrett zu, läßt sich auf die Knie fallen und kriecht mit dem Lappen in der Hand unter dem Bügelbrett hindurch. Sie richtet sich ächzend auf, legt den kleinen weißen Lappen auf das schwarze Hosenbeinende, das dem tieferliegenden Bügelbrettende mit dem Bügeleisen am nächsten liegt. Sie hebt das Bügeleisen hoch mit der rechten Hand, leckt ihren Zeigefinger linkerhand ab, stößt dann mit dem speichelnassen Zeigefinger gegen das Bügeleisen und nickt unter dem zischenden Geräusch des auf dem heißen Eisen verdampfenden Speichels. Sie setzt das Bügeleisen auf den nassen Lappen auf das Hosenbein auf dem Bügelbrett, hebt es hoch, unter dem zischenden Geräusch des auf dem heißen Eisen verdampfenden Wassers, stellt das Eisen zurück auf das tieferliegende Bügelbrettende. Sie hebt den dampfenden, den feuchten, aber nicht mehr nassen Lappen vom dampfenden Hosenbeinstück, sie steigt mit Mühe über ein höher als kniehoch hängendes Schnurstück, sie näßt unter dem Wasserhahn über dem Abguß den Lappen von neuem, fällt auf die Knie, kriecht unter dem Bügelbrett hindurch und sich ächzend aufrichtend legt sie den nassen Lappen neben jene Stelle des Hosenbeinstücks, darauf er beim ersten Aufsetzen des Bügeleisens gelegen hat. Sie setzt das Bügeleisen auf, hebt es hoch mit dem aufsteigenden Dampf, stellt es zurück auf das tieferliegende Bügelbrettende, geht den Lappen von neuem nässen und so fort. Ich sitze stumm und staunend auf dem Kanapee. Ich sehe ihr zu wie sie von Mal zu Mal über höher hängende Schnurstücke steigt, wie sie von Mal zu Mal ein weiteres Stück vom Bügelbrett entfernt auf die Knie fällt, über den Kachelboden der Küche kriecht, wie sie sich von Mal zu Mal tiefer duckt unter dem Brett, wie sie sich von Mal zu Mal, und noch immer hat sie das erste Hosenbein nicht fertig gebügelt, lauter ächzend und mit erhitzterem Gesicht aufrichtet auf der anderen Seite des Bügelbretts.

Je weiter sie den Lappen vom tiefergelegenen Bügelbrettende, vom Hosenbeinende entfernt aufsetzen muß, um so häufiger zieht sie mit der angespannten Schnur den Stecker aus der Steckdose. Nun könnte sie zwar, wenn sie keine längere Schnur besitzt, und sie hat vielleicht Gründe, sich keine zu kaufen, den Tisch mit dem Stuhl mit dem Brett ein Stück näher an die Steckdose heranrücken. Nun könnte sie zwar das ungebügelte Hosenbeinstück dem tiefergelegenen Bügelbrettende und damit dem Eisen und damit dem Stecker und der Steckdose ein Stück näher rücken. Doch hat sie vielleicht Gründe, sie, die etwas vom Bügeln versteht, es so nicht anzustellen. Nun könnte sie zwar auf dem Weg zum Abguß den Stecker in die Steckdose stecken, damit das Bügeleisen heiß wird, während sie den Lappen näßt, während sie über den Kachelboden kriecht, den Lappen auflegt. Doch hat sie vielleicht Gründe, nun, da die Schnur schlaff auf dem Boden liegt, nun, da es leicht wäre, darüber hinweg zu treten, den umgekehrten, den schwierigeren Weg einzuschlagen. Sie nämlich kriecht unter dem Bügelbrett hindurch, das ganze Stück Wegs bis zur Steckdose, ohne sich aufzurichten, steckt den Stecker hinein und kriecht das ganze Stück Wegs und ohne sich aufzurichten und ohne unterwegs den Lappen zu nässen und unter dem Bügelbrett hindurch zurück. Darauf steigt sie über die dem Tisch näher und näher liegenden und folglich höher und höher hängenden Schnurstücke über die Schnur, um den Lappen zu nässen. Dabei reißt sie das Bügeleisen vom Brett, fängt es auf im Fall und nicht ohne Geschick, aber mit solcher Hast, daß sie nicht immer, aber oft genug, den Stecker aus der Steckdose zieht. Dann kriecht sie wiederum den umgekehrten Weg, stöhnend und mit verbrannten Fingern, unter dem Brett hindurch zur Steckdose und zurück und richtet sich auf und steigt über die Schnur, wenn sie es schafft, die Beine in solche Höhen zu erheben.

Wenn sie das erste Hosenbein bis zum Zwickel hinauf gebügelt hat, nimmt sie die Hose vom Bügelbrett, hält sie in ausgestreckten Armen am Hosenbund und in Gürtelhöhe, so daß die Hosenbeine den Fußboden streifen, und sieht sich, die Schultern hochgezogen, den Kopf seitlich geneigt, die Bügelfalte an. Dann legt sie das zweite Hosenbein lang auf das Bügelbrett, so daß nur ein Stück des ersten, des gebügelten auf dem Bügelbrett liegt, das andere Stück des ersten Hosenbeins über das höherliegende Bügelbrettende herabhängt, und bügelt in der beschriebenen Weise das zweite Hosenbein. Sie steigt über das schenkelhohe Schnurstück dicht neben dem Tisch hinweg, sie reißt dabei, fast immer und selten genug nicht, das Bügeleisen vom Tisch und beim Auffangen des Eisens den Stecker aus der Dose, sie läßt sich bäuchlings auf den Boden fallen, sie zieht sich keuchend unter dem Bügelbrett hindurch über den Kachelboden der Küche bis zur Steckdose und zurück und unter dem Bügelbrett hindurch, sie bewegt die Lippen bald lautlos, bald murmelt sie unverständlich vor sich hin.

Sie müßte, nein sie muß ihre Gründe haben, sich das Bügeln so schwer zu machen. Denn warum, wenn sie schon unter dem Brett hindurch kriecht, kriecht sie nicht unter der Schnur hindurch, oder warum, wenn sie schon über die Schnur steigt, steigt sie nicht über das Brett? Denn warum, wenn sie das Kriechen, das Steigen so anstrengt, daß sie ächzt, daß sie keucht, nimmt sie zum Nässen nicht einen größeren Lappen, oder meinetwegen einen kleinen, wie den, den sie nimmt, und stellt eine Wasserschüssel zum Lappennässen neben sich auf den Tisch? Denn warum schlägt sie nicht den zum Abguß, den zur Steckdose kürzeren und ungleich bequemeren und für jedermann gangbaren Weg ein, den Weg um den Stuhl herum, da ihr nichts im Wege steht, weder ein Brett noch eine Schnur, ja nicht einmal ein leicht übersteigbarer Gegenstand wie eine Schachtel oder ein Schemel? Warum schließlich stellt sie sich nicht gleich vor die gegenüberliegende und dem Abguß und der Steckdose näherliegende, und durch das Verrücken des Tisches, des Stuhles, des Brettes noch näher, ja danebenliegende Bügelbrettseite?

Meine Großmutter bügelt bis zum Mittag an der Hose. Nur wenn die Kirchenglocken läuten, stellt sie das Eisen ab, läßt sie die Hose, den Lappen liegen, den Wasserhahn laufen, den Stecker aus der Hand fallen, und steigt zum Küchenfenster.

Ich stelle mich neben sie. Und wir sehen auf die Straße, sehen die Kirchgänger aus dem Kirchtor treten, sehen, wie sie, indem sie die linke Hand, die Männer die linke Hand mit dem Hut, gegen den Bauch pressen, die rechte Hand ins Becken tauchen, sie herausheben, sich tippen gegen die Stirn, wie sie die rechte Hand senken, sich tippen gegen die Mitte der Brust, einen Bogen schlagen am Leib vorbei von der Mitte der Brust zur linken Schulter, sich dagegen tippen, einen Bogen schlagen am Leib vorbei von der linken zur rechten Schulter, sich dagegen tippen, wie sie dann die Hände am Leib herabhängen lassen oder wie die Männer sich die Hüte aufsetzen. Draußen teils gruppenweise einander begrüßend und miteinander redend, teils einzeln und stumm oder einem in einer Gruppe Stehenden zunickend oder einem ebenso einzeln und stumm Stehenden, warten weitere Kirchgänger darauf, daß die Kirche sich leert. Auch Kinder sind darunter. Hutlüftend oder einander zunickend grüßen die Hinaustretenden die Eintretenden und umgekehrt, händeschüttelnd und wenige Worte wechselnd begrüßen die Hinaustretenden die Eintretenden und umgekehrt. Auch die Hinaustretenden grüßen und begrüßen einander. Manche entfernen sich gemeinsam und in gehsteigbreiten Reihen von der Kirche.

»Der also doch, die also doch«, murmelt meine Großmutter. »Der also nicht, die also nicht, also doch, also doch wieder nicht, also doch wieder einmal.«

Nur wenn hin und wieder der eine oder andere der ein- oder austretenden oder auf Eintritt wartenden Kirchgänger zum Küchenfenster hinaufsieht, duckt sie sich unter das Fensterbrett, stößt dann hin und wieder gegen mich und sieht mich aufschreiend an.

»Ach so«, sagt sie, »du bist es. Warum schreist du so?«

Ich setze mich aufs Kanapee, sehe sie zum Herd steigen, einen Augenblick reglos und die Hände von sich gestreckt stehen, mit neun gespreizten Fingern und einem geknickten Ringfinger. Sie bückt sich mit knackenden Knien, sie holt aus der Kiste unter dem Herd eine Zange. Und den Anzug und die Zange vor sich hertragend, steigt sie aus der Küche.

Sie schließt sich ein im Nebenzimmer.

»Heute ist es wieder soweit«, singt sie.

Ich höre sie hin und her steigen, mit den Schuhsohlen gegen den Fußboden klatschen, höre sie ein Möbelstück verrücken, höre ihr Gemurmel, ihren Singsang, das Knacken ihrer Knie, das Knarren der Bettfedern.

Sie schließt das Nebenzimmer ab.

»Zieh deinen Sonntagsanzug an«, sagt sie. »Heute kommen Gäste.«

Sie füllt unter dem Hahn über dem Abguß einen Wasserkessel mit Wasser, stellt ihn auf den Herd, entzündet die Gasflamme unter dem Kessel und steckt auf die Wasserkesselschnauze eine Pfeife. Sie trägt durch den Korridor auf Tortentellern Torte für Torte, in Kristallschalen Schlagsahne ins Zimmer neben dem Nebenzimmer.

In der Mitte dieses Zimmers steht ein an beiden Enden ausgezogener Tisch. Er ist bedeckt mit einem weißen Damasttischtuch. Darauf stehen sechs Gedecke, eines jeweils an den Tischenden, zwei jeweils an den Längsseiten des Tisches. Vor jedem Gedeck steht ein Stuhl. Fünf von den sechs Stühlen sind armlehnenlos. Sie haben hölzerne Sitze und hölzerne Rückenlehnen. Der sechste Stuhl, am Tischende neben der Tür, hat gepolsterte Armlehnen und eine gepolsterte Rückenlehne. An Stelle eines Sitzes jedoch, der einen Stuhl erst sinnvoll macht, befindet sich in diesem sechsten Stuhl ein quadratisches Loch, das umrahmt ist von drei Leisten, den Verbindungen zwischen den Stuhlbeinen sowie der ungewöhnlich hoch hinaufragenden Rückenlehne. Hinter diesem Stuhl, auf einem wandlangen Holzbrett stehen weiße Kerzen.

Meine Großmutter muß den Arm mit dem brennenden Zündholz hochstrecken, damit sie die weißen Dochtenden erreichen kann.

An den Wänden in goldfarbenen Rahmen hängen farbige Bilder. Darauf sind Männer- und Frauenköpfe abgebildet, mit bleichen oder blutüberströmten oder schmerzverzerrten Gesichtern. Sie drehen alle die Augen nach oben. Ihre Köpfe umrahmen runde dicke goldfarbene Kreise.

Meine Großmutter zieht die Vorhänge zu.

Es klingelt dreimal anhaltend und gleich nach dem Klingeln klopfen Fingerknöchel gegen die Haustür. Und während vor der Haustür ein vielstimmiges Gewisper einsetzt, steigt meine Großmutter eilig auf die Zimmertür zu. Eine Art von Eile ist es allerdings, die nur Verzögerung zur Folge hat. Denn nicht wie jeder andere eilt sie, der seine Schrittweite vergrößert, um eine waagrechte Entfernung rascher zurückzulegen, sie wirft ihre spitzen Knie doppelt so hoch hinauf als sonst. Und während ihre Schuhsohlen trotz der Leichtigkeit ihres Körpers gegen den Fußboden des Korridors knallen, fängt in der Küche der Wasserkessel zu pfeifen an, klingeln und klopfen die vor der Haustür wispernden Gäste anhaltend und heftig.

»Wer ist da?« singt meine Großmutter.

»Wir sind's, die Geladenen«, singen vor der Haustür die Gäste.

»Seid ihr im Zustand der Gnade?« singt meine Großmutter.

»Wir haben gewacht«, singen vor der Haustür die Gäste. »Wir haben gebetet. Wir haben keinen Bissen zu uns genommen. Du kannst uns getrost einlassen.«

Meine Großmutter öffnet die Haustür.

Angeführt von meiner Großmutter, in einer Reihe und hintereinander steigen die Gäste ins Zimmer, steigen an mir vorbei, rund um den Tisch herum und betrachten die Aufmachung des Tisches. Ich stehe an der Wand neben der Tür. Ich sehe sie auf mich zu kommen, die Oberarme abstehend von den Rümpfen, die Ellbogen angewinkelt, neun ihrer zehn Finger gespreizt und den Ringfinger mit zwei bis zum Knöchelknick gerutschten Ringen geknickt und mit der Fingerspitze gegen den Handballen gepreßt. Sie tragen schwarze langärmelige hochgeschlossene Kleider, die ihre langgliedrigen dürren Gestalten noch langgliedriger, noch dürrer erscheinen lassen. Und während meine Großmutter die Füße am höchsten vom gemusterten Teppich des Zimmers erhebt, und während sie am größten erscheint, weil ihr Rücken am wenigsten gekrümmt ist, erheben die drei hinter ihr her steigenden Gäste der Reihe nach ihre Füße weniger, aber immer noch auffallend hoch vom Teppich, wobei der am Reihenende steigende Gast einer gewöhnlichen Gehweise vergleichsweise nahekommt, erscheinen die drei hinter ihr her steigenden Gäste der Reihe nach kleiner, weil ihre Rücken der Reihe nach tiefer gekrümmt sind. Und während meine Großmutter beim Mustern der Aufmachung des Tisches den Kopf reglos hält, vielleicht, weil ihr der Anblick vertraut ist, nicken die drei hinter ihr her steigenden Gäste der Reihe nach heftiger mit den Köpfen, wobei der erste hinter ihr offensichtlich aus Zustimmung nickt, denn er murmelt etwas, das sich anhört wie: »Schau, schau!« oder: »Schön, schön!«, wobei der zweite hinter ihr zwar heftiger, aber offensichtlich nur teilweise aus Zustimmung und teilweise aus Altersschwäche nickt, denn er murmelt etwas, das sich anhört wie: »Na ja, na, na!«, wobei der dritte hinter ihr zwar heftiger als die zwei anderen, aber offensichtlich nur aus Altersschwäche nickt, denn, ohne sich zu äußern, geht er um den Tisch herum, ja er versucht sogar, zwar vergeblich, aber immerhin versucht er es, gegen das Nikken des Kopfes anzugehen und den Kopf zu schütteln.

»Was soll das sein?« sagen die drei Gäste meiner Großmutter. Sie bleiben in einer Reihe vor mir stehen, sie weisen auf mich, mit der Reihe nach heftiger zitternden Händen, mit der Reihe nach heftiger wackelnden Köpfen.

»Das ist der Enkel«, sagt meine Großmutter.

»Was soll das sein?« wiederholen die drei Gäste, als sei es unglaublich, daß ein Enkel sich bei seiner Großmutter aufhält, und sie drehen der Reihe nach meiner Großmutter die Köpfe zu. »Der Enkel«, wiederholt meine Großmutter.

»Ah, der Enkel!« rufen die drei Gäste einander zu. Ihre Gebisse klacken aufeinander, sie sehen mich an mit leise nickenden Köpfen. Es ist nur das Pfeifen des Wasserkessels in der Küche zu hören.

Und während ich ihnen der Reihe nach die Hand gebe, und während ich ihre geknickten Ringfinger mit den Ringen fühle, nennt meine Großmutter der Reihe nach die Namen der drei Gäste, ihrer drei Schwestern.

Martha heißt die erste hinter ihr. Sie kann mich aus der Entfernung meines ausgestreckten und ihres ausgestreckten Armes erkennen. Maria heißt die zweite. Sie zieht mich um die Länge ihres Armes zu sich heran und kann mich aus der Entfernung meines ausgestreckten Armes erkennen. Minna heißt die dritte. Sie zieht mich um die Länge ihres und meines Armes zu sich heran und kann mich aus der Entfernung ihrer ausgestreckten Hand erkennen.

Sie nehmen ihre Plätze ein. Tante Minna setzt sich rechts, Tante Maria setzt sich links neben den sitzlosen Stuhl. Tante Martha setzt sich rechts neben Tante Minna. Ich setze mich links neben Tante Maria. Nur noch die beiden Tischenden sind unbesetzt.

Der Wasserkessel in der Küche pfeift nicht mehr.

»Seid ihr bereit!« singt meine Großmutter. Sie stellt die Kaffeekanne auf den Tisch.

»Wir sind's!« singen die drei Schwestern meiner Großmutter. Und während sie sich so aufrecht setzen, als es ihr Alter zuläßt, und während sie die Hände auf den Schößen unter der Tischplatte falten, und während sie ihre Gesichter mit ein wenig verzerrtem Lächeln der Tür zu drehen, trägt meine Großmutter in beiden Händen vor sich her und mühelos die Gestalt eines Herrn ins Zimmer, der länger ist, der breiter ist als sie. Er ist festlich gekleidet mit schwarzem Anzug und weißem Hemd. Über den Händen trägt er weiße Handschuhe. Und weil er mit seinen ausgebreiteten Armen nicht durch die Türöffnung paßt, dreht sie ihn seitlich. Und weil er steht und steif ist, stellt sie ihn in das quadratische Loch des sitzlosen

Stuhls. Und weil er auf seinen übereinandergestellten Zehenspitzen nicht selbständig stehen kann, schlingt sie einen Strick um die Mitte seines Leibes und bindet ihn fest an der Stuhllehne.

»Sieht er nicht aus wie ein Herr?« singt meine Großmutter. Sie steigt ein paar Schritte zurück und den Kopf auf die Schulter gelegt, betrachtet sie ihn nicht ohne Stolz, nicht ohne Scham.

»Er sieht aus wie ein Herr«, singen die drei Schwestern meiner Großmutter. Sie lächeln verschämt, mit hochgezogenen Scl ultern, an ihren schwarzen Kleidern herab. Die Gestalt des Herrn steht im Kerzenlicht, sieht mit gesenktem, mit schmerzverzerrtem Gesicht in die Richtung der Kaffeetasse, in die meine Großmutter Kaffee und Milch gießt, Zucker schüttet, in der meine Großmutter mit dem Kaffeelöffel herumrührt, sieht in die Richtung des Tortentellers, darauf meine Großmutter mit dem Tortenheber ein Stück Torte legt, darauf meine Großmutter einen Eßlöffel Schlagsahne tut, sieht herab an der Serviette, die meine Großmutter nicht ohne Mühe zwängt zwischen seine Brust und sein auf die Brust gestütztes Kinn.

Darauf gießt meine Großmutter, die Gastgeberin, Kaffeetasse für Kaffeetasse voll mit Kaffee, darauf legt meine Großmutter, die Gastgeberin, und dies während die drei Schwestern, die drei Gäste, und gleich darauf ich die Servietten über die Schöße breiten, Tortenstück für Tortenstück auf die Tortenteller.

»Bedient euch bitte«, sagt sie. Sie setzt sich auf den Stuhl am Tischende der Gestalt des Herrn gegenüber.

Und die vier Schwestern stechen mit den Kuchengabeln in die Tortenstücke, sie brechen Tortenbrocken ab, sie spießen die abgebrochenen Tortenbrocken auf die Gabelzinken, sie heben sie an ihre schmallippigen Münder. Sie öffnen die Münder, sie beißen unter dem klackenden Geräusch der aufeinanderklappenden Zähne ihre Gebisse fest. Die Gabeln mit den aufgespießten Tortenbrocken zucken auf und nieder vor ihren auf und nieder wackelnden Köpfen.

»Laßt es Euch schmecken, Herr«, singen sie.

Und die Augen auf die Gabeln gerichtet, passen sie den Augenblick ab, da ihre Münder, da ihre Gabelzinken aufeinander zu zucken, und stoßen dann die Zinken zwischen die Zähne. Sie legen die Gabeln neben die Tortenstücke auf die Tortenteller zurück. Sie kauen den Tortenbrocken, indem sie die Zähne vorsichtig und um Zahnhöhe höchstens voneinander entfernen. Sie beobachten aus den Augenwinkeln die Gestalt des Herrn. Darauf tauchen sie die Kaffeelöffel in die Kaffeetassen, verrühren sie unter dem Geräusch der gegen die Kaffeetassen klirrenden Löffel den Kaffee mit dem Zucker mit der Milch. Sie halten die Tassen nicht an den Henkeln, sie umfassen sie mit beiden Händen. Sie senken ihre Gesichter, nähern sie den Tassen um mehr als den halben Weg zwischen der Tischplatte und sich, wenn sie so aufrecht sitzen, als es ihr Alter zuläßt, sie heben die Tassen von den Untertassen, und die Tassenränder an die Lippen setzend, und unter dem klappernden Geräusch der gegen die Zähne stoßenden Tassenränder, der gegen die Tassenränder stoßenden Zähne, mühen sie sich mehr oder weniger, je nach der Stärke der Zuckungen ihrer Köpfe, ihrer Hände, und folglich ihrer Zähne, ihrer Tassen, einen Schluck Kaffee zu trinken. Der Kaffee schwappt über die Tassenränder auf die Untertassen, auf das Tischtuch. Ich sehe rings um ihre Gedecke mehr oder weniger große braune Kaffeeflecken auf dem weißen Tischtuch.

»Schmeckt es, Herr!« spricht meine Großmutter mit bebender Stimme in ihre vergleichsweise leise zuckende Tasse hinein. Und mit der Tasse und mit den die Tasse umfassenden Händen ihr Gesicht bedeckend, sieht sie über den Tassenrand hinweg auf die Gestalt des Herrn.

Auch ihre drei Schwestern beobachten aus den Augenwinkeln und über die Tassenränder hinweg die Gestalt des Herrn, der mit gesenktem, mit schmerzverzerrtem Gesicht, mit zusammengekniffenen Lippen in Richtung Tischplatte blickt.

Sie halten alle den Atem an, setzen dann die Tassen so heftig auf die Untertassen zurück, daß der Kaffee überschwappt.

Sie stoßen den Atem aus. Die drei Schwestern erheben die Kuchengabeln bis zu Schulterhöhe, sie stechen, die Köpfe ruckartig meiner sich duckenden Großmutter zudrehend, auf das Tortenstück Tante Martha, auf den Tortenteller Tante Maria, auf das Tischtuch neben dem Teller Tante Minna.

»Habt Ihr nicht gesprochen, Herr«, sagt Tante Maria mit bebender Stimme, »weil die Frage töricht ist?«

»Oder habt Ihr nicht gesprochen, Herr«, sagt Tante Minna mit bebender Stimme, »weil jene unrein ist?«

Und die drei Schwestern meiner Großmutter weisen mit den Kuchengabeln in den Händen auf meine Großmutter.

Meine Großmutter stößt sich und ihren Stuhl mit den Füßen ab vom Tisch. Sie läßt sich mit knackenden Knien auf den Teppich fallen. Nur ihr Gesicht und ihre über das Gesicht erhobenen gefalteten Hände, mit neun himmelan gestreckten Fingern und einem geknickten und zwischen die Handflächen gepreßten Ringfinger überragen die Tischplatte.

»Ihr habt zu mir gesprochen, Herr!« ruft sie.

»Uns kannst du nicht täuschen, Heuchlerin!« rufen die drei Schwestern meiner Großmutter. »Steh auf!«

Und während meine Großmutter sich langsam aufrichtet, und während sie langsam den Arm ausstreckt, und während sie mit dem Zeigefinger auf die reglos und stumm stehende, die festgebundene Gestalt des Herrn weist, lassen ihre drei Schwestern die Gabeln aus den Fingern fallen, springen hoch von ihren Stühlen und pressen die Finger gegen die Lippen.

»Der Herr soll mein Zeuge sein!« ruft meine Großmutter. »Tot sollen meine Schwestern niederstürzen auf der Stelle, wenn er geschwiegen hat!«

Die drei Schwestern, auf solche Weise dem Herrn angeboten, stehen lebend und bebend und erwarten ihren Tod. Sie halten den Atem an, so lange sie können, aus Furcht vielleicht, es könnte ihr letzter Atemzug sein. Sie hauchen den Atem aus, sie sinken auf ihre Sitze zurück, sitzen zusammengesackt, sie sehen nicht auf die Gestalt des Herrn, sie sehen mit zweiflerischen Mienen auf ihre Schöße.

»Schmeckt es euch nicht«, sagt meine Großmutter.

Die drei Schwestern zucken zusammen wie aus dem Schlaf Geschreckte, sie ergreifen die Gabeln, stechen in die Tortenstücke, brechen Tortenbrocken ab, spießen sie auf die Gabelzinken und heben sie an ihre Münder. Sie beißen die Gebisse fest, sie passen den Augenblick ab, da ihre heftiger als zuvor auf und nieder zuckenden Gabelzinken und ihre heftiger als zuvor auf und nieder zuckenden Münder auf gleicher Höhe sind, stoßen dann, wenn ihnen der Tortenbrocken in der Zwischenzeit nicht von den Gabeln auf die Schöße, auf den Teppich gefallen ist, die Zinken zwischen die Zähne oder auf die Nase, wobei der Tortenbrocken auf die Schöße, auf den Teppich fällt oder auf das Kinn. Sie lassen die Tassen auf den Untertassen stehen, umfassen sie mit beiden Händen, sie senken die Gesichter, und mit den Zähnen gegen die Tassenränder klappernd, schlürfen sie den Kaffee, wenn er ihnen nicht auf die Untertassen, auf das Tischtuch schwappt. Von Gabel zu Gabel, ob nun die Ladung in die Münder gelangt oder ob sie auf die Schöße, auf den Teppich fällt, von Schluck zu Schluck, ob nun der Kaffee in die Münder fließt oder ob er auf die Untertassen, auf das Tischtuch schwappt, zucken sie weniger heftig, zucken sie schließlich, wenn sie die Teller in die Münder, auf den Teppich geleert haben, wenn sie die Tassen in die Münder, auf das Tischtuch geleert haben, nicht heftiger als beim ersten Bissen, als beim ersten Schluck.

Sie setzen sich so aufrecht, wie es ihr Alter zuläßt. Meine Großmutter schenkt von neuem Kaffee ein, lädt von neuem Tortenstücke auf.

»Was schweigt ihr, sagt sie, »nun da der Herr vielleicht bereit ist, euch zu erhören?«

»Nun da ich nicht lange mehr auf Erden weilen werde«, sagt nach einer Weile Tante Minna, »hätte ich den Herrn gern über die vier letzten Dinge befragt.«

»Über den Tod«, sagt nach einer Weile Tante Maria.

»Über das Jüngste Gericht«, sagt nach einer Weile Tante Martha.

»Über Himmel und Hölle«, sagt nach einer Weile Tante Minna. Sie legen ihre Hände um die Ohrmuscheln. Sie drehen ihre Gesichter mit dem Ausdruck von Aufhorchenden der reglos und stumm stehenden, der festgebundenen Gestalt des Herrn zu.

»Ihr solltet den Herrn nicht mit Fragen behelligen«, sagt nach einer Weile meine Großmutter, »die euch euere Beichtväter beantworten können.«

»Wir wüßten wohl«, sagen die drei Schwestern meiner Großmutter, »was wir den Herrn fragen könnten.«

Sie leeren hastig, große Tortenstücke schlingend oder auf den Teppich werfend, die Teller. Sie leeren hastig, große Schlucke Kaffee in sich hineinschüttend oder auf das Tischtuch, die Tassen. Sie nicken meiner Großmutter zu.

»Was gefragt sein muß«, singt meine Großmutter, »das soll gefragt sein.«

»Habt Ihr vergessen, Herr«, singt Tante Minna, »wo Ihr einst hingt, Herr, und wo Ihr heute noch hängen würdet, wären wir nicht vorübergekommen? Neben einer Landstraße hingt Ihr, Herr, nackt und ohne Dach über dem Haupt. Ärger hattet Ihr es, Herr, als ein Landstreicher, ein Stromer, ein Strolch, der vor dem Unwetter Zuflucht findet in Scheunen, in Ställen, unter Bäumen. An Euch vorüber zogen keine Pilger, zu rasten, zu beten, Euer zu gedenken. An Euch vorüber trieben Rindsherden und Schafsherden. Jene aber, die sie trieben, die Knechte und Mägde, hatten nur Augen für ihr Rind, für ihre Schafe, und nicht für Euer Leid, hatten nur Hände, mit Peitschen ihre Herden zusammenzuhalten, und nicht für ein Kreuzzeichen, und nicht für ein Gebet. Ihr habt uns gejammert, Herr. Wir haben gebetet bis es finster ward. Wir haben Euch ausgegraben mit diesen Händen. Wir haben Euch getragen auf diesen Rücken die Landstraße entlang in diese Stadt. Und weiter war unser Weg, Herr, als jener, den Ihr gegangen seid nach Golgatha. Und schwerer war unsere Last, Herr, als jene, die Ihr getragen habt. Denn nicht wie Ihr haben wir ein Kreuz nur getragen, wir trugen Euch dazu. Und nicht wie Ihr sind wir dreimal nur gefallen, unser Weg ward ein Aufraffen und Ausschreiten zu erneutem Fall und den Rastpausen, da wir danieder lagen, länger als Ihr, Herr, und nicht nur im Staub, Herr, bis die Schmerzen des Aufschlags nachließen. Euere Stürze, Herr, sind gezählt, und ein jeder, der zu zählen versteht, weiß sie auswendig, unsere unzähligen Stürze blieben ungezählt. Wir haben Euch in mein Haus getragen. Und Ihr hattet ein Dach über dem Haupt. An Euch sind sie achtlos vorübergegangen, jene Knechte und Mägde, das Loch aber fiel ihnen auf. Und sie eilten zu den Bauern, bei denen sie dienten.

›Da ist ein Loch‹, sagten sie.

Die Bauern schirrten Ochsen, Kühe oder Pferde an ihre Karren. Sie fuhren, geführt von den Knechten und Mägden, zu jener Stelle, Herr, da Ihr gehangen habt. Sie stiegen von ihren Karren, sie stellten sich rings um das Loch, und sie sahen in dieses Loch.

›Wo ein Loch ist‹, sagten sie zueinander, ›da fehlt etwas.‹

›Wo etwas fehlt‹, sagten sie zueinander, ›da wurde etwas weggeholt.‹

›Wo etwas ohne Handel weggeholt wurde‹, sagten sie zueinander, ›da wurde etwas gestohlen.‹

›Wie aber sollen wir des Diebes habhaft werden, wenn wir nicht wissen, was er da gestohlen hat?‹ sagten sie zueinander. Und weil keiner eine Antwort wußte, fuhren sie zurück in ihr Dorf. Sie gingen von Gehöft zu Gehöft, sie fragten an, wem etwas fehlte, und was es wäre, das da fehlte. Darauf stellten alle Bauern des Dorfes lange Listen der Dinge auf, die ihnen fehlten. Doch waren dies Dinge, die nicht nur nicht in diesem Loch, die nicht nur nicht in einem Gehöft, die nicht einmal in einer Kathedrale Platz gefunden hätten. Doch waren dies Dinge von solcher Größe, von solchem Gewicht, von solcher Anzahl, daß es eines Heeres von Dieben bedurft hätte, sie davonzuschaffen. Je länger aber die Bauern der Dinge gedachten, die ihnen fehlten, um so größer ward ihr Gejammer, ihr Wehgeschrei, ihre Wut gegen die Diebe. Sie gingen vor den

Richter und klagten gegen sie. Doch als sie verhört wurden, wußten sie zwar mit großer Beredsamkeit anzugeben, was das für kostbare Dinge waren, die ihnen fehlten, aber sie wußten nicht anzugeben, wann und wo und wovon sie sie erworben hatten. Die einen schwiegen verstockt. Die anderen nannten stammelnd die Namen ihrer Verwandten und Freunde, lebender wie verstorbener. Sie beteuerten auch, daß sie jene kostbaren Dinge nur teilweise erworben, teilweise geerbt oder geschenkt bekommen hätten. Aber der Richter fand heraus, daß der geringere Teil der Genannten nicht reicher und nicht ärmer war als die Bauern, daß der größere Teil der Genannten ärmer war als die Bauern, bettelarm sogar, und eines Geschenks und einer Erbschaft eher bedurft hätte als die Bauern. Da gingen die Bauern unverrichteter Dinge zurück zu ihren Gehöften. Und sie murrten über ihr Geschick, das ihnen Dinge versagte, die es anderen gönnte.

Der Pfarrer hielt der Gemeinde während der Sonntagsmesse von der Kanzel herab eine Predigt wider die Habsucht.

›Ihr sollt euch nicht Schätze sammeln auf Erden‹, sagte er, ›sagt der Herr, wo sie die Motten und der Rost fressen und wo die Diebe nachgraben und stehlen. Die Füchse, sagt der Herr, haben Gruben, und die Vögel unter dem Himmel haben Nester, aber des Menschen Sohn hat nichts, wo er sein Haupt hinlege.‹ Darauf schlug der sich gegen den Kopf. ›Ich habe ihn ja mit eigenen Händen eingegraben!‹ rief er, brach die Predigt ab, ließ die Gemeinde im Stich und eilte zum Richter.

Er erstattete nicht wegen Diebstahl Anzeige gegen den Dieb. Er erstattete wegen Raub Anzeige gegen den Räuber.

Wir haben Euch befragt, Herr, ob wir uns stellen sollen. Warum habt Ihr geschwiegen, Herr?«

»Habt Ihr vergessen, Herr«, singt Tante Maria, »wie Minna, unsere Schwester, abnahm von Tag zu Tag an Gewicht, wie sie aufschrie, wenn ein Briefträger klingelte, ein Gasmann, ein Vertreter, wie sie die Haustür öffnete, wie sie rief: ›Ich bekenne!‹ wie sie zusammenbrach, von Briefträgern, von Gasmännern, von Vertretern zu Bett geschleppt werden mußte, wie sie aufschrie, wenn der Wasserkessel pfiff auf dem Herd, wie sie aufschrie schließlich, wie sie es klingeln hörte, wenn keiner klingelte, wie sie es pfeifen hörte, wenn nichts pfiff?

Wir haben Euch befragt, Herr, ob Ihr vorliebnehmt mit meinem Haus. Ihr aber habt geschwiegen, Herr. Wir haben gebetet bis es finster ward. Wir haben Euch vom Kreuz genommen. Wir haben Euch gekleidet mit den feinsten Kleidern des verstorbenen Mannes der Minna, unserer Schwester, die für Euch gelitten hat. Und weil sie im Fieber lag, waren es unser nur drei, Euch zu tragen. Eine trug Euer Kreuz. Zwei gingen unter Eueren ausgebreiteten Armen. Und wir trugen Euch durch finstere Gassen. Und wir mischten uns unter Dirnen und Diebe. Und wir schwatzten sündiges Zeug, und wir tanzten lästernd um das Kreuz. Und die Dirnen und die Diebe lachten und klatschten, und ließen uns vorüber ohne Argwohn, und hielten uns für ihresgleichen. Und wir haben Euch in mein Haus getragen. Und Ihr hattet ein Dach über dem Haupt. Und wir entkleideten Euch. Und wir hängten Euch ans Kreuz. Und wir taten Buße für unsere Reden.«

»Habt Ihr vergessen, Herr«, singt Tante Martha, »wie unsere Schwester Maria Euretwegen ins Gerede kam? ›Ihr habt wohl Besuch?‹, fragte am nächsten Morgen schon die Nachbarin. Und als Maria unsere Schwester schwieg, ging die Nachbarin herum und verbreitete Gerüchte über sie.

›Sie hat einen Mann bei sich‹, sagte sie. ›Ich habe ihn mit eigenen Augen gesehen. Der ihre kann es nicht sein, denn der liegt unter der Erde seit Jahren. Und Söhne hat sie nicht geboren.‹

Und wenn unsere Schwester Maria zur Messe ging, riefen die Leute hinter ihr her: ›Wofür habt ihr euch entschieden, Braut, für den Schleier oder für das Totenhemd?‹

Und wir haben Euch befragt, Herr, ob Ihr vorliebnehmt mit meinem Haus. Wir haben gebetet bis es finster ward. Wir haben Euch gekleidet mit den feinsten Kleidern des verstorbenen Mannes der Maria, unserer Schwester, die für Euch gelitten hat. Und weil sie sich nicht blicken lassen konnte, waren es unser nur zwei, Euch zu tragen. Eine trug Euer Kreuz. Eine ging unter Euerem rechten ausgebreiteten Arm. Und wir gingen durch finstere Gassen. Aber statt der Dirnen, statt der Diebe, sahen wir Polizisten stehen an jedem Eck. Die waren hinter einem Verbrecher her. Den ließen sie laufen. Uns aber folgten sie bis zum Haus der Martha, darin wir Euch entkleideten und ans Kreuz hängten. Und als wir dies vollbracht hatten, klopften sie gegen die Haustür. Sie ergriffen uns und sie führten uns und Euch mit sich fort. Sie holten unsere Schwestern aus ihren Häusern. Und wir kamen vor den Richter. Und die Bauern und die Knechte und die Mägde waren versammelt und auch der Pfarrer der Gemeinde. Die Bauern haben mit Spaten das Loch, darin Ihr stecktet, Herr, vertieft und verbreitert zu einer großen Grube. Sie lasen dem Richter, die großen Dinge weglassend, die kleinen und kostbaren Dinge der Listen vor, die sie aufgestellt hatten. Aber dem Richter war die Grube allein nicht Beweis genug. Der Pfarrer aber sprach: ›Sie haben Gott gelästert!‹ Wir aber antworteten: ›Wir lieben Gott mehr als ihr!‹ Der Richter aber sprach: ›Sie sind arm im Geist! Laßt sie laufen!‹ Euch aber, Herr, gab er den Bauern zurück. Die Bauern indes schrien: ›Den wollen wir nicht! Wenn wir den sehen, packt uns die Wut! Als der nicht mehr im Wege stand, haben wir gemerkt, was alles uns fehlt.‹«

»Habt Ihr vergessen, Herr«, singt meine Großmutter, »wie sie mir Euer Kreuz und Euch dazu auf den Rücken warfen, wie sie auf ihre Karren sprangen, wie sie einschlugen auf ihre Ochsen, Kühe, Pferde, wie sie uns vor sich her trieben durch die halbe Stadt? Habt Ihr vergessen, Herr, wie die Mägde und die Knechte nebenherrannten, wie sie auf uns spien, wie sie uns Beine stellten in den Weg, wie wir stürzten? Habt Ihr vergessen, Herr, wie unsere Freunde, unsere Bekannten, ja sogar unsere Beichtväter auf den Gehsteigen zusahen, wie sie sich abwendeten, sprachen: ›Wir kennen diese Weiber nicht?‹«

Und meine Großmutter springt auf und steigt in die Küche. Und die drei Schwestern meiner Großmutter springen auf und steigen auf die reglos und stumm stehende, die festgebundene Gestalt des Herrn zu.

»Sie hat Euch in ihr Haus getragen, Herr!« schreien die drei Schwestern meiner Großmutter. »Sie hat Euch gekleidet mit den feinsten Kleidern ihres verstorbenen Mannes! Sie hat Euch Speise und Trank aufgetischt jeden Sonntag! Das können wir bezeugen! Wir haben lange geschwiegen, Herr, ehe wir Euch die erste Frage stellten! Und es war eine Frage, die uns jeder andere beantwortet hätte, der weiß, was sich gehört!«

»Wer seid Ihr denn, Herr?« schreit meine Großmutter. »Wir werden Euch zeigen, Herr, wer Ihr seid und wohin Ihr gehört!« Sie steht auf der Türschwelle, schwingt den Hammer in der Hand. Die drei Schwestern meiner Großmutter reißen die Kleider von der Gestalt des Herrn. Sie ist nackt bis zum Nabel. Den Unterleib bedeckt ein unter dem Nabel verknotetes Tuch. Die Tuchenden stehen rechts und links des Knotens ab. Und während meine Großmutter mit dem Hammer in der Hand vorsteigt, schleppen die drei Schwestern meiner Großmutter die Gestalt des Herrn ins Nebenzimmer. Sie pressen sie gegen ein großes hölzernes Kreuz, das zwischen zwei auseinandergerückten Betten hängt an der Wand. Jede der drei Schwestern hält in der freien Hand einen Nagel. Und Tante Martha stößt den Nagel durch das Loch in der rechten Hand der Gestalt des Herrn. Und meine Großmutter schlägt ihn ein mit dem Hammer ins eine Ende des waagrechten Balkens. Und Tante Maria stößt den Nagel durch das Loch in der linken Hand der Gestalt des Herrn. Und meine Großmutter schlägt ihn ein mit dem Hammer ins andere Ende des waagrechten Balkens. Und Tante Minna stößt den Nagel, indem sie sich niederkniet mit knackenden Knien, durch das Loch in den aufeinandergestellten Füßen der Gestalt des Herrn. Und meine Großmutter schlägt ihn ein mit dem Hammer in den senkrechten Balken unten.

»Herrgott«, höre ich einen Mieter schreien, »immer diese Hämmerei!«

»Was sein muß«, singen die vier Schwestern, »das muß sein!« Sie fallen auf die Knie. Sie falten die Hände.

# Die Insassen

Flogen sie unter den Flugzeugen hinweg, sahen die Vögel so groß aus wie die Flugzeuge. Flogen sie hinab und setzten sich auf die Masten oder auf die Kabel zwischen den Masten, sahen die Vögel größer aus als die Flugzeuge. Die Vögel flogen von den Masten, von den Kabeln zwischen den Masten auf die kleinen graugrünen Hügel vor uns zu. Die Flugzeuge flogen über die Hügel, über die grauen Masten, über die schwarzen Kabel auf die kleinen graugrünen Siedlungshäuser am Stadtrand hinter uns zu. Die Vögel verschwanden rascher hinter den Hügeln als die Flugzeuge hinter den Häusern. Es sah aus, als flögen die Vögel schneller als die Flugzeuge. Wir gingen auf einer schnurgeraden Straße zwischen den Häusern und den Hügeln. Wahrscheinlich waren wir den Hügeln viel näher als den Häusern. Die Masten steckten in den Wiesen rechts und links der Straße. Die Kabel zwischen den Masten spannten sich schnurgerade bis zu den Horizonten beiderseits. Je weiter die Masten rechts und links von der Straße entfernt steckten, um so kürzer sahen sie und die zwischen sie gespannten Kabelstücke aus. Und die Vögel auf den entfernteren Kabelstücken sahen aus wie Knoten. Auf den Wiesen, mit mehr Unkraut als Gras, mit größeren Brandflecken als Rasenflecken, lagen Büchsen und Flaschen und angekohlte und angefaulte Papier- oder Stoffetzen. Auf den schwarzen Brandflecken lagen weiße Kippen der Zigaretten vielleicht, die sich die Feuermacher am Brandfleck stehend und in die Glut starrend oder die Glut ausstochernd angezündet hatten. Der Wind trieb den Unrat so lange über die Brand- und Rasenflecken hinweg, bis er im Geäst der wenigen Büsche hängenblieb. Und an den Büschen hingen mehr Papier- und Stoffetzen und Büchsen als Blätter. Die Straße entlang, von den Häusern zu den Hügeln, von den Hügeln zurück zu den Häusern fuhren Müllabfuhren mit drei Müllkutschern und einem

Fahrer. Die Müllkutscher standen auf dem Trittbrett an der Rückwand der Müllabfuhr. Zwei standen rechts und links des zugeklappten Loches in der Rückwand, in das die Mülltonnen entleert werden, einer stand vor dem Loch. Sie hielten sich an den Griffen an der Rückwand fest. Sie trugen lange schmutzige Gummischürzen und Gummihandschuhe und Gummistiefel. Ihre Köpfe bedeckten Schirmmützen. Außer diesen Müllabfuhren fuhren gelegentlich Personenwagen den Hügeln zu. Darin saßen meist drei bis vier Personen, die mit finsteren verkniffenen Mienen eine fröhlich grölende oder um sich schlagende oder sich erbrechende Person festhielten. Fuhren diese Personenwagen den Häusern zu, fehlte die fröhlich grölende oder um sich schlagende oder sich erbrechende Person. Die drei bis vier Personen nickten einander zu und blickten mit finsteren verkniffenen Mienen zu den Hügeln zurück.

»Das war einmal ein Flugplatz«, sagte meine Großmutter.

Wir standen vor Schutthalden, die von fern wie Hügel ausgesehen hatten. Die Schutthalden waren so hoch wie die Siedlungshäuser. Die Siedlungshäuser waren von den Schutthalden aus nicht mehr sichtbar, wie die Schutthalden von den Siedlungshäusern aus noch nicht sichtbar gewesen waren.

»Das war einmal die Rollbahn«, sagte meine Großmutter.

Die Schutthalden lagen rechts und links der Rollbahn in regelmäßigen Abständen voneinander. Nur die letzte Schutthalde hinten links hatte noch nicht die Höhe der übrigen Schutthalden erreicht. Kniehohes Unkraut überwuchs diese Anhäufungen von Unbrauchbarem. Hier lagen nicht nur Büchsen, Flaschen, Schachteln, Papier- und Stoffetzen, hier lagen Matratzen, Läufer, Lampenschirme, hier lagen Schranktüren, Stuhllehnen, Geschirrscherben, Kochtöpfe, Eßreste, hier lagen Fahrradrahmen, Autoreifen, Regenschirme, Bücher, Bilder, Mülleimer.

»Das waren einmal die Flugzeugschuppen«, sagte meine Großmutter.

Die grauen blechernen Flugzeugschuppen lagen hinter den Schutthalden links der Rollbahn. Ihre Eingänge waren teils offen, teils mit Schranktüren zugestellt, mit Decken verhängt. Die Löcher in diesen blechernen Flugzeugschuppen waren mit Pappe zugedeckt, mit Papier- oder Stoffetzen verstopft. Vor den Eingängen hingen an verknoteten Wäscheleinenstücken Lumpen. Aus den Schuppen trat hin und wieder ein alter Mann oder eine alte Frau und humpelte einen leeren Sack hinter sich herschleifend auf die Schutthalden zu. Zwischen den Schutthalden hindurch humpelte hin und wieder ein alter Mann oder eine alte Frau einen gefüllten Sack hinter sich herschleifend auf die Schuppen zu. Und wenn so ein alter Mann oder so eine alte Frau unter dem Geräusch der zu Boden prasselnden Dinge einen Sack im Schuppen entleerte, so traten aus allen anderen Schuppen alte Männer und Frauen. Sie schleppten oder schleiften Stuhllehnen, Lampenschirme, Läufer, Matratzen, Spiegelscherben, Töpfe, Eßreste. Sie überholten einander humpelnd. Sie drängten sich durch den Eingang des Schuppens. Sie fingen an, zänkisch und keifend und in einer Lautstärke, daß es durch die Schuppen und über den Flugplatz hallte, Tauschhandel zu treiben.

»Zeig her! Zeig her! Was hast du gefunden? Was willst du behalten? Was tauschst du ein?« schrien sie durcheinander. »Einen Läufer, einen Lampenschirm, einen Tiegel! Brauch ich nicht! Brauch ich nicht! Ei, ei, sieh an, ein Bein! Tausch es ein! Was willst du denn mit einem Bein! Fändest du die fehlenden drei dazu, und du wirst sie nicht finden, erlebtest du noch so viele Müllabfuhren, und du wirst sie nicht erleben, fehlte dir noch immer der Sitz, und die Sitze sind seltener als die Beine, und doppelt so viele Müllabfuhren mindestens müßtest du erleben, als du bereits erlebt hast. So ein Bein, das ist ein Glücksfall, ein Fund für einen, der drei Beine beisammen hat durch mühsame Suche, durch listigen Tausch, und einen Sitz dazu. Wer aber findet das Bein? Einer natürlich, der noch kein Stuhlteil gefunden hat oder eingetauscht mit Gefundenem!«

»Was bietet ihr für das Bein?« fragte einer.

»Ich gäbe diese Decke dafür«, antwortete ein anderer. »Sie hat ein Loch, allerdings. Was aber, frage ich, hat hier kein Loch?«

»Ein Loch, sagst du!« kreischte der eine. »Meinst du, ich sähe nicht recht!«

»Das ist keine Decke«, schrien sie alle durcheinander, »das ist ein Sieb!«

»Was also bietet ihr anderes für das Bein?« fragte der eine.

»Ich gäbe diesen Topf dafür«, antwortete ein zweiter. »Er hat ein Loch, allerdings. Was aber, frage ich, hat hier kein Loch?«

»Ein Topf mit einem Loch«, kreischte der eine, »das ist wie ein Haus ohne Dach! Und ein Tropf ist der, der sich da niederlegt. Kann er sich doch gleich neben die Landstraße legen! Und ein Tropf ist der, der in einen durchlöcherten Topf sein Essen gießt. Kann er es doch gleich verschenken! Kann er es doch gleich verschütten! Was also bietet ihr anderes für das Bein?«

»Ich gäbe dieses Tischbein dafür«, antwortete ein dritter. »Wenn du eine Weile weiter suchst, wenn du eine Weile weiter tauschst, hast du einen Tisch.«

»Was soll ich denn mit einem Tisch?« kreischte der eine »Ich habe noch kein Tischteil gefunden oder eingetauscht mit Gefundenem. Fände ich die drei fehlenden Tischbeine und die Tischplatte dazu, und ich werde sie nicht finden, denn so viele Müllabfuhren erlebe ich nicht mehr, fände ich die zum Einschlagen der Beine in die Tischplatte fehlenden Nägel, und ich werde sie nicht finden, denn meine Augen lassen nach von Tag zu Tag, fehlte mir noch zum Einschlagen der Nägel der Hammer. Jener aber, der den Hammer hat, der treibt Wucher und keinen Handel, der würde für den Hammer den Tisch verlangen.«

»Was schwätzt du da, du Haderlump!« schrie jener offenbar, der einen Hammer besaß. »Das ist gerechter Handel, einen Hammer tauschen gegen einen Tisch. Was ist ein Tisch allein? Angenommen, du hättest einen Tisch, und du wirst ihn nie haben, fehlte dir der Stuhl dazu. Angenommen, du hättest den Stuhl, und du wirst ihn nie haben, denn noch keiner hat es hier zu einem vollständigen Tisch und einem vollständigen Stuhl dazu gebracht, ja nicht einmal zu einem vollständigen Tisch oder zu einem vollständigen Stuhl allein. Wir haben alle nur Teile, weil wir nie handelseinig werden, angenommen also, du hättest es so weit gebracht, du setztest dich auf den Stuhl vor den leeren Tisch, und es ist dein Glück, daß du es nie so weit bringen wirst, fiele dir ein, daß dir ein Topf fehlt ohne Loch, und keiner hat hier jemals einen solchen gefunden, dann fiele dir ein, daß für unsereinen ein Topf ohne Loch nutzlos ist wie ein Topf mit einem Loch, denn das zum Hineinfüllen fehlte dir immer noch. Angenommen also, du hättest einen Topf mit Loch, und nicht einmal den wirst du haben, obwohl sie in Mengen hier herumliegen, denn du kannst kaum mehr sehen, denn du kannst keinen Handel treiben, aber angenommen, du säßest auf dem Stuhl vor dem Tisch mit dem Topf auf dem Tisch, so wäre dein Hunger größer als dein Hunger heute.«

»Wie er sich aufspielt, der Haderlump!«, schrien sie alle durcheinander, »mit seinem morschen Bein! Was soll ein Bein allein wert sein, wenn ein vollständiger Tisch und ein Stuhl und ein Topf dazu wertlos sind für unsereinen! Damit kannst du keine Sprünge machen! Damit kannst du keinen mehr erschlagen! Beweis ihm, was dein Hammer wert ist!«

Sie schlugen mit dem Hammer gegen das Stuhlbein und mit den Fäusten gegen die blecherne Schuppenwand. Die Schuppenwand schepperte. Aus dem Schuppeneingang flogen kleine Holzstücke.

»Ich hatte ein Stuhlbein«, jammerte der eine. »Es war immerhin eine Decke, einen Topf, ein Tischbein wert! Ihr habt es zerschlagen, ihr Hurenbälger!«

»Ich habe bereits drei Beine«, jammerten mehrere durcheinander. »Ich hätte einen Stuhl gehabt, mit diesem zertrümmerten Bein! Ich hätte fünf Beine gehabt, mit diesem zertrümmerten Bein!«

Die Halden hinab krochen oder rutschten alte Männer und Frauen, mit einer Hand Halt suchend, mit der anderen halbgefüllte Säcke zuhaltend. Sie humpelten auf den Schuppen zu. Die im Schuppen schlugen kreischend und wimmernd aufeinander ein. Andere wühlten unbeirrt weiter. Und tiefe Löcher in diese Anhäufungen von Unbrauchbarem grabend, suchten sie nach Brauchbarem. Auf den Höhepunkten einiger Schutthalden tauchten die Köpfe von alten Männern und Frauen auf. Sie steckten bis zum Hals im Unrat. Sie neigten lauschend und die Hände um die Ohrmuscheln legend die Köpfe in die Richtung des Schuppens.

»Nur nicht einmischen!« riefen sie einander zu. Und ihre Köpfe tauchten unter in den Schutthalden. Auf der ersten, auf der der Straße am nächsten liegenden Schutthalde, hockte einer ohne zu buddeln. Er schirmte sich mit den Händen die Augen nach rechts und links ab, offenbar, damit er durch keinen Vorgang rechterhand oder linkerhand abgelenkt wurde, und blickte zwischen seinen Handflächen hindurch auf die Straße. Er stieß, indem er zwei Finger zwischen die Lippen steckte, einen Pfiff aus, kroch darauf die Schutthalde hinab und humpelte auf die letzte, die niedrigste Schutthalde hinten links zu. Die Straße entlang fuhr eine Müllabfuhr. Und während sich die unter den Höhepunkten der Schutthalden wühlenden Männer und Frauen langsam aus ihren Löchern empor arbeiteten, und während ihre Köpfe auftauchten, ihre Arme, und während sie, die Arme auf den Unrat stützend, die Oberkörper, die Rümpfe schließlich ganz herauszogen, und während sie die Halden hinab rutschten oder krochen und halbgefüllte Säcke hinter sich herschleifend über die Rollbahn auf die Schutthalde hinten links zu humpelten, und während aus den Eingängen der übrigen Schuppen, teils die Schranktüren umstoßend, teils die Decken abreißend in der Eile, weitere alte Männer und Frauen, nach einem Blick in die Richtung der der Straße am nächsten liegenden Schutthalde, nach den Ausrufen: »Kein blinder Alarm!« und: »Er hockt nicht mehr da!« und: »Er hat gepfiffen!«, während also diese alten Männer und

Frauen, leere Säcke hinter sich herschleifend, über die Rollbahn auf die Schutthalde hinten links zu humpelten, schlugen die im Schuppen streitenden Männer und Frauen kreischend und wimmernd und, weil sie kreischten und wimmerten, den Pfiff überhörend, aufeinander ein. Sie verstummten erst, als die Müllabfuhr hupend und mit großer Geschwindigkeit die Rollbahn entlangfuhr. Sie drängten sich aus dem Schuppeneingang, teils mit Säcken, teils ohne Säcke, und humpelten, einen zweiten Haufen bildend, auf die Rollbahn zu.

Es waren zwei graubraune Haufen alter Leute, die die graue Rollbahn entlanghumpelten, der erste vor, der zweite hinter der zwischen ihnen mit großer Geschwindigkeit fahrenden Müllabfuhr. Je näher die im ersten Haufen Humpelnden der Schutthalde links hinten kamen, um so dichter drängten und hängten sie sich aneinander, um so fester hielten sie sich aneinander. Die Voraushumpelnden wurden zurückgerissen, die Hinterdreinhumpelnden wurden vorangezerrt. Und übereinander stolpernd, und miteinander auf die Rollbahn stürzend, und sich und die anderen hochraffend, und von den anderen hochgerafft, hemmten sie sich im Vorankommen dermaßen, daß sie der zweite, um so viel später aufgebrochene Haufen, darin die einzelnen unabhangig voneinander und daher rascher humpelten, auf der Hälfte der Rollbahn einholte. Dies geschah, kurz nachdem sie die Müllabfuhr überholt hatte. Beim Überholen des Haufens tippten sich die Müllkutscher mit den Händen, mit denen sie sich nickt an den Haltegriffen festhielten, unter die Schirme ihrer Mützen und gegen die Stirnen, schrien die Müllkutscher dem Haufen zu: »Raffsäcke, ihr!« Die im zweiten Haufen Voraushumpelnden streckten die Arme aus nach den im ersten Haufen Hinterdreinhumpelnden. Sie klammerten sich an ihren zerlumpten Kleidern fest. Und wenn sie nicht mit den Kleidern die Arme faßten, die Hälse umschlangen, die Schultern packten, hielten sie nichts als einen Stoffetzen in der Hand und mußten ein zweites Mal zupacken. Der so entstandene dicke graubraune Haufen alter Leute bewegte sich nur sehr langsam voran. Es war nicht festzustellen, zu welchen Rümpfen diese ineinander gehakten und verschlungenen Gliedmaßen gehörten. Sie hingen so fest aneinander, daß sie, wenn sie stürzten, alle stürzten und in eine Richtung. Auf dem Stück Rollbahn, das sie zurückgelegt hatten, lagen Stoffetzen, Schuhe, Säcke, aufgelesener Unrat. Das, was sie zurückgelassen hatten, auf ihrem Weg zu neuen Funden, las ein anderer auf. Er wäre bei dieser Wetthumpelei zur Halde hinten links doch zu kurz gekommen, und wäre er nicht zu kurz gekommen, so hätte er nur etwas bis zum Haldenrand Hinabgerolltes auflesen können. Er, der auf die Hände angewiesen war, wenn er weiterwollte, und diesen Stuhl mit Rädern statt Beinen. Er, der über die Rollbahn rollte, rumpfhoch und nur eine Handbreit über dem Asphalt. Er trug schwarze Handschuhe über den Händen, mit denen er die Hinterräder antrieb. Er legte sie auf die Reifen, ließ sie darauf, eine halbe Umdrehung lang, löste sie von den Reifen, legte sie auf, ließ sie darauf, löste sie, in rascher Folge und immer dicht über dem Asphalt, damit er sich nicht über die eigenen Finger fuhr. Korrekt wie ein Herr war er gekleidet, mit schwarzem Hut und Rock mit weißem Tuch und weißem Hemd. Am Rockende jedoch, wo bei anderen die Beine beginnen, da hörte er auf. Er hielt an, bei jedem Gegenstand, sah ihn an, ließ ihn liegen oder hob ihn auf, und legte ihn vor sich auf den Sitz, auf dem er saß. Vor der Schutthalde hinten links hielt die Müllabfuhr. Die Müllkutscher sprangen vom Trittbrett. Der Fahrer fuhr rückwärts mit der Müllabfuhr bis an den Schutthaldenrand heran. Die Müllkutscher verschwanden für einen Augenblick in der Staubwolke, die bei der Entleerung des Unrats entstand. Sie sprangen auf das Trittbrett zurück. Der Fahrer fuhr mit großer Geschwindigkeit auf den dicken graubraunen, den auf die nun ein wenig höhere, aber noch immer niedrigste Schutthalde hinten links zu humpelnden Haufen alter Leute los.

»Mal sehn, mal sehn«, riefen sie, »was sich an Brauchbarem findet! Manchmal werfen sie etwas ganz Neues weg in der Wut oder aus Versehen!« Sie wichen nicht aus, sie schrien nicht einmal auf, als der Fahrer der Müllabfuhr erst dicht vor ihnen das Steuerrad herumriß, und in einer scharfen Kurve an ihnen vorüberfuhr. »Raffsäcke, ihr!« riefen die Müllkutscher und sie tippten sich mit den Händen, mit denen sie sich nicht an den Griffen festhielten, unter die Schirme ihrer Mützen und gegen die Stirnen. Der in der Karre war bis zum Rand der Rollbahn gerollt. Er lüftete den Hut, als die Müllabfuhr an ihm vorüberfuhr.

»Das war einmal ein Restaurant«, sagte meine Großmutter.

Von dem Restaurant stand nur noch ein Wandstück mit drei Fensteröffnungen. Vor diesem Wandstück hielt die Müllabfuhr. Durch die Fensteröffnungen und über dem mit kniehohem Unkraut überwachsenen Mauerstreifen über den Fensteröffnungen war ein Trümmerhaufen sichtbar, der Bestandteile offenbar des ehemaligen Restaurants.

»Da konnte man einmal drinnen sitzen«, sagte meine Großmutter, »und draußen auch, wenn schönes Wetter war.«

Der Fahrer der Müllabfuhr reichte den drei Müllkutschern drei Bierflaschen und drei in Papier gewickelte Päckchen zum Müllabfuhrfenster heraus. Und während er vom Fahrersitz ins Freie sprang, gingen die drei Müllkutscher, ein jeder in der einen Hand eine Flasche, in der anderen Hand ein Päckchen haltend, auf die drei Fensteröffnungen zu. Sie setzten sich, ein jeder in eine Fensteröffnung. Sie saßen, die Gesäße und die Füße auf die Fenstersimse gesetzt, die Knie geknickt, die Rücken gegen die Seitenwände der Fensteröffnungen gelehnt, die Rükken einander zugekehrt. Und während der Fahrer nun mit Bierflasche und Päckchen in den Händen auf das Wandstück zuging, dem die drei Müllkutscher zugewendet saßen, und während er sich mit dem Rücken dagegen lehnte, setzten die drei Müllkutscher die Bierflaschen an die Lippen, wickelten die drei Müllkutscher die Päckchen aus und bissen in die Stullen. Sie sahen alle vier in die Richtung der Schutthalde hinten links.

Vor der Schutthalde löste sich der graubraune Haufen auf. Die alten Männer und Frauen warfen sich auf die Halde. Sie krochen die Halde hinauf. Die Halde wimmelte von hin und her und hinaufkriechenden und hinabrutschenden und -rollenden alten Leuten. Zwischen ihnen oder unter ihnen oder über sie hinweg oder mit ihnen hinab rutschte und rollte der Unrat. Es war mitunter nicht festzustellen, ob es ein Mensch war, der da rutschte und rollte, oder ob es ein größeres Stück Unrat war. Sie wühlten so wild, daß große Staubwolken entstanden. Sie verharrten hustend und reglos, bis sich der Staub gelegt hatte. Dann rafften sie weiter. Nur das, was sich auf den ersten Blick schon als völlig unbrauchbar erwies, warfen sie von sich und in die Luft.

Als sie die Säcke, die Taschen, die Röcke vollgestopft hatten, humpelten sie über die Rollbahn auf die Schuppen zu. Und obwohl sie nun einzeln und unabhängig voneinander humpelten, kamen sie noch langsamer voran, als auf dem Hinweg. Denn die Last, die sie schleppten oder schleiften, war nicht leicht. Sie hielten alle paar Schritt inne, setzten die Säcke ab oder größere Gegenstände. Und während sie rasteten, kramten sie im aufgelesenen Unrat. Sie betrachteten mit vorgeschobenen Unterlippen das Aufgelesene. Sie warfen das, was sie zwar auf den ersten Blick und in der Eile für brauchbar hielten, was sich aber auf den zweiten Blick als unbrauchbar erwies, auf die Rollbahn. Sie steckten das, was auch einem zweiten Blick standhielt, zurück in die Säcke, die Taschen, die Röcke. Nur bei wenigen Gegenständen wiegten sie die Köpfe, schoben sie die Unterlippen um ein Stück weiter nach vorn, warfen sie dann weg oder steckten sie mißmutig zurück.

»Da konnte man einmal die Flugzeuge starten und landen sehen«, sagte meine Großmutter.

Auf dem Höhepunkt der niedrigsten Schutthalde hinten links bewegte sich der Unrat. Jemand wimmerte unterdrückt. Ein Arm tauchte auf mit fünf weit auseinander gespreizten Fingern. Der Arm bewegte sich hin und her, rutschte bis zum Ellbogen in den Unrat zurück, bis zum Handgelenk, verschwand. Der Unrat bewegte sich nicht mehr. Das Gewimmer verstummte.

Der in der Karre rollte auf die drei Fensteröffnungen des Mauerstücks zu. Die Müllkutscher sprangen zu Boden. Sie und der hinzutretende Fahrer reichten dem in der Karre die geleerten Bierflaschen. Der in der Karre verbarg die Bierflaschen unter seinem Rock, lüftete den Hut und winkte hinter dem Fahrer und den drei auf dem Trittbrett stehenden Müllkutschern her, bis sie auf der Straße in der Richtung der Siedlungshäuser verschwanden.

»Kaffee und Kuchen waren ein wenig teurer als anderswo«, sagte meine Großmutter. »Dafür saß man unter Leuten, die in der ganzen Welt herumgekommen waren oder den Verwandten und Bekannten dieser Leute.«

Auf der anderen Seite des Flugplatzes zweigte von der schnurgeraden Straße eine schmalere Straße ab. Sie führte hinter den Schutthalden entlang zu einem weißen Gebäude, das von einer übermannshohen Mauer und Baumkronen hinter der Mauer umgeben war. Hinter der Mauer winkten Hände mit kurzen Armstücken. Es sah aus, als winkten sie uns zu sich heran. Vor uns, zwischen zwei Schutthalden hindurch, rollte der in der Karre auf die Straße und die Straße entlang auf die Mauer zu.

»Ich komme so schnell es geht!« rief er.

Die Hände winkten heftiger als zuvor.

Der in der Karre erreichte die Mauer, noch ehe wir ihn überholten. Zwei Hände hinter der Mauer ließen an einer Schnur ein Paket zur Mauer hinab. Der in der Karre knüpfte das Paket von der Schnur. Er wickelte es auf, überprüfte nickend den Inhalt. Darauf zog er die unter seinem Rock verborgenen leeren Bierflaschen hervor, befestigte sie an der Schnur. Die Hände hinter der Mauer zogen mit der Schnur die Bierflaschen über die Mauer.

»Das war einmal eine Baumschule«, sagte meine Großmutter. »Sie haben alles herausgerissen, damit Platz war für die Entwöhnungsanstalt. Anfangs haben sie außer den Trunksüchtigen auch Raucher und Rauschgiftsüchtige entwöhnt. Jetzt haben sie sich auf die Entwöhnung der Trunksüchtigen beschränkt.« Sie klingelte. Es surrte im Schloß des Tors. Sie drückte die Klinke nieder.

»Wenn Sie Ihren Sohn abholen wollen«, sagte ein Mann in einem blauen Kittel zu meiner Großmutter, »werden Sie sich ein wenig gedulden müssen. Er wird gerade untersucht.« Der Mann im blauen Kittel schloß das Tor, ging den Weg zum Eingang entlang, zwängte sich rechts neben einer die linke Hälfte des Eingangs versperrenden Leiter vorbei, er stieg über eine die Türschwelle verstellende Reihe von Farbtöpfen mit brauner und weißer Farbe darin und Farbtöpfen mit Wasser und Pinseln darin und über die Farbtopfränder herausragenden Pinselstielen hinweg in die Anstalt. Rings um die Anstalt, gegen die Mauerstücke zwischen zwei Fenstern, waren Leitern gelehnt. Darauf standen, bald eine Sprosse höher oder zwei, bald eine Sprosse tiefer oder zwei, und sich in ihren weißen Kitteln kaum abhebend von den weißen Fassaden, Maler. Sie trugen Farbtöpfe mit weißer Farbe um die Mitte ihrer Rümpfe geschnallt. Sie tauchten breite dicke Pinsel in diese Farbtöpfe und strichen die Außenwände der Anstalt weiß. Auch in den Räumen der Anstalt, hinter den geöffneten Fenstern, waren Leitern an die Wände gelehnt. Darauf waren bald die Füße und kurze Kittelstücke der auf den obersten Sprossen stehenden Maler sichtbar, bald die Köpfe und kurze Bruststücke der auf den untersten Sprossen stehenden Maler, bald die Kittel und die um Rumpfesmitte geschnallten Farbtöpfe, und hin und wieder eine Hand, die einen breiten dicken Pinsel in einen Farbtopf tauchte, ihn mit weißer Farbe bedeckt aus dem Topf hob und verschwand.

Auf dem gepflasterten Weg zum Eingang und die ganze Breite des Weges einnehmend stand eine weißbraun gefleckte Kuh. Sie hatte das Hinterteil nach rechts gerichtet und den Kopf nach links. Sie trug eine Leine um den Hals geschlungen, die an einem Baumstamm links des Eingangs befestigt war. Vor der Kuh und sich in seinem weißbraun gefleckten Kittel kaum abhebend von dieser Kuh, stand ein Kunstmaler. Er tätschelte die Kuh mit seinen weißbraun befleckten Fingern und er verdeckte tätschelnd weiße Flecken im Kuhfell mit seinen braunen Fingern und er befleckte tätschelnd braune Stellen im Kuhfell mit seinen weißen Fingern. Und hin und wieder traf es sich, daß er mit braunen Fingern auf braune Kuhfellstellen tätschelte, und hin und wieder traf es sich, daß er mit weißen Fingern auf weiße Kuhfellflecken tätschelte. Und hin und wieder traf es sich, daß er tätschelnd eine Fliege auf dem weißbraun gefleckten Kuhfell verscheuchte oder erschlug, und hin und wieder traf es sich, daß er tätschelnd auf den auf das weißbraun gefleckte Kuhfell einschlagenden, den Fliegen verscheuchenden Kuhschwanz schlug. Dann muhte die Kuh und er, der Kunstmaler, hob jäh die Hand, gab den Kuhschwanz frei, fuhr fort, die Kuh zu tätscheln, redete tätschelnd ein auf die Kuh, redete der Kuh gut zu, bat die Kuh stillzustehen, so zu stehen wie sie stand, den Kopf nach links gerichtet und das Hinterteil nach rechts, so wie er sie über dem Eingang abmalte: kuhgroß und weißbraun gefleckt und das Hinterteil nach rechts gerichtet und den Hals nach links, damit er den am nach links gerichteten Hals hängenden und in seinem Gemälde noch fehlenden Kuhkopf abmalen konnte. Er gab zum Abschluß der Kuh einen Klaps, er drehte der Kuh den Rücken zu, bückte sich nach einem Pinsel, tauchte einen feinen Pinsel in einen Farbtopf mit brauner Farbe, und stieg dann, den Pinsel in der rechten Hand haltend, Sprosse für Sprosse die die linke Hälfte des Eingangs verstellende Leiter hinauf. Er setzte den Pinsel an das obere Halsende der noch kopflosen, sonst aber vollständigen Abbildung des Kuhkörpers. Dieser Kuhkörper war, so wie er ihn von der Leiter aus sah, von der Seite gemalt. Er bestand aus dem bis zur Hälfte der Hinterbeine und zwischen beiden Hinterbeinen herabhängenden Schwanz über dem rechten Eingangsende, aus einem linken vorgestellten Hinterbein und einem rechten zurückgestellten Hinterbein, aus einem sich an die Hinterbeine anschließenden dicken Euter, aus einem Kuhrumpf, aus einem linken vorgestellten Vorderbein und einem rechten zurückgestellten Vorderbein. Die beiden Vorderbeine wie die beiden Hinterbeine waren um mehr als die Breite eines Kuhkopfs voneinander entfernt, so daß es aussah, als galoppierte die Kuh mit großer Geschwindigkeit über den Eingang hinweg.

So naturgetreu diese Kuhkörperabbildung auf den ersten Blick aussah, so entscheidende Abweichungen zwischen dem Kuhkörperbild und dem Kuhkörper ließen sich auf den zweiten Blick feststellen. Nicht in der Form der Kuh, sondern im Kuhfell. Es entsprachen die braunen Stellen im Kuhfell nicht den braunen Stellen in der Kuhfellabbildung, weder in ihrer Größe, noch in ihrer Form, noch in ihrer Anordnung, es entsprachen die weißen Flecken im Kuhfell nicht den weißen Flecken in der Kuhfellabbildung, weder in ihrer Größe, noch in ihrer Form, noch in ihrer Anordnung. Nun kann ja keiner sagen, wie das Kuhfell aussah, ehe der Kunstmaler die Kuh zu tätscheln begann, und vielleicht sah die Kuh, ehe sie getätschelt wurde, so aus, wie er sie abgebildet hatte. Nun kann ja keiner sagen, ob er die Kuh beim Hereinführen in die Anstalt bereits getätschelt hatte oder zu Beginn des Abmalens oder mitten im Abmalen, nachdem er die Hälfte des Kuhkörpers abgemalt hatte. Nun kann ja keiner sagen, wann er, der Kunstmaler, die Kuh mit reinen Händen noch getätschelt hatte, wann er die Kuh mit im Lauf seiner Abmalerei weißbraun beschmierten Fingern getätschelt hatte. So zeigte beispielsweise der Kuhschwanz auf der Abbildung keinen weißen Flecken, während der Kuhschwanz einen großen weißen Flecken aufwies an seinem Ende, sei es nun von Natur aus, sei es nun, weil der Kunstmaler tätschelnd mit seinen weißen Fingern den auf das Kuhfell einschlagenden, den Fliegen verscheuchenden Kuhschwanz beschmierte, nachdem er ihn bereits einfarbig braun, und wie es die Natur gewollt hatte, abgemalt hatte. So war beispielsweise merkwürdig, daß das Hinterteil der Kuh vom Hinterteil der Kuhabbildung durch nichts abwich, sei es nun, weil sie der Kunstmaler dort mit reinen Händen noch getätschelt hatte, sei es, weil sie der Kunstmaler dort aus Widerwillen, aus Ekel nicht angefaßt hatte.

Um das zu enträtseln, hätte einer die Kuh kennen müssen, ehe sie mit dem Kunstmaler zusammenkam. Es entsprach außerdem die Haltung der Kuh nicht der Haltung der Kuhabbildung. Denn die Kuh, die angebunden war, konnte keine großen Sprünge machen wie die abgebildete Kuh über dem Eingang. Denn die Kuh hob bald ein Huf, um auszuschlagen nach den Fliegen am Kuhbauch, denn die Kuh schleuderte den Schwanz nach rechts und links gegen das Hinterteil oder sie warf ihn hoch und auf den Rücken, denn die Kuh stellte bald das eine, bald das andere ihrer Vorder- oder Hinterbeine vor oder zurück, denn die Kuh stellte bald die Vorderbeine oder die Hinterbeine so genau nebeneinander, daß eines das andere verdeckte. Denn während der Kunstmaler die Kuh von rechts betrachtete, bildete er sie über dem Eingang von links ab. Und die Fliegen, die über den ganzen Kuhkörper krochen, besonders vielzählig über das Hinterteil und den Kopf der Kuh, diese Fliegen ließ der Kunstmaler weg. Wie er so stand auf der Leiter, der Kunstmaler, wie er den Pinsel gegen das obere Halsende der kopflosen Kuhabbildung hielt, wie er der Kuh den Kopf zudrehte, damit er die Ohren, die Hörner angucken und dann abmalen konnte, bewegte sich die Kuh um den Baum herum mit seitlichen Schritten, indem sie mit den Hinterbeinen große Schritte tat, indem sie mit den Vorderbeinen kleine Schritte tat, stand dann da, die Kuh, auf der Wiese, die Leine um den Hals geschlungen und am Baumstamm links des Eingangs befestigt, das Hinterteil nach links gerichtet, und den Kopf nach rechts, und wendete dem Kunstmaler ihre rechte Hälfte zu.

»Du Kuh, du!« rief der Kunstmaler und als er merkte, daß für eine Kuh die Bezeichnung Kuh kein Schimpfwort sein konnte, fügte er hinzu: »Du Luder, du Flittchen, du! Wirst du dich gleich umdrehen!«

Die Kuh, nachdem sie sich mit der Leine um den Baumstamm gedreht hatte, drehte nun, indem sie den Kopf von rechts nach links nach rechts und darauf ruckartig nach unten bewegte, die Leine den Baumstamm hinunter, so weit, daß sie mit dem Kopf die Grashalme erreichen konnte. Sie riß Büschel für Büschel heraus, sie schüttelte den Kopf, um die Fliegen zu verscheuchen, die in ihren rotrandigen, triefenden, blaßblauen Augen krochen, in ihren Nasenlöchern, in ihrem Maul. Der Kunstmaler stieg einige Leitersprossen tiefer, er drückte auf den Klingelknopf neben der Eingangstür. Ein Mann, ein anderer als der erste, in einem blauen Kittel trat aus dem Eingang.

»Die Männer und Frauen in den blauen Kitteln sind die Pfleger und Pflegerinnen«, sagte meine Großmutter. »Wie soll ich die Kuh malen«, rief der Kunstmaler dem Pfleger zu, »wenn ich fortwährend hinabsteigen, auf sie einreden, sie zurechtstellen muß! Binden Sie sie fest!«

Der Pfleger kam mit einer langen Leine zurück. Er riß die Kuh am Schwanz um den Baum herum, so daß sie stand, wie sie stehen sollte, das Hinterteil nach rechts gerichtet und den Kopf nach links, er verknotete den Kuhschwanz mit dem einen Leinenende, und die Leine langsam aufrollend, ging er über die Wiese auf den nächsten Baum rechts zu. Dieser Baum stand mehrere Fenster vom Eingang entfernt. Der Pfleger schlang die Leine um den Stamm, zog mit der Leine den Schwanz der Kuh waagrecht und bis zu Kuhrückenhöhe empor, und verknotete das andere Leinenende am Stamm.

Der Kunstmaler stieg die Leitersprossen hinauf. Er legte den Pinsel auf das obere Ende des Kuhhalses, er drehte seinen Kopf dem Kuhkopf zu. Die Kuh muhte, ließ muhend unzermalmte Grashalme aus dem Maul fallen, warf den Schwanz hin und her, und brachte schwanzwedelnd die Leine ins Schwingen.

»Die Männer und Frauen in den blauweiß gestreiften Schlafröcken, die wie Sträflinge aussehen, sind Trunksüchtige«, sagte meine Großmutter.

Unter dem Läuten einer Klingel, unter dem Händeklatschen der neben den Seiteneingängen stehenden Pfleger und Pflegerinnen, traten die Trunksüchtigen aus der Anstalt in den Park. Sie gingen auf die Büsche und Bäume hinter der

Mauer zu. Dort standen von Ästen und Blättern und Baumstämmen nur teilweise verdeckt vier Trunksüchtige. Sie betrachteten die vier Bierflaschen, die ihnen der in der Karre über die Mauer gereicht hatte. Hin und wieder hob einer von ihnen eine Flaschenöffnung an die Lippen, und den Kopf in den Nacken gelegt, schlürfte und schluckte er wie ein Trinkender, und die Flaschenöffnung mit der einen Hand aus dem Mund ziehend, wischte er sich mit der anderen über den Mund, als hätte er getrunken. Und während ein Teil der Trunksüchtigen sich hinter die Büsche hockte und mit beiden Händen zu buddeln begann und Korken und Korkenzieher und Flaschen und Flaschenscherben und Gläser und Glasscherben ausgrub und betrachtete, stellte sich der andere Teil der Trunksüchtigen zu den vier Trunksüchtigen mit den vier Bierflaschen. Sie krümmten die Finger zu offenen Halbkreisen, als hielten sie große Gläser umfaßt. Die vier Trunksüchtigen mit den vier Bierflaschen gingen von einem zum anderen, sie drehten die Flaschenöffnungen über den halbkreisförmig gekrümmten Händen nach unten, als schenkten sie Getränke ein. Darauf erhoben alle die Hände bis zu Mundeshöhe, sie prosteten einander zu, sie hielten die Hände gegen die geöffneten Lippen, legten die Köpfe langsam und Stück für Stück zurück in die Nacken, so daß ihre Hände schließlich auf den den Baumkronen oder dem Himmel zugewendeten Gesichtern lagen, als leerten sie die großen Gläser, die sie zu halten vorgaben, in einem Zug. Darauf stießen sie auf, torkelten sie, nun nicht mehr Trinkende, sondern Betrunkene mimend, gegeneinander, grölten sie leise und unverständlich erst, von Strophe zu Strophe dann lauter, Trinklieder.

Sie verstummten, sie versteckten die Flaschen unter den Schlafröcken, die Korken, die Korkenzieher, die Flaschen und Glasscherben, als eine Gruppe stämmiger Pfleger lächelnd und händeklatschend über die Wiese auf sie zuschritt.

»Zum Konzert, meine Herrschaften!« riefen die Pfleger.

Die Trunksüchtigen trotteten auf eine Terrasse zu. Dort standen um ein Podium weiße Gartenstühle unter weißblau gestreiften Sonnenschirmen. Auf dem Podium hinter Notenständern mit aufgeschlagenen Notenheften standen vier Musiker in schwarzen Anzügen. Sie hielten Instrumente in den Händen. Ein fünfter Musiker saß vor einem aufgeklappten Klavier.

»Sie spielen hübsche Volksweisen«, sagte meine Großmutter. »Wir können uns ruhig dazusetzen.«

Pflegerinnen in blauen Kitteln reichten auf Tabletts Milchtüten mit aus den Milchtüten herausragenden Strohhalmen. Die Trunksüchtigen sogen kleine Schlucke Milch durch die Strohhalme, setzten sie ab und schüttelten sich. Sie warfen, ehe sie weiter tranken, verstohlene Blicke unter die Schlafröcke auf das, was sie darunter verborgen hatten. Und wenn sie unter ihre Schlafröcke blickten, stießen die Pfleger und Pflegerinnen einander an, wiesen auf sie hin mit ruckartigen Kopfbewegungen, mit kurzen Seitenblicken, mit einem rasch und zischend hervorgestoßenen Namen. Jene unter den Trunksüchtigen, die durch solch einen Wink des Pflegepersonals gewahr wurden, daß sie oder einer ihrer Gefährten entdeckt waren, versuchten eigene Gegenstände anderen zuzustecken oder die Gegenstände anderer, bereits Entdeckter zu sich zu stecken. Es gelang ihnen nur in den seltensten Fällen und dann auch nicht, ohne daß es dem Pflegepersonal entgangen wäre. Meist fielen ihnen die Gegenstände vor Erregung und Furcht, entdeckt zu werden, aus den Händen und auf die Terrassensteine. Flaschen und Gläser zerschellten, Scherben zersplitterten, Korken und Korkenzieher rollten davon. Eine Pflegerin stand lächelnd mit Schaufeln und Besen hinter den Stühlen. Sie fegte alles auf und trug es in die Anstalt, nicht ohne den Trunksüchtigen, die mit flehenden Blicken die Arme nach der Schaufel ausstreckten, zuzulächeln. Aus den geöffneten Fenstern über der Terrasse drang das Schnarchen, das Stöhnen, das Lallen Schlafender und Betrunkener. Vom Eingang her drang das Schimpfen des Kunstmalers und das das Schimpfen des Kunstmalers übertönende Muhen der Kuh. Die Musiker verneigten sich. Sie fingen an zu musizieren. Einer zupfte an seinem Instrument, einer blies in sein Instrument, einer schlug ein auf sein Instrument, einer strich mit einem Bogen über sein Instrument, und der Klavierspieler drückte mit den Fingern die weißen und die schwarzen Tasten nieder. Aus einem Fenster über der Terrasse beugte sich das Gesicht eines Mannes. Es war voll roter Druckflecken und unrasiert. Das Haar hing ihm in die Stirn. Er sah verstört und sich, als glaubte er nicht recht zu sehen, die Augen reibend auf die Terrasse.

»Was ist das nur! Was soll das sein!« rief er. »Sehe ich recht? Bin ich verrückt oder träume ich?«

Der Arm eines Pflegers oder einer Pflegerin legte sich um seinen Hals und zog ihn ins Zimmer zurück.

»Das war ein Tiefschläfer«, flüsterte meine Großmutter. »Wenn sie eingeliefert werden, läßt man sie zwei Wochen hindurch schlafen. Wenn sie danach erwachen, wissen sie nicht mehr ein noch aus.«

»Wohin bin ich nur geraten?« rief der erwachte Tiefschläfer. »Soll das der Himmel sein oder die Hölle? Hallo, ihr Schlafmützen! Wohin habt ihr meine Pulle gesteckt? Habt ihr mir meine Pulle ausgesoffen!« Er fing an, mit Gegenständen um sich zu werfen.

Die Musiker spielten lauter. Der größere Teil des Pflegepersonals trat durch den Seiteneingang in die Anstalt. Im Fenster über der Terrasse tauchte ein zweites Gesicht auf. Das Schnarchen und Lallen, das aus den Fenstern drang, wurde vom Gähnen anderer erwachter Tiefschläfer unterbrochen und übertönt.

Die Musiker spielten eine Volksweise nach der anderen. Die Trunksüchtigen auf der Terrasse sogen große Schlucke Milch aus den Strohhalmen. Sie schüttelten sich. Sie schauten mit gierigen Augen unter ihre Schlafröcke. Die wenigen Pfleger und Pflegerinnen, die sie hinter den Stühlen stehend beobachteten, nickten einander zu. Sie traten an die Stühle, und mit der einen Hand unter ihre Schlafröcke greifend und die verborgenen Gegenstände lächelnd zu sich nehmend, streichelten sie mit der anderen Hand die Hinterköpfe der Trunksüchtigen.

»Finger weg!« zischten die Trunksüchtigen. Einige versuchten, den Pflegern und Pflegerinnen in die Hände zu beißen oder ihnen die Handgelenke herumzudrehen.

Als die Musiker zu Ende gespielt hatten, klatschten nur die Pfleger und Pflegerinnen hinter den Gartenstühlen Beifall. Die Trunksüchtigen schütteten die Milch aus den Tüten auf die Terrasse.

Eine Pflegerin trat auf das Podium. Sie versuchte den Dankesbrief eines ehemaligen Trunksüchtigen, nun aber Entwöhnten, vorzulesen. Allein, der Lärm der erwachten Tiefschläfer, die Hilferufe des Pflegepersonals in den Räumen über der Terrasse, das Muhen der Kuh, das Schimpfen des Kunstmalers, das Gemurmel der auf der Terrasse sitzenden Trunksüchtigen übertönte sie. Sie gab den Musikern einen Wink, weiterzuspielen. Die Musiker spielten, so laut es ihre Instrumente zuließen. Die vier Trunksüchtigen mit den vier Bierflaschen nickten einander zu. Sie zogen mit aufsässigen Mienen die Bierflaschen unter ihren Schlafröcken hervor.

»Wir wollen Bier!« riefen sie. »Was wollt ihr?«

»Wir wollen Wein!« riefen die anderen. »Whisky, Cognac, Gin wollen wir!«

Sie sprangen auf von den Gartenstühlen.

»Achtung!« riefen die Maler. »Sie randalieren wieder!«

Sie rannten, die Leitern unter den Armen tragend, über die Wiese auf die Mauer zu. Die einen hatten die Farbtöpfe abgeschnallt und vor der Fassade abgestellt. Die anderen, die mit angeschnallten Farbtöpfen davonrannten, hinterließen große weiße Farbkleckse auf der Wiese. Und während sie die Leitern an die Innenseite der über mannshohen Mauer lehnten, Sprosse für Sprosse hinaufstiegen, und einen Augenblick auf der Mauer stehend, die Leitern hochzogen, herabließen, an die Außenseite der Mauer lehnten und, während sie Sprosse für Sprosse hinabstiegen, und Stück für Stück und schließlich ganz hinter der Mauer verschwanden, ließen die die Innenwände anstreichenden Maler die Leitern zu den Fenstern hinaus, lehnten sie an die Fassade, schwangen sich auf die Fensterbretter, stiegen Sprosse für Sprosse hinab und rannten, die Leitern unter den Armen tragend, teils weiße Farbkleckse hinterlassend, teils keine, je nachdem, ob sie in der Eile die Farbtöpfe abgeschnallt hatten oder nicht, über die Wiese und auf die Mauer zu.

Durch die Anstalt klingelte die Alarmglocke. Aus allen Eingängen torkelten erwachte Tiefschläfer und kurz zuvor eingelieferte Betrunkene. Die Pfleger und Pflegerinnen rannten durch den Park, durch die Räume der Anstalt. Sie ergriffen jeden, der ihnen in die Arme oder über den Weg lief. Das waren nicht nur Trunksüchtige, Betrunkene, erwachte Tiefschläfer. Das waren Musiker und Maler, die unter wütenden Protestrufen auf ihre schwarzen Anzüge, auf ihre weißen Kittel wiesen. Auch Pfleger und Pflegerinnen packten sich gegenseitig und zerrten sich in die Anstalt.

Später hieß es, daß die Pfleger und Pflegerinnen in der allgemeinen Verwirrung außer einigen Ärzten auch den Leiter der Anstalt in den Raum der Tiefschläfer geschleppt und mit einer Beruhigungsspritze versorgt hätten.

Die Trunksüchtigen durchsuchten währenddessen die Anstalt nach alkoholischen Getränken. Als sie nichts fanden, rannten sie zum Haupteingang. Sie stießen die Leiter und einige Farbtöpfe des Kunstmalers um. Der Kunstmaler hatte die Leinen, daran die Kuh festgebunden war, von den Baumstämmen rechts und links des Eingangs gelöst. Und während die längere, die mit dem Kuhschwanz verknotete Leine auf Wiese und Weg lag, und vom hin und her schlagenden Kuhschwanz hin und her geschleudert wurde, hielt er, der Kunstmaler, die um den Kuhhals geschwungene kürzere Leine in der entweder vor Furcht oder durch das Hin- und Herwerfen des Kuhkopfs zuckenden, der weißbraun gefleckten Hand. Er stand, sich kaum abhebend in seinem weißbraun gefleckten Kittel von der Kuh, neben der Kuh vor dem verschlossenen

Eingangstor in der Mauer. Die Kuh machte muhend die Trunksüchtigen auf sich aufmerksam.

»Nie wieder Milch!« riefen sie. »Wir sind keine Kälber, keine Wickelkinder! Schlagen wir sie tot die Kuh!«

»Laßt sie leben«, bat der Kunstmaler. »Ich habe sie gemietet. Und mehr kostet die Miete für die Kuh, als die Farbe kostet, sie zu malen. Und zur Miete kommt noch der Milchpreis hinzu. Denn der Bauer behauptet, daß ich sie heimlich melke nach dem Malen. Unzählige Kühe müßte ich malen, damit ich den Preis für diese Kuh aufbringe.«

Doch die Trunksüchtigen begannen mit Fäusten, mit Farbtöpfen auf die Kuh einzuschlagen, die Kuh mit Pinselstielen zu stechen. Einer hängte sich an den Hals der Kuh. Ein anderer zog an der mit dem Schwanz verknoteten Leine. Die Kuh wäre nicht lebend davongekommen, hätte nicht einer in der Anstalt auf den Knopf zum Öffnen des Eingangs gedrückt. Es surrte im Schloß. Der Kunstmaler riß das Tor auf. Mit der hinausdrängenden Kuh drängten sich zwei Trunksüchtige, ehe es dem Kunstmaler gelang, das Tor zuzuschlagen. Sie rannten zu viert auf die Schutthalden zu: allen voraus und weißbraun gefleckt die Kuh und um die Länge der kürzeren, der um den Kuhhals geschlungenen Leine und diese Leine in der Hand haltend hinterdrein und weißbraun gefleckt und sich kaum und sich nur durch Größe und Haltung abhebend von der Kuh, der Kunstmaler, und um die Länge der längeren, der mit dem Kuhschwanz verknoteten Leine und diese Leine in den Händen haltend hinterdrein und weißblau gestreift und sich nicht voneinander abhebend, dafür aber von Kunstmaler und Kuh, die beiden sich gegen den Grund stemmenden, die Kuh und vielleicht auch den Kunstmaler im Lauf hemmenden, sich nach Erdklumpen, nach Steinen, nach Ästen bückenden, die Erdklumpen, die Steine, die Äste nach der Kuh und vielleicht auch dem Kunstmaler schleudernden Trunksüchtigen.

Als die Kuh außer Reichweite war, drehten sich die Trunksüchtigen der Kuhabbildung über dem Eingang zu.

»Fort mit dem Kuhbild! Malt es zu!« riefen sie. Und während einer die Leiter aufhob, gegen das Mauerstück über dem Eingang lehnte, einen Farbtopf mit weißer Farbe und einen Pinsel ergriff, Sprosse für Sprosse hinaufstieg und oben angelangt begann, mit dicken weißen Pinselstrichen die kopflose, weißbraun gefleckte Kuhabbildung zu übermalen, ergriffen die anderen die Farbtöpfe mit brauner Farbe. Sie malten auf die weiße Fassade mannsgroße braune Flaschen und Gläser, offene Flaschen mit Korken daneben und bis zum Rand gefüllten Gläsern oder geschlossene Flaschen mit Korkenziehern daneben oder mit in die Korken gebohrten Korkenziehern und leeren Gläsern daneben. Zu den Fenstern hinaus, zu den Fenstern hinein, riefen sie einander zu, welche Art von Alkohol die Flaschen, die Gläser enthielten, die sie malten. Und während sie malten, sangen und grölten sie Trinklieder, torkelten sie durch die Anstalt, um die Anstalt herum.

Auf der Wiese, in den Eingängen, auf der Terrasse lagen schnarchend eingeschlafene Tiefschläfer und Betrunkene. Die Pfleger und Pflegerinnen schleppten sie in die Anstalt. Sie gewannen allmählich die Übersicht wieder. Die Trinklieder der Trunksüchtigen wurden von den Protestrufen der in den Räumen der Anstalt festgenommenen Trunksüchtigen übertönt. Die Trunksüchtigen, die die Fassade bemalten, brachen die Trinklieder ab. Sie lauschten, sie stellten die Farbtöpfe nieder, sie warfen die Pinsel weg, sie verbargen ihre braunen Finger. Die Pfleger und Pflegerinnen stellten sich lächelnd und händeklatschend in die Eingänge.

»Auf, auf zur Mittagsruhe!« riefen sie.

Die Trunksüchtigen trotteten mit gesenkten Köpfen auf die Eingänge zu. Die Alarmglocke wurde abgestellt. Über dem Haupteingang war ein weißer, ein die weißbraun gefleckte Kuhabbildung bedeckender Fleck.

Zwischen zwei graugrünen Schutthalden tauchten weißbraun gefleckt Kuh und Kunstmaler auf und, um die Länge der längeren Leine entfernt und noch immer hinterdrein und weißblau gestreift, die beiden Trunksüchtigen. Gleich darauf ballte sich zwischen diesen zwei Schutthalden ein graubrauner Haufen alter Leute. Sie standen dicht aneinander gedrängt, sahen hinter Kuh, Kunstmaler, Trunksüchtigem und Trunksüchtigem her, die bald verschwanden hinter einer Schutthalde, bald auftauchten in der Lücke zwischen zwei Schutthalden, bald hinter der darauffolgenden Schutthalde verschwanden und so fort.

Über die grünweiß gefleckte Wiese trotteten in weißblau gestreiften Schlafröcken mit großen weißbraunen Flecken Trunksüchtige auf Pfleger und Pflegerinnen in blauen Kitteln mit großen weißbraunen Flecken zu in die weißbraun bemalte Anstalt. Hinter der Mauer erschienen Leiterstücke und gleich darauf die Köpfe der Maler.

»Sie haben sich beruhigt!« riefen die Maler und einen Augenblick auf der Mauer stehend, hoben sie die Leitern über die Mauer, lehnten sie an und stiegen Sprosse für Sprosse hinab in den Park.

»Wenn Sie Ihren Sohn abholen wollen«, sagte ein Pfleger zu meiner Großmutter, »können Sie ruhig hereinkommen.«

Er führte uns in ein Zimmer.

Reglos und stumm vor dem Fußende eines eisernen Betts stand die Gestalt eines kleinen schmächtigen Mannes. Er trug einen weißblau gestreiften Schlafrock und blickte herab auf die zu seinen Füßen kauernde Gestalt einer dicken Frau. Sie trug einen blauen Kittel. Und während wir eintraten, meine Großmutter und ich, und während die Frau, eine Pflegerin offenbar, aufsprang, einen Augenblick dem Mann, einem Trunksüchtigen offenbar, zugewendet stand, und den Mann in ihrer Länge, in ihrer Breite völlig verdeckte, und während sie sich umdrehte, sich auf meine Großmutter stürzte, ausrief: »Mama!«, ausrief: »Endlich ist es soweit!«, und gleich darauf meine Großmutter umarmte, so heftig, daß sie ins Schwanken geriet und gegen die Wand neben der Tür taumelte, begann der bisher reglos und stumm stehende Mann zu zittern und unterdrückt zu stöhnen. Er hob den Kopf und blickte mit tränenden, mit hervorquellenden Augen auf den Rücken der nun meine Großmutter in ihrer Länge, in ihrer Breite völlig verdeckenden und bei der Begrüßung gegen die Wand drückenden Pflegerin. Denn mehr als ein wenig zittern, das konnte er nicht, der Mann, auch wenn er gerne um sich geschlagen und um sich getreten hätte. Denn es waren ihm die Hände an den Handgelenken aneinander gebunden, denn es waren ihm die Füße an den Knöcheln aneinander gebunden, denn seine aneinander gebundenen Hände und Füße waren an den Gitterstäben des eisernen Betts befestigt. Denn mehr als ein wenig stöhnen, das konnte er nicht, der Mann, auch wenn er gern geschimpft und geschrien hätte. Denn sein Mund war verstopft mit einem weißen Tuch. »Du kannst uns beglückwünschen!« rief die Pflegerin. »Sieh dir nur seine linke Hand an!« Sie trat zur Seite, damit meine Großmutter die linke Hand des Mannes sehen konnte. Doch weil die an die Gitterstäbe gebundenen Hände des Mannes hinter seinem Rücken verborgen waren, hielt die Pflegerin, als wäre kein Unterschied zwischen seiner Hand und ihrer Hand, zwinkernd die linke Hand mit einem Ring am Ringfinger vor das Gesicht meiner Großmutter.

»Mein Gott!« rief meine Großmutter. Sie sah zwischen den gespreizten Fingern der Pflegerin hindurch auf den ein wenig zitternden, ein wenig stöhnenden, den kleinen schmächtigen Mann, ihren Sohn und meinen Onkel also.

»Ich habe ganz vergessen, ihn loszubinden!« rief die Pflegerin. »Immerzu muß ich ihn festbinden, damit er nicht mit den anderen randaliert! Sieh dir nur seine Finger an!« Sie löste die Handgelenke des Mannes vom Bett erst, dann voneinander. Seine Hände waren mit brauner Farbe beschmiert. Am Ringfinger linker Hand trug er einen Ring.

»Wie geht es dir?« sagte meine Großmutter. Und während sie ihm, damit er ihr antworten konnte, das speichelnasse zerkaute Tuch aus dem Mund zog, und während er, der Mann, Sohn, Onkel und Bruder also meiner Mutter, mit tränenden Augen und von Brechreiz geschüttelt, kaum hörbar hervorbrachte, daß es ihm gut ginge, kauerte die Pflegerin vor ihm nieder, und löste seine Fesseln vom Bett erst und dann voneinander. Als er frei war, dieser Mann, schlug er nicht um sich, trat er nicht aus, schimpfte und schrie er nicht. Er setzte sich auf das Bett, er blickte bekümmert auf seine braunen Finger und dann auf die braune Abbildung eines Flaschenbauches auf der weißen Wand über dem Bett, ohne Hals und mit einem braunen fingerdicken Fahrer, der sich die Wand entlangzog dem Fußende des Betts zu. Die Pflegerin wischte mit einem feuchten Lappen die Flaschenabbildung und den Fahrer von der Wand und die Farbe von den Fingern des Mannes. Sie zog den Mann, indem sie ihm ihre linke Hand reichte, an der rechten Hand hoch vom Bett. Hand in Hand standen beide vor dem Bett, sie, die Pflegerin, in blauem Kittel und rechts und einen Kopf größer und doppelt so dick, als er, der links stehende und einen Kopf kleinere und halb so dicke Mann.

»Rate ich recht?« rief meine Großmutter und sie stieg mit ausgestreckten Armen auf sie zu.

Und während die Pflegerin ausrief: »Ganz recht! Ganz recht!«, und während der Mann mit feuchten Augen und von Brechreiz zwar nicht mehr so heftig, aber noch immer geschüttelt kaum hörbar hervorbrachte, daß sie recht geraten hätte, rissen einige Trunksüchtige die Zimmertür auf und riefen: »Seht ihn euch an, den Bräutigam! Seht sie euch an, die Braut! Was für ein Paar! Da ist er hübsch hereingefallen! Da meint er nun, er sei der erste, der Auserwählte! Da meint er nun, er sei der einzige, der hier gefesselt wurde, damit er nicht mehr randalieren kann mit den anderen, damit er entlassen wird!«

Sie wurden von Pfleger und Pflegerinnen zurückgerissen. Meine Großmutter ließ ihre ausgestreckten Arme sinken. Sie drehte verlegen die beiden Ringe um ihren Ringfinger rechterhand. Der Mann, der Bräutigam, und die Frau, die Braut, hatten die Hände voneinander gelöst. Sie waren so weit auseinandergerückt, daß fünf Kinder Platz gefunden hätten zwischen ihnen. Die linken Hände mit den Ringen an den Ringfingern hielten sie hinter ihren Rücken verborgen. Sie

reichten ihre rechten ringlosen Hände der rechten, ein wenig
zitternden, der zögernd zugreifenden Hand meiner Großmutter, mit dem geknickten und gegen den Handballen gepreßten Ringfinger, dessen zwei Ringe bis zum Knöchelknick
gerutscht waren. Sie lächelten mit ein wenig verzerrtem
Lächeln aneinander vorbei, meine Großmutter durch die
Lücke zwischen dem Brautpaar hindurch, der Bräutigam an
der linken Schulter meiner Großmutter vorbei in die Richtung
der Tür, die Braut an der rechten Schulter meiner Großmutter
vorbei in die Richtung des Spiegels an der Wand neben der
Tür. Sie zwinkerte wie eine aus dem Schlaf Geschreckte.

Wir gingen auf der schnurgeraden Straße zwischen den
Häusern und den Hügeln. Die Vögel flogen von den Masten,
von den Kabeln zwischen den Masten auf die kleinen graugrünen Hügel hinter uns zu. Die Flugzeuge flogen über die
Hügel, über die grauen Masten, über die schwarzen Kabel auf
die kleinen graugrünen Siedlungshäuser am Stadtrand vor uns
zu. Die Vögel verschwanden rascher hinter den Hügeln, als
die Flugzeuge hinter den Häusern. Es sah aus, als flögen die
Vögel schneller als die Flugzeuge. Wahrscheinlich waren wir
den Häusern viel näher als den Hügeln. Die Straße entlang,
von den Häusern zu den Hügeln, von den Hügeln zurück zu
den Häusern fuhren Müllabfuhren. Außer diesen Müllabfuhren fuhren gelegentlich Personenwagen den Hügeln zu, mit
drei oder vier Personen, die mit finsteren verkniffenen Mienen eine fröhlich grölende oder um sich schlagende oder sich
erbrechende Person festhielten.

»Entsinnst du dich, in welchem Zustand wir dich eingeliefert haben?« sagte meine Großmutter.

Und der Bräutigam antwortete, daß er sich nicht entsinne.

»Du kannst nun wieder von vorn anfangen«, sagte meine
Großmutter.

Und der Bräutigam antwortete, daß er nun wieder von vorn
anfangen könne.

»Du mußt nun alles wieder gutmachen«, sagte meine Großmutter.

Und der Bräutigam antwortete, daß er nun alles wieder gutmachen müsse.

»Sie ist nicht mehr jung, deine Braut«, sagte meine Großmutter, »und sie versteht es nicht, sich anzuziehen. Aber sie hat ein frisches Gesicht. Sie hat alles für ihre Aussteuer zurückgelegt. Sie stammt aus einer angesehenen Familie. Und sie hat sich so um dich bemüht. Du weißt nicht, was du ihr verdankst.«

Und der Bräutigam antwortete, daß er nicht wisse, was er ihr verdankte.

Wir gingen zwischen den graugrünen Siedlungshäusern rechts und links der schnurgeraden Straße hindurch. Die Siedlungshäuser waren so hoch wie die Schutthalden. Die Schutthalden waren von den Siedlungshäusern aus nicht mehr sichtbar, wie die Siedlungshäuser von den Schutthalden aus noch nicht sichtbar gewesen waren. Die Siedlungshäuser hatten Nummern neben den Haustüren und Namen über den Briefkästen und Klingelknöpfe neben den Namen. Die nach rechts und links rechtwinklig in die Siedlung hineinführenden Straßen trugen Schilder mit Straßennamen. Die Gartenzäune der Vorgärten der Siedlungshäuser waren weiß angestrichen. In den Vorgärten waren kurzgeschnittene Rasenquadrate mit schmalen, die Rasenquadrate rahmenden Blumenbeeten. In der Mitte der Quadrate standen Rasensprenger, die sich unaufhörlich drehend Wasser auf Rasen und Blumen sprühten, oder es standen dort Kinderwagen mit zurückgeklappten Dächern, darin schlafende und schreiende Säuglinge lagen, oder es standen dort quadratische Laufgitter, darin aufrecht und sich am Gitter festhaltend Kleinkinder im Quadrat in der einen oder anderen Richtung herumliefen. Aus manchen Fenstern hingen bunte Läufer oder weiße Laken. Hinter den Fenstern waren Lampen sichtbar, Schränke, durch die Zimmer laufende Hausfrauen. An die Häuser gelehnt standen Fahrräder, vor den Häusern parkten Automobile. Auf den Gehsteigen, auf den Straßen liefen Kinder Rollschuh, fuhren Kinder auf zweirädrigen, auf dreirädrigen Fahrrädern. Neben den

Häusern, von Büschen verborgen, standen Mülltonnen, in die die aus den Haustüren tretenden Hausfrauen Staubsauger, Kehrichtschaufeln, Abfalleimer mit Eßresten, Geschirrscherben, Schachteln, Papier-, Stoffetzen, Büchsen und Flaschen leerten.

# Der Achte

Vor den Fenstern stehen wir, starren hinab auf die Straße. Nähert sich einer von rechts oder von links, beugen wir uns weit zu den Fenstern hinaus, starren wir mit nach rechts oder nach links gedrehten Köpfen die Straße hinab. Nähern sich zwei, und zwar einer von rechts und einer von links, starren wir, die Köpfe abwechselnd nach rechts und nach links drehend, die Straße hinab und manchmal einander an. Dann wendet sich meine Großmutter von mir ab unter leisem Aufschrei, dann hält sich meine Großmutter die Hände vor ihr von mir abgewendetes Gesicht, dann zieht meine Großmutter ihr mit vorgehaltenen Händen von mir abgewendetes Gesicht ins Nebenzimmer zurück. Wahrscheinlich wendet sie es dort, wahrscheinlich mit noch immer vorgehaltenen Händen, von jener Wand ab, die das Nebenzimmer drüben trennt von der Küche hier. Sie betet eine Weile, wahrscheinlich, daß der Herr ihr meinen Anblick ersparen möge, ehe sie sich zum Fenster zurück wagt, ehe sie sich hinausbeugt mit nach links gedrehtem und von mir abgewendetem Gesicht.

Wir warten auf den Herrn Doktor Trautbert.

Aus dem Pfarrhaus neben der Kirche gegenüber tritt in schwarzem, knöchellangen Rock der Stadtpfarrer. Er schreitet aufrecht an den geöffneten Kirchtoren vorbei rechts die Straße hinab. Meine Großmutter reißt den Mund auf, als wolle sie ihm etwas zurufen, ihn heraufrufen vielleicht, den Pfarrer, an Arztes statt. Da bleibt der Pfarrer stehen und meine Großmutter hält sich die Hand vor den Mund. Sie sieht entsetzt auf den Pfarrer, der den Rock anhebt, kehrtmacht, der geduckt und hastige Blicke hinter sich werfend auf die Kirchtore zu springt und sie hinter sich zuschlägt.

Sein Verhalten erklärt sich sogleich durch das Hundegekläff von rechts her, durch den harten und in rascher Folge sich wiederholenden Aufprall von Absätzen auf die Pflastersteine, den Ausruf des Herrn Doktor Trautbert: »Sehen Sie zu, daß Sie hinter die Hunde kommen! Da sind die Haustüren offen!«, dem Jammern einer Frau: »Ich weiß nicht, wie ich hinter die Hunde!«, und den Ausrufen mehrerer Mieter: »Sie müssen einfach einen Bogen schlagen!«, »Wir haben die Hände auf den Druckknöpfen!«, »Wir haben die Hände auf den Klinken!«

Auf dem gegenüberliegenden Gehsteig dicht neben den Fassaden der Häuser rennt mit gesenktem Kopf, mit wirrem und ins Gesicht hängendem Haar eine Frau. Sie taumelt gegen die Fassaden. Ihre helle Bluse reißt auf, ihr dunkler Rock, die Haut an ihren weißen dünnen Armen. Sie schlägt mit der Hand auf die Klingelknöpfe neben den Hauseingängen, sie schlägt mit der Faust gegen die Türfüllungen der Haustüren, dreht dann den Kopf nach rechts, sieht hinter sich, und ehe die Mieter auf die Druckknöpfe drücken, und ehe ich das Surren an den Schlössern der Haustüren höre, ist sie ein paar Fenster weiter. Und aus den Fenstern des Hauses, das sie hinter sich gelassen hat, rufen Mieter sich widersprechende Ratschläge hinter ihr her: »Bleiben Sie stehen, dann tun sie nichts! Das Rennen reizt sie auf!«, »Rennen Sie weiter, sonst werden Sie in Stücke gerissen!« Manche Mieter werfen Wurst und Fleisch zu den Fenstern hinaus, in der Hoffnung vielleicht, damit die Hunde aufzuhalten.

Um Hausesbreite von der Frau entfernt erscheinen auf gleicher Höhe die vier Hundsköpfe, mit aufgerissenen Schnauzen, die vier um Hundsbreite voneinander entfernten Hundsleiber, die über die Wurst- und Fleischstücke hinwegspringen, und die höchstens einen Hundsleib langen Leinen, die schräg auf die gegeneinander gepreßten Fäuste des Herrn Doktor Trautbert zulaufen. Der Hundehalter streckt die Arme von sich, er stemmt sich mit weit zurückgelegtem Oberkörper gegen die Hunde, ja, er stellt, weil er die Hände nicht freihat, ein Bein gegen einen Laternenpfahl, steht dann, den Laternenpfahl zwischen den Beinen, die Arme den Hunden zugestreckt, den Oberkörper gekrümmt und bis zu Hundshöhe fast herabgerissen, und hält die Hunde auf für eine Zeit immerhin, in der die Frau eine Entfernung von drei Fenstern und den Mauerstücken zwischen den Fenstern zurücklegen kann. Die Hunde zerren währenddessen an den Leinen, sie springen hoch, röchelnd unter dem Druck der ihre Kehlen einschnürenden Halsbänder. Die Beine des Herrn Doktor Trautbert rutschen ab vom Laternenpfahl. Er hetzt, nun mit weit vorgerecktem Oberkörper, mit den Hunden her hinter der Frau. Rennend erteilt auch er ihr Ratschläge: »Denken Sie sich einen Kniff aus!« ruft er. »Davonrennen kann jeder! Wir haben Sie ohnehin gleich eingeholt! Wir haben bessere Läufer eingeholt als Sie!«

Die Frau drückt mit beiden Händen gegen die Kirchtore. Sie öffnen sich nicht.

»Dies ist ein Haus des Herrn«, höre ich die Stimme des Pfarrers durch die Kirche hallen. Vielleicht steht er gegen die Kirchtore gestemmt.

»Halt!« ruft der Herr Doktor Trautbert. »Still gestanden!« Und während die Hunde, und während er, der Hundehalter, nun nur noch darauf bedacht, mit den Hunden Schritt zu halten, auf sie zu hetzen, zuckt die Frau zusammen und bleibt vor dem Pfarrhaus stehen.

»Sind Sie von Sinnen!« ruft der Herr Doktor Trautbert. »Nicht Sie sind gemeint, sondern die Hunde!«

Und während die Frau noch immer steht, das Gesicht abgewendet vom Hundehalter und seinen vier Hunden, fügt er, der Hundehalter, hinzu: »Um Himmels willen, laufen Sie weiter!« Und während die Frau taumelnd weiterläuft, am Pfarrhaus vorbei und links die Straße hinab, bis ich sie von diesem Küchenfenster aus nicht mehr sehen kann, ruft der Herr Doktor Trautbert: »Ich will nichts gesagt haben! Hören Sie! Ich will mich nicht eingemischt haben, sonst schieben Sie mir die Schuld zu! Machen Sie, was Sie wollen!«

»Herr Doktor«, ruft meine Großmutter, »hier ist es!« Sie steht mit dem linken Arm aufs Fensterbrett gestützt, sie winkt mit dem rechten ausgestreckten Arm so heftig, daß ihr die

Ringe am Ringfinger rechterhand über den Knöchelknick und vom Finger rutschen. Ich höre nicht den Aufschlag der Ringe. Ich sehe nicht, wohin die Ringe rollen. Meine Großmutter starrt verstört und weit zum Fenster hinausgebeugt hinter den Ringen her.

»Da müssen Sie sich an die Herren Hunde wenden!« ruft der Herr Doktor Trautbert und er dreht, ehe er aus meinem Blickfeld verschwindet, den Kopf in die Richtung unseres Hauses.

Ich höre meine Großmutter die Haustür zuschlagen, höre sie unter dem Geräusch ihrer aufklatschenden Schuhsohlen die Treppe hinabsteigen, höre das Hundegekläff von links her, den harten und von Schritt zu Schritt in langsamerer Folge sich wiederholenden Aufprall von Absätzen auf die Pflastersteine, das Keuchen des Herrn Doktor Trautbert, die Aufschreie mehrerer Mieter: »Aua!« und: »Auweia!«

Darauf bricht der Aufprall der Absätze auf die Pflastersteine, das Gekläff der Hunde ab, darauf höre ich den Herrn Doktor Trautbert rufen: »Es war Tobias! Ich habe es gleich gewußt! Was Sie für ein Glück haben! So warten Sie doch!«

Die Kirchtore gegenüber öffnen sich einen Spalt breit. Der Pfarrer blickt erstaunt auf meine über den Gehsteig kriechende Großmutter. Er tritt aus der Kirche und schreitet, einen hastigen Blick hinter sich werfend, rechts die Straße hinab. Aus den Hauseingängen in leinenlangen Abständen hinter ihren Hunden treten die Hundehalter unter den Mietern. Sie grüßen einander, indem sie mit der Hand, an der sie keine Leine halten, die Hüte lüften. Und teils gezogen und teils ziehend werden sie von ihren Hunden links die Straße hinabgeführt, führen sie ihre Hunde links die Straße hinab. Es sind Pudel, Doggen, Dackel, Spitze oder der einen oder der anderen oder zwei oder drei oder keiner dieser Hunderassen oder allen diesen Hunderassen ähnliche Hunde oder Hunde mir unbekannter Rassen. Die Hunde gleichen ihren Hundehaltern eher als sich untereinander. Die Hunde und die Hundehalter bewegen sich nicht fortlaufend, sondern ruckweise voran. Nicht die

Hundehalter bringen die Hunde einander näher. Es sind die Hunde, die die Hundehalter einander näher bringen. Sie stehen um Leinenlänge von den Laternenpfählen entfernt nebeneinander. Sie übersehen einander nachsichtig zulächelnd einer des anderen und den eigenen beinhebenden und Lachen hinterlassenden oder mit erhobenem Schwanz und geknickten Hinterbeinen hockenden und Haufen hinterlassenden Hund, als gelte es nicht mit den Hunden, sondern miteinander Nachsicht zu üben. Sie stellen sich nicht einander, sie stellen einer dem anderen den eigenen Hund vor. Sie beginnen Gespräche ohne Einleitungen, in denen sie aufeinander einredend die ihre Hunde hervorhebenden Eigenschaften und Eigenarten aufzählen. Sie sprechen laut, damit nichts überhört wird, damit nichts wiederholt werden muß. Sie sprechen hastig, damit das Wichtigste wenigstens gesagt ist über den eigenen Hund. Denn morgen wird sie ein anderer Hund mit einem anderen Hundehalter zusammenführen, mit dem sie leinenlang von Laternen entfernt stehend sich laut und hastig über Hunde unterhalten werden. Denn sie wissen nicht, wann sie der Zufall, das heißt der Hund wieder zusammenführt. Und ihre Gespräche abbrechend, und ohne Abschiedsworte hetzen sie hintereinander hinter den hintereinander her hetzenden Hunden her. Ich sehe Hundehalter um zwei Leinen- und zwei Hundelängen voneinander entfernt auf dem Gehsteig stehen, bemüht, des einen Hundes Hinterteil von des anderen Hundes Schnauze zu zerren. Ich sehe Hundehalter um zwei Leinen- und eine Hundslänge voneinander entfernt sich um zwei sich umeinander drehende Hunde drehen. Und während die Hundehalter sich in höchstmöglichem Abstand, um einen Halbkreis also, voneinander entfernt halten, hängen ihre zwei Hunde mit fast halbkreisförmig gekrümmten Rümpfen einer mit dem Kopf am Hinterteil des anderen. Und so heftig auch die Hundehalter an den Leinen zerren, den Kopf des einen Hundes vom Hinterteil des anderen Hundes und den Kopf des anderen Hundes vom Hinterteil des einen Hundes lösen sie nur, wenn die Hunde selbst vom Schnüffeln genug haben.

Meine Großmutter richtet sich auf. Sie steckt sich die Ringe an den Ringfinger rechterhand. Sie läuft hinter den sich nach links entfernenden Hunden und Hundehaltern her.

Der Gehsteig, soweit ich ihn von diesem Küchenfenster aus übersehen kann, ist leer. Ich höre den heftigen Aufstoß eines Stocks auf die Pflastersteine, das Winseln eines Hundes. Eine alte, grauhaarige Frau bewegt sich rückwärts und auf einen Stock gestützt von rechts nach links. Ihr Rücken ist gekrümmt. Sie bleibt, sobald sie von hier aus vollständig sichtbar ist, stehen, stößt mit dem Stock auf und zerrt, indem sie eine Leine einzieht, einen kleinen weißen, einen widerstrebenden Hund zu sich heran. Der Hund hockt sich vor ihre Füße auf den Gehsteig. Er dreht den Kopf nach rechts. Die alte Frau schlägt mit dem Stock auf ihn ein. Der Hund springt winselnd hoch. Die Alte lockert die Leine. Sie zieht den Hund, indem sie sich nun wieder auf den Stock stützt und rückwärts und dem Hund zugewendet geht und auf den Hund einredet, zwei Fenster und das Mauerstück zwischen den Fenstern weiter. Der Hund hockt sich auf die Hinterbeine. Er dreht seinen kleinen weißen Kopf dem großen braunen Kopf eines Hundes zu, der rechts Stück für Stück sichtbar wird. Der große braune Hund zerrt an der Leine einen kleinen weißhaarigen, einen widerstrebenden alten Mann zu sich heran. Der Mann bewegt sich vorwärts und auf einen Stock gestützt. Sein Rücken ist gekrümmt. Er bleibt, so bald er von hier aus vollständig sichtbar ist, stehen und stemmt sich mit dem Stock gegen den Hund. Doch der große braune Hund zieht den alten widerstrebenden Mann weiter auf den kleinen weißen widerstrebenden Hund zu, der von der alten Frau mit Stockhieben weitergezogen wird. Doch weil der große braune Hund den alten Mann rascher voranzieht als die alte Frau den kleinen weißen Hund, berühren sich, trotz der Bemühung der Frau voranzukommen, trotz der Bemühung des Mannes zurückzubleiben, die beiden Hundeschnauzen. Die alte Frau hebt den Stock und läßt ihn sinken ohne zuzuschlagen, wahrscheinlich weil sie fürchtet, den eigenen und den fremden Hund zu treffen. Die Hunde schieben sich dicht nebeneinander, einer den Kopf am Leib des anderen vorbei, auf das Hinterteil des anderen zu. Der große Hund ist doppelt so lang und doppelt so hoch wie der kleine. Und während die Hunde nun einer des anderen Hinterteil beschnüffeln, bücken sich der alte Mann und die alte Frau. Sie beugen die Köpfe so tief hinab, als es ihr Alter zuläßt, und sie betrachten eingehend einer des anderen Hundes Hinterteil.

Und weil sie vielleicht ihren eigenen Augen noch weniger trauen als der Auskunft eines Unbekannten, nähern sie einander die Köpfe über den Hundeleibern. Sie heben die Hände mit den daranhängenden Leinen zu den Ohrmuscheln. Sie legen sie um die Ohrmuscheln. Sie weisen mit den in ihren zittrigen Händen so heftig hin und her zuckenden Stöcken, daß es schwierig ist festzustellen, worauf genau sie zeigen wollen, einer auf des anderen Hundes Hinterteil. Sie stellen einander eine kurze und für mich von hier aus unverständliche Frage. Sie nicken einander heftig und anhaltend zu, vielleicht, weil die Fragestellung des anderen jeweils auf ein ausreichendes Sehvermögen schließen läßt. Sie antworten einander: »Ja, ja!«, vielleicht, weil die Antwort des anderen auf die Frage jeweils auf ein ausreichendes Gehör schließen läßt. Vielleicht nicken und antworten sie, um sich der gegenseitigen Verständigung ganz sicher zu sein, denn sie sind einander unbekannt und sie wissen nicht, was mehr gelitten hat unter dem Alter, das Ohr des anderen oder das Auge.

Der große braune Hund und sein Hundehalter bleiben stehen, die Köpfe nach links, die Hinterteile nach rechts gerichtet. Der kleine weiße Hund zieht die Hundehalterin um den großen braunen Hund und um den Hundehalter herum, bis er den Kopf nach links, das Hinterteil nach rechts gerichtet hinter dem doppelt so langen und so hohen braunen Hund und unter der sich zwischen dem braunen Hund und dem Hundehalter spannenden Leine steht, bis sie, die Hundehalterin, den Kopf nach links, das Hinterteil nach rechts gerichtet hinter dem Hundehalter steht, den die sich zwischen dem weißen Hund

und der Hundehalterin spannende Leine in Schenkelhöhe streift. Und während die Hunde einander mit Kopf und Hinterteil berühren, stehen der weiße Hund und der Hundehalter weiter auseinander als der Hundehalter und die Hundehalterin, die die Länge etwa des kleinen weißen Hundes trennt. Die Hundehalterin nähert den Arm mit der Leine um die halbe Länge etwa des kleinen weißen Hundes dem Rücken des Hundehalters in dem Augenblick, in dem der weiße Hund nur auf die Hinterbeine gestützt versucht, mit den Vorderbeinen auf den Rücken des braunen Hundes zu steigen. Der alte Mann, der Hundehalter, wendet sich, mit dem Stock nun auf beide Hunde weisend, der alten Frau, der Hundehalterin, zu, die ebenfalls mit dem Stock auf beide Hunde weist. Sie stellen einander eine für mich von hier aus unverständliche Frage. Sie zucken zur Antwort die Achseln. Sie rufen ihr Achselzucken verstärkend einander zu: »Was weiß ich!« Darauf beobachten sie kopfschüttelnd das Gehabe der Hunde.

Und weil der Hundehalter der Hundehalterin den Ausblick auf die Hunde verstellt, tritt sie neben ihn. Die Leine der Hundehalterin hängt nun locker und bogenförmig unter der Leine des Hundehalters. Der Rücken der Hundehalterin ist tiefer gekrümmt als der Rücken des Hundehalters. Sie stehen beide auf Stöcke gestützt und starren auf die Hunde. Der große Hund steht reglos und abwartend, während der kleine Hund an seinem Hinterteil hochspringt, Halt sucht mit den Vorderbeinen auf seinem Rücken, abrutscht. Der große Hund verringert nach zahlreichen vergeblichen Versuchen des kleinen Hundes bereitwillig die Höhe seines Rückens, indem er die Hinterbeine einknickt, so weit, daß sein Hinterteil gleich hoch ist wie die Beine des kleinen Hundes. Der kleine Hund rutscht mit den Vorderbeinen auf den Rücken des großen Hundes, so weit, als es die Länge seines Rumpfes zuläßt. Er bedeckt nicht einmal die halbe Rückenlänge des großen Hundes und die Köpfe der Hunde liegen weiter auseinander, als der kleine Hund lang ist. Der alte Mann, der Hundehalter, wendet sich der alten Frau, der Hundehalterin, neben sich zu.

Er schlägt sich mit der Hand mit dem Stock gegen die Stirn, hakt den Griff des Stocks über das Handgelenk der Hand, daran er die Leine hält. »Du«, ruft er und er klopft mit der freien Hand der Hundehalterin auf den Rücken.

»Was?« schreit die Hundehalterin.

Der Hundehalter nähert den Kopf dem Kopf der Hundehalterin. Und indem er mit der freien Hand seinen Mund und das Ohr der Hundehalterin abschirmt, flüstert er ihr etwas zu.

»Die?« schreit die Hundehalterin und sie weist mit dem Stock auf die Hunde.

»Was sonst!« ruft der Hundehalter.

Darauf brechen beide in ein meckerndes Gelächter aus. Sie pressen die Hände mit den Leinen gegen ihre Bäuche. Sie stoßen mit den Stöcken gegen die Pflastersteine. Sie treten dicht an die Hunde heran. Sie lockern die Leinen. Der kleine Hund rutscht vom Rücken des großen Hundes, steht auf vier Beinen, dreht den Kopf nach rechts. Der große Hund richtet sich auf.

»Bengel!« ruft die Hundehalterin und sie streicht dem kleinen Hund über den Rücken.

»Püppchen!« ruft der Hundehalter und er krault das braune Fell des großen Hundes. Hund und Hund und die über die beiden Hunde gebeugten Hundehalter stehen für einen Augenblick dicht aneinandergedrängt. Dann zwängen sich die Hunde zwischen den Beinen der Hundehalter durch. Der große Hund steht links, mit nach links gerichtetem Kopf und um die Länge der Leine von den Hundehaltern entfernt. Der kleine Hund steht rechts, mit nach rechts gerichtetem Kopf und um die Länge der Leine von den Hundehaltern entfernt.

»Seinerzeit«, höre ich die Hundehalter sagen. Sie strecken jeder den Arm mit der Hand mit der Leine ihren in entgegengesetzten Richtungen ziehenden Hunden zu. Sie stemmen sich mit den Stöcken gegen die Hunde. Die Hunde ziehen sie um die Länge des kleinen weißen Hundes erst, um die Länge des großen braunen Hundes dann auseinander. Und weil der große braune Hund den alten Mann rascher fortzieht als die alte Frau den kleinen weißen Hund zurückziehen kann, entfernen sich trotz der Bemühung des Mannes, stehen zu bleiben, trotz der Bemühung der Frau, dem Mann zu folgen, der Hundehalter und die Hundehalterin weiter und weiter voneinander.

Als sie die Breite eines Hauses, die Grenze vielleicht ihrer Hörweite und dies, auch wenn sie brüllen, trennt, stemmen sie sich mit aller Kraft, mit vor Anstrengung rot anlaufenden Gesichtern und bebenden Leibern gegen die Hunde. Sie wenden sich einander zu.

»Wie heißt du denn?« brüllen sie.

»Ich?« brüllen sie und sie nicken einander heftig und anhaltend zu.

»Wie?« höre ich den alten Mann und die alte Frau im Davonlaufen rufen. Ich sehe, wie sie beide die Hände mit den Leinen und den Stöcken in Brusthöhe heben mit dem Ausdruck von Aufhorchenden, wie sie dann ratlos hinter den aus meinem Blickfeld verschwindenden Hunden und Hundeleinen herlaufen.

Ich drehe mich der Küche zu. Ich trete in die Lücken zwischen den herumliegenden oder umgestürzten oder zu Boden gefallenen Gegenständen. Ich setze mich aufs Kanapee. Ich werde so sitzen bleiben, warten, diese vier graugrünen Küchenwände anstarren mit den weißen Kalkflecken unter der abgebröckelten Farbe, diese zwischen zwei Wände gespannte Wäscheleine mit der feuchten, weißgrauen verwaschenen Unterwäsche meiner Großmutter und des Herrn, mit den schwarzen Socken des Herrn, den braunen den Fußboden streifenden Strümpfen meiner Großmutter, den geblümten Nachthemden und Schürzen meiner Großmutter, warten, diesen weißen Abguß mit dem verschmierten und mit Wasser bis zum Rand gefüllten Topf anstarren, den durchlöcherten Abspüllappen, diesen Abfalleimer unter dem Abguß mit dem aufgeklappten Deckel, darin weißgraue ausgekochte Knochen liegen, Erbsenschoten, Eierschalen, zerknüllte Papierfetzen, diese roten, blauen, gelben aufgerissenen Pappschachteln mit

Wasch-, Abspül-, Putzmitteln, die auf einem Holzbrett über dem Abguß nebeneinander stehen, diese Reihe von Einweckgläsern daneben mit den grünen und sich von den Wänden kaum abhebenden Erbsen, diesen weißen Herd, darauf die Suppe überkocht, diese dicke graugrüne Suppe, die zwischen dem Topfdeckel und dem Topfrand herausquillt, die Außenwände des Topfes herabläuft, die oben graugrüne und dem Topfboden und der Gasflamme zu bräunlich werdende Linien hinterläßt und unten in schwarzbraunen verbrannten Stücken abbröckelt, warten, bis meine Großmutter zurückkommt, die Küchentür aufschließt, an deren Klinke der feuchte graue Scheuerlappen hängt, sich hereinwagt in die Küche oder einen anderen hereinschickt.

Über die grauen quadratischen Kacheln des Küchenbodens läuft das schaumige Wasser aus dem umgestürzten Putzeimer. Es läuft die schmalen weißen Rinnen zwischen den Kacheln entlang, läuft unter dem Tisch hindurch, darauf zwei weiße Suppenteller stehen, eine leere Suppenterrine mit einem Schöpflöffel, zwei Glasteller mit zwei Haufen hellgelben Puddings und zwei Lachen roten Safts rings um die Ränder der Haufen, es läuft unter den umgestoßenen Stühlen hindurch, es näßt die von den Stuhlsitzen gerutschten Kissen, das Stopfgarn, die Knöpfe, Nadeln, Reißverschlüsse, Wollknäuel aus dem umgekippten Stopfkasten. In diesen Wasserlachen und sich in seiner weißgrauen Färbung kaum abhebend von den grauen Kacheln, den weißen Rinnen zwischen den Kacheln, den weißgrauen Schaumfetzen auf dem Wasser, liegt der Wurm oder ein fast küchenlanges Stück des Wurms. Er sieht aus wie eine angeschmutzte Schnur von unregelmäßiger Stärke. Einerseits endet er seildick, andererseits fadendünn. Bei den dickeren Stücken bis zur Mitte des Wurms oder des Wurmstücks sind die Einschnitte zwischen den Gliedern und somit die einzelnen Glieder genau erkennbar. Bei den dünneren Stücken sind die Einschnitte und somit die einzelnen Glieder nicht erkennbar. An seiner dünnsten Stelle müßte der stecknadelgroße Kopf mit den vier Saugnäpfen sitzen. Allein, ich kann ihn nicht erkennen, sei es, weil er zu klein ist, sei es, weil er vielleicht einzeln oder an einem dieser abgerissenen fingerlangen Wurmstücke oder von Schaumfetzen verdeckt hier herumschwimmt oder sich festsaugt, sei es, weil er noch in mir sitzt, fortfährt Glied für Glied zu bilden und die abgerissenen Glieder zu ersetzen. Wären nicht diese grauen quadratischen Kacheln mit den weißen Rinnen, diese über die Kacheln und Rinnen verstreuten Gegenstände, diese Schaumfetzen auf dem Putzwasser, würde ich meinen, er oder dieses Stück von ihm läge reglos da. Doch sein dickes und sein dünnes Ende bewegen sich. Bald schieben sie sich aufeinander zu, bald entfernen sie sich voneinander. Er streckt sich zu einer geraden, manchmal parallel zu den Rinnen liegenden und die Kacheln teilenden Linie. Er schiebt sich die Rinnen entlang. Er krümmt sich, die Rinnen einerseits von rechts, andererseits von links überkreuzend, zu einem Halbkreis. Er krümmt sich, die Rinnen beiderseits von rechts oder beiderseits von links überkreuzend, zu einer Schleife. Er streckt sich einerseits und krümmt sich andererseits zur Form eines Gehstocks. Er streckt sich beiderseits in die gleiche Richtung zur Form eines Hufeisens. Hin und wieder berührt das eine oder andere Ende oder beide Enden gleichzeitig, indem sie sich krümmen, ein mehr oder weniger weit in der Kette entfernt hängendes Glied. Dann kriechen die Enden nicht über dieses Glied hinweg, sondern sie entfernen sich, indem sie die Krümmung verringern und sich Stück für Stück strecken, weiter und weiter von der Kette, als wäre sie ein Widerstand wie die Tischbeine, die Stühle, die Sitzkissen, Knöpfe, Nadeln, Reißverschlüsse. Die Richtung der Wurmenden oder der Enden dieses Wurmstücks und somit die Bewegungen bestimmen die Widerstände, auch, wenn es so aussieht, als bewege er sich nicht willkürlich, sondern auf irgend etwas zu. Sobald ein Ende auf einen Gegenstand, und wenn es nur ein doch so leicht verschiebbarer Knopf ist, oder auf ein anderes Glied stößt, weicht es aus und entfernt sich in der entgegengesetzten Richtung, um sich gleich wieder zurück zu bewegen, sobald es auf einen Gegenstand oder ein anderes Glied stößt. Es würde sich wahrscheinlich fortwährend zwischen zwei Widerständen hin und her bewegen, wenn es nicht zufällig und durch das Biegen oder Strecken von Gliedern im Inneren der Kette verkürzt oder verlängert, vor diesen Gegenständen vorbeigezogen oder durch diese Gegenstände hindurch geschoben würde. Die Glieder innerhalb der Kette biegen und strecken sich wie die Wurmenden bei der Berührung mit einem Wurmende, oder wenn sie vom einen oder anderen Ende in die eine oder andere Richtung geschoben einen Gegenstand streifen.

Ebenso verhalten sich die einzelnen rechts und links des Wurmes liegenden, höchstens fingerlangen und dann aus mehreren Gliedern bestehenden, mindestens fingernagellangen und dann meist aus nur einem Glied bestehenden Wurmstücke. Es ist möglich, daß außerdem von Gegenständen verdeckte oder winzige und mit bloßem Auge nicht erkennbare Wurmstücke hier herumkriechen. Die fingerlangen Wurmstücke winden sich schleifenförmig, gehstockförmig, hufeisenförmig, ohne voranzukommen wie der Wurm. Nur, wenn sich ihre Enden einerseits von rechts, andererseits von links entgegenkommen, verharren sie nicht halbkreisförmig, sondern sie nähern sich, bis sie sich berühren und für einen Augenblick zu einem zwar nicht kreisförmigen, aber kringelähnlichen Gebilde schließen, ehe sie sich voneinander entfernen, halbkreisförmig liegen, gestreckt, sich zu einem sich zur entgegengesetzten Richtung hin öffnenden Halbkreis krümmen und zu einem Kringel zusammenschließen. Nur die Einzelglieder bewegen sich über mehrere Kacheln hinweg, so lange, bis das vorausgerichtete Gliedende einen Gegenstand oder ein Wurmstück berührt. Dann bewegt sich das auf dem Weg über mehrere Kacheln zurückgerichtete Gliedende voran, das heißt den Weg zurück, mit nur durch die Kacheln und die Rinnen zwischen den Kacheln erkennbaren Abweichungen, bis es auf den nächsten Gegenstand stößt oder auf ein Wurmstück, zurückkriecht oder voran, was das gleiche ist, und zufällig und einmal da und einmal dort an einem mehrmals berührten Gegenstand oder Wurmstück vorbeigerät.

Ich höre ein Auto vor diesem Haus halten, höre jemanden einen Wagenschlag öffnen und zuschlagen. Ich trete in die Lücken zwischen den herumliegenden, umgestürzten, zu Boden gefallenen Gegenständen und Wurmstücken, beuge mich aus dem Fenster. Ein Taxifahrer hält den hinteren Wagenschlag eines Taxis auf. Meine Großmutter steigt aus dem Taxi. Sie schließt die Haustür auf. Sie tritt mit dem Taxifahrer ins Haus. Ich höre sie die Treppe hinaufsteigen.

»Wenn Sie vielleicht einen Augenblick hier«, sagt meine Großmutter.

Ich höre sie ins Nebenzimmer gehen, höre ihre Schuhe gegen den Fußboden klatschen, höre sie die Schranktür öffnen und schließen, höre sie einen Gegenstand über den Fußboden schleifen, sie sagen: »Alles was recht ist«, und gleich darauf: »Hat seine Grenzen«, und gleich darauf wiederholen: »Alles was recht ist.«

Ich höre den Taxifahrer im Korridor auf und ab gehen, stehenbleiben zwischendurch, bald für kürzere, bald für längere Zeit, vielleicht, um sich im Garderobenspiegel zu betrachten, vielleicht, um das in goldfarbenen Rahmen und hinter Glas an den Wänden des Korridors hängende Geschriebene zu lesen.

»Da ist der Koffer«, sagt meine Großmutter. »Wenn Sie vielleicht noch einen Augenblick hier.«

Sie dreht dreimal den Schlüssel im Schloß der Küchentür herum.

»Lothar!« ruft sie.

Ich öffne die Tür nur einen Spalt breit und zwänge mich hindurch.

»Mach die Tür zu!« ruft meine Großmutter.

Sie steht, mir den Rücken zukehrend, vor dem Taxifahrer. Nur das Licht, das durch die geöffnete Tür des Nebenzimmers dringt, erleuchtet den schmalen Korridor. Der Taxifahrer hält einen Koffer und eine Schirmmütze in der linken Hand. Er streckt die rechte Hand meiner Großmutter hin, die in ihrer Geldbörse herumkramt, sieht über die Schulter meiner Großmutter hinweg auf mich, hebt die rechte Hand und fährt sich mit dem Zeigefinger über den Nasenrücken. Meine Großmutter hält ihm einen großen Schein hin. Der Schein zittert ein wenig in ihrer Hand.

»Das wird wohl reichem«, sagt sie. »Fahren Sie ihn zu seinem Vater, Herrn Leinlein, Schulstraße dreiunddreißig.«

»Den Koffer sofort«, sagt der Taxifahrer und dann stellt er den Koffer zu Boden und dann hält er mit den Händen hinter dem Rücken die Schirmmütze. »Das Kind«, sagt er und dann schüttelt er den Kopf, »nein! Stecken Sie Ihren Schein zurück. Darauf lasse ich mich nie wieder ein. Sie glauben doch nicht, Sie seien die erste, die diesen Einfall hat. Das kommt nämlich gar nicht so selten vor, daß einer auf diese Weise ein Kind los sein will. Da rufen sie einen Fahrer. Da zögern sie nicht, die Börsen zu ziehen. Da geizen sie nicht mit Trinkgeldern. Da zahlen sie mit großen, für eine Stadtrundfahrt ausreichenden Scheinen. Da sagen sie: ›Fahren Sie ihn zu seinem Vater.‹ Da nennen sie mir eine Straße, da nennen sie mir einen Namen und eine Hausnummer dazu. Schulstraße sagten Sie? Leinlein? Dreiunddreißig? Und nun werden Sie schwören, daß es diese Straße, diese Nummer, diesen Namen gibt.«

»Aber ich schwöre«, sagt meine Großmutter.

»Na sehen Sie!« sagt der Taxifahrer. »Ich will ja nicht behaupten, daß diese Adresse erfunden ist. Leinlein und Schulstraße und dreiunddreißig, das klingt für eine Lüge zu unwahrscheinlich. Angenommen aber, es gibt diese Adresse, angenommen, sein Vater sitzt nicht hier hinter einer dieser Türen, wer sagt mir denn, daß dieser Herr Leinlein sein Vater ist und nicht ein Feind seines Vaters, der mir zuruft: ›Sein Anblick ist mir unerträglich wie der seines Vaters! Schaffen Sie ihn fort, ehe ich in Wut gerate!‹, und wer sagt mir denn, daß sich dieser Herr Leinlein, falls er der Vater ist, nicht für den Feind seines Vaters ausgibt, ruft: ›Ich bin seines Vaters Feind!‹, und mir die Adresse seines Feindes« angibt als die des Vaters. Ich fahre hin und her, vom Feind zum Vater zum

Feind, und ein jeder gibt sich für des Vaters Feind aus, und ein jeder gibt den Feind als den Vater an. Sie öffnen die Türen nicht mehr, wenn ich läute, sie beugen sich aus den Fenstern: ›Oh!‹ ruft der Feind. ›Oh!‹ ruft der Vater, ›setzen Sie ihn auf die Straße. Nicht besser ist er als sein Vater!‹ Sonderbar ist nur, daß ich stets dazu neige, den Feind für den Vater zu halten. Sicher ist nur, daß Sie mir die Tür ebensowenig öffnen werden wie der Vater und der Feind, wenn ich das Kind hierher zurückbringe, denn der Koffer ist zu groß und zu schwer, denn das Kind sieht zu hinterhältig aus und Sie selbst zu erschöpft.«

»Alles was recht ist«, sagt meine Großmutter mit bebender Stimme und sie weist auf die Küchentür.

»Ich glaube Ihnen, daß er etwas Übles angerichtet hat«, sagt der Taxifahrer und er winkt ab. Er tritt auf die Wohnungstür zu. Er setzt sich die Schirmmütze auf. Er legt die Hand auf die Klinke.

»Keiner«, beginnt er, »versteht Sie so gut wie ich. Aber glauben Sie mir, ich würde mich glücklich preisen, hätte ich nur einen wie den. Er ist dünn, das heißt, er ißt nicht viel. Er ist schwach, das heißt, Sie müssen nicht viel Kraft aufwenden, damit Sie mit ihm fertig werden. Was wollen Sie mehr. Ich habe vier. Aber glauben Sie mir, mein Bruder beispielsweise, würde sich glücklich preisen, hätte er nur solche vier. Und ich frage mich heute: Was tun sie denn groß? Sie hängen sich an mich. Sie hindern mich, mich fortzubewegen. Sie verursachen große Streitigkeiten zwischen mir und meiner Frau. Sie rauben uns die Nachtruhe. Sie verdünnen unsere Suppe. Und in unserem Leben gibt es keinen Feiertag. Aber was ist das groß? Mein Bruder, der hat sieben Kinder: fünf Söhne und zwei Töchter. Ein fleißiger Vater ist mein Bruder. Er hat sie gut gefüttert. Er hat ihnen fette Kost aufgetischt. Gegessen hat er erst, wenn alle sieben satt waren. Und sie waren unersättlich. Es blieben ihm nur die Reste in den Töpfen. Er kratzte die Töpfe aus, er schwenkte sie aus mit Wasser, und er trank dieses Wasser. Während sie an Gewicht zunahmen, nahm er ab an Gewicht. Er hat sie zu großen, zu starken Kindern gemacht. Glücklich war er, wenn sie siegreich heimkehrten von Prügeleien mit anderen Kindern.

›Sie werden sich durchsetzen im Leben‹, sagte er voller Stolz.

Mit der Zeit aber genügte nicht mehr der Sieg über andere Kinder. Sie fielen Passanten an. Sie siegten. Die Eltern mußten sie einsperren, weil sie die Straßen ihrer Stadt unsicher machten.

Zu Hause kämpften die Kinder gegeneinander. Sie teilten sich in zwei Gruppen: drei, darunter ein Mädchen, waren es, die gegen vier, darunter das zweite Mädchen, kämpften. Natürlich fiel der Kampf immer zugunsten der größeren Gruppe aus. Sie hielten Rat, was zu tun sei, um die Siegeschancen gerecht zu verteilen.

Sie versuchten es mit folgender Lösung: Einer von ihnen setzte jeweils einen Kampf lang aus und sah den Kämpfenden zu. Nach Beendigung des Kampfes sprang er ein in eine der beiden Gruppen für denjenigen, den der Kampf am ärgsten geschwächt hatte. Der wiederum sammelte den nächsten Kampf lang liegend Kräfte, damit er in der Lage war, nach dem Kampf für den nunmehr Kampfuntauglichsten einzuspringen.

Allein, auch diese Lösung war nicht gerecht. Denn nach ein paar Kämpfen schon stellte es sich heraus, daß immer die Gruppe siegte, in der der Ausgeruhte mitkämpfte.

Sie hielten abermals Rat. ›Wir brauchen‹, sagten sie, ›einen Bruder mehr oder einen Bruder weniger. Rascher kämen wir zu gerechtem Kampf, würden wir einen Bruder umbringen. In Frage käme der Jüngste, denn er ist der Schwächste und also der Untauglichste.‹

Der Jüngste fing zu schreien an. Die Mutter kam herein, nicht, weil er schrie. Die Stube war Tag und Nacht voller Geschrei. Sie kam jede Stunde einmal herein, verband den Kindern gefährlichere Verletzungen und fegte die zertrümmerten Gegenstände hinaus. ›Die Mutter‹, rief sogleich der Jüngste, um sich zu retten, ›die Mutter soll mitkämpfen!‹

›Aber Kinder!‹ sagte die Mutter.

Doch der Kampf hatte bereits begonnen.

Anfangs waren es zwei Gruppen: Die kleinere tastete die Mutter nicht an, denn sie hatte sich entschieden, auf ihrer Seite zu kämpfen. Die größere, die gegen sie kämpfte, richtete den Hauptangriff von Anfang an gegen die Mutter. Die Mutter machte einen Fehler: Sie schlug um sich, schlug, worauf sie gerade traf, schlug los auf beide Gruppen. Da schlossen sich die Kinder, nachdem sie es mit gutem Zureden erst, Protesten dann, versucht hatten, zusammen und gingen gemeinsam vor gegen die Mutter. Sie überwältigten sie. Sie trugen sie ins Schlafzimmer. Sie fesselten sie mit einer Wäscheleine an ihr Ehebett. Sie ließen sie so liegen bis zum Abend und hielten Rat, was nun zu tun wäre: auf welche Weise nämlich sie der Strafe des Vaters entgehen könnten.

Der Vater kehrte am Abend erschöpft von der Arbeit, von den Überstunden heim. Und als er klingelte, und als die Tür ihm nicht geöffnet wurde, beugte er sich zum Schlüsselloch, steckte er den Schlüssel ins Loch hinein. Doch ehe er aufschließen konnte, doch ehe er sich aufrichten konnte, wurde die Tür von innen aufgerissen. Die Kinder fielen über ihn her. Sie hängten sich an ihn. Sie zogen ihn hinab auf den Fußboden. Und als er lag, verteilten sie sich sitzend auf seine Länge. Sie fesselten ihm Hände und Füße. Sie trugen ihn – schwer war er nicht – ins Schlafzimmer und banden ihn fest an seinem Ehebett.

Da lagen sie nun, die Eltern, nebeneinander, lagen und schämten sich ihrer Kinder so sehr, daß sie es nicht wagten einander anzusehen. Die Augen weit geöffnet, wie erstaunt, starrten sie hinauf zur hellgrünen, zur durchsichtigen Glasschale ihrer Schlafzimmerlampe, darin ein Haufen toter Fliegen sich im Lauf der Ehejahre gesammelt hatte.

Alle sieben waren noch nicht mündig. Dreizehnjährig war der älteste Sohn, von seinen Brüdern einer immer ein Jahr älter als der folgende, bis zu den beiden jüngsten, den Töchtern, achtjährig die eine, die andere siebenjährig.

Mit seinem Gehalt konnte der Vater den ersten, den zweiten, den dritten Sohn unterhalten. Und die Kost, die die Eltern damals zu sich nahmen, reichte aus und hielt sie bei Kräften. Auch der vierte machte keinen Kummer. Ihn versorgte der Vater mit dem Lohn der Überstunden. Und es reichte aus, was die Eltern zu essen hatten. Für den fünften, für den letzten Sohn, tat der Vater Schwarzarbeit an Sonn- und Feiertagen. Und wenn sie nachts keinen Schlaf fanden, die Eltern, so war es nicht der Hunger, der sie wach hielt, es war nur der Lärm der fünf Söhne, von denen nachtnächtlich einer schreiend die vier anderen aus dem Schlaf riß, zum Mitschreien aufmunterte oder zum Ruhestiften. Das war nicht weniger laut als das Geschrei, denn damit die Ruhestifter Gehör fanden, mußten sie die anderen überschreien. Als die Mutter mit dem sechsten Kind, der ersten, der älteren Tochter schwanger ging, und der Vater sagte, daß er mehr nun nicht tun könnte, als er täte, fing die Mutter an mit Heimarbeit. Hockte da, die Mutter, Abend für Abend, bis in die Nacht hinein, nähte Weißwäsche, die Mutter. Und es reichte aus, was sie verdiente, um das sechste Kind, die erste Tochter, zu ernähren.

Als aber das siebte Kind, die zweite Tochter, ankam, als das sechste, die erste Tochter, den Windeln nicht entwachsen war, noch kroch und sich nur aufrichten konnte mit mütterlicher Hilfe, als das fünfte, der letzte Sohn, laufen konnte, aber schlecht genug, immer hinschlug und verbeult und jämmerlich aussah, weil er die zu langen Hosen des vierten auftragen mußte, als der vierte fähig war, treppauf, treppab zu laufen, die Klingelknöpfe der anderen Mieter zu drücken und die Mutter treppauf, treppab laufen, die wütenden Mieter beruhigen mußte, als der dritte das Haus verließ, ohne zu wissen, wo rechts war und wo links, und die Mutter am Fenster achten mußte, daß er die Straße nicht überquerte, als der zweite mit einem Zettel zwar Kohl kaufen und Milch holen konnte, den Rest des Geldes indes verlor oder ausgab für Süßigkeiten, und als der erste schließlich, der älteste Sohn schulpflichtig wurde, einen Anzug, einen Ranzen, eine Tafel Bücher brauchte, reichte das, was zu essen da war, nur noch für die sieben Kinder aus.

Darauf folgten die sieben Jahre der Enthaltsamkeit der Eltern. Da die Mutter zum Vater sagte: ›Wir wollen es lieber bleiben lassen, mein Lieber. Mein Körper, sagt der Doktor, kann keines mehr verkraften.‹ Da der Vater zur Mutter sagte: ›Es lohnt, da hast du recht, der kurze Spaß jahrzehntelange Mühe nicht, meine Liebe. Eine Gehaltserhöhung, sagt der Direktor, kann ich nicht durchsetzen.‹

Die Kinder standen um die Ehebetten herum. Sie sahen sich die Eltern an, als wüßten sie nicht recht, was nun noch zu tun sei.

Die Töchter meines Bruders steckten die Köpfe zusammen. Sie tuschelten miteinander. Sie fingen an zu kichern. Sie traten ans Bett des Vaters. Sie zogen ihm die Hosen aus, sagten: ›Nur mal anschauen, das‹, sagten: ›Nur mal anfassen, das‹, fragten die Brüder: ›Macht Papa Pipi damit?‹

Die Brüder gafften die Schwestern erst an, dann stießen sie einander an. ›Was die können‹, sagten sie, ›das sollten wir nicht können!‹

Und die Brüder traten ans Bett der Mutter.

Das übrige ergab sich von selbst. Sie sahen sich alles in Ruhe an und es dauerte nicht lange, bis sie heraushatten, wie es gedacht war.

›Es ist das gleiche wie bei Hunden‹, sagten sie.

Sie lösten den Vater von seinem Ehebett. Sie ließen ihm Hände und Füße gebunden. Sie rollten ihn auf die Mutter, und banden beide in der Weise aneinander, daß ein Spielraum zwischen ihnen blieb von wenigen Zentimetern, eben jene Bewegungsfreiheit, die der Vater für das Vor und Zurück nötig hatte, das die Kinder von ihm forderten.

Und während oben der Geist des Vaters seinen Willen kundtat in wüsten Flüchen und Verwünschungen, tat sich unten die Schwäche seines Fleisches kund in zunehmender Stärke. Die Mutter sah unentwegt nach der hellgrünen, der durchsichtigen Glasschale ihrer Schlafzimmerlampe, schien durch den Kopf des Vaters zu sehen, der ihr den Ausblick verdeckte. Lag da, die Mutter, und starrte in Richtung Lampenschale, und hielt den Atem an, die Mutter, als erwarte sie jeden Augenblick die Auferstehung des Fliegenhaufens, das Auffliegen der Fliegen, das Umfliegen der Fliegen dieses Bettes, als erwarte sie, daß ein Fliegenschwarm diese Schande auf weißem Laken verbergen könnte. Auf dem blanken, auf dem weißen Gesäß des Vaters lagen die schrammigen, die sieben rechten Hände seiner Söhne und Töchter, drückten es hinab, sobald es die Grenze des Spielraums, die zugestandene Höhe erreicht hatte, lockerten den Druck, damit es sich erheben konnte, drückten es hinab. Atemloser wurden die Flüche, die Verwünschungen des Vaters. Und nach einem halben, nach einem mittendrin abgebrochenen Fluch gab er her, was er herzugeben hatte.

›Er ist fertig‹, sagte der älteste. Er hob die Hand vom Gesäß des Vaters.

Als sie der Hunger ärger plagte als die Angst vor der Strafe, haben die Kinder die Eltern voneinander befreit. Sie haben Prügel bekommen, alle sieben. Sieben Tage lang haben die Eltern auf sie eingeschlagen und auch am Sonntag haben die Prügel nicht geruht. Einmal der Vater, einmal die Mutter, so haben sie sich abgewechselt und geprügelt nach ihren Kräften. Nur, weil sie nicht mehr konnten, haben sie sie nicht erschlagen, alle sieben. Aber was sind Prügel groß? Man prügelt Kinder für einen gestohlenen Groschen. Man prügelt Kinder für einen zerbrochenen Napf. Man prügelt Kinder für nichts und nur aus übler Laune.

Nun läuft sie herum, die Mutter, meine Schwägerin, mit rundem Bauch unter ihrem weiten Kittel, kann ihre Schuhspitzen nicht ohne Mühe sehen, die Mutter, sitzt abgerückt vom Tisch, wenn sie einmal zum Sitzen kommt. Und wenn sie kocht für Mann und Kinder, muß sie sich festklammern an der Herdstange zwischen zwei Kartoffeln, die sie hineinwirft ins siedende Salzwasser, zwischen zwei Eiern, die sie in die

Pfanne schlägt. Und wenn sie wäscht für Mann und Kinder, muß sie sich festklammern am Waschtrog zwischen zwei Socken, zwei Unterhemden. Und wenn sie die Tapfen, wenn sie den Schmutz wischt vom Fußboden, den ihr der Mann, den ihr die Kinder hineintragen, bleibt sie plötzlich liegen auf dem feuchten Boden, zwischen Scheuerlappen und Eimer, manchmal auch den Lappen in der Hand haltend, liegt sie da, die Mutter, heftig atmend oder gar nicht manchmal.

Der Doktor garantiert ihr nicht, daß es gutgeht, wenn es soweit ist. Und lange kann es nicht mehr hin sein. Die Kinder aber führen ihre eigenen Reden: ›Wenn der erst da ist‹, sagen sie, ›wollen wir uns den Neunten machen.‹«

# Die Hochzeit

Ratsam wäre es gewesen, diesen Saal nicht zu betreten oder nicht jetzt.
»Da hinein geht's«, sagt einer. »Mach leise!«
Keiner könnte unbeachtet eintreten in dieser Stille. Sie sehen aus den Augenwinkeln her, ohne die Köpfe zu drehen. Sie lächeln, ohne einen anzulächeln. Vielleicht haben sie einen Neuankömmling erwartet, einen anderen, den sie aufspringend, mit ausgestreckten Armen, »Aha!« und »Na endlich!« rufend oder »Also doch!« und »Welche Überraschung!« rufend begrüßt hätten. Sie richten die Augen wieder gerade aus. Einer schnauft verärgert.
Von der Mitte der Decke hängt ein Lüster herab. Der Saal ist hell erleuchtet. Die Tische sind zu einer langen Tafel zusammengerückt. Sie sitzen hinter dieser fast saallangen Tafel, ein Stück von der Wand entfernt. Einige von ihnen stehen in regelmäßigen Abständen voneinander hinter den Sitzenden. Auf der Tafel stehen gefüllte Gläser und leere Teller, unangetastet. Zwischen den Gläsern und Tellern, in regelmäßigen Abständen über die Tafel verteilt, stehen Vasen mit Blumensträußen. Die Vasen sind nicht so hoch, die Blumen nicht so langstielig, daß sie wesentliche Körperstücke der Sitzenden verdecken. Zwischen den Gläsern, Tellern, Vasen liegen ihre Hände, flach und mit langgestreckten Fingern. Die Köpfe der Sitzenden liegen unterhalb des Bildes an der Wand hinter der Tafel. Die Köpfe und die mehr oder weniger langen Oberkörperstücke der Stehenden ragen in das Bild hinein. Doch sie verdecken nur unwesentliche Bildteile wie die Tischbeine oder die zwischen den Tischbeinen stehenden Füße, die auf den Boden herabhängenden Rocksäume und Hosenbeine einer an einer langen Tafel essenden und trinkenden und gruppenweise einander zugewendeten und gruppenweise voneinander abgewendeten, einer abgebildeten Hochzeitsgesellschaft.

Die Wand gegenüber der Tafel besteht aus einer Folge von Spiegeln und Fenstern. In den Spiegeln ist die Hälfte der Anwesenden und des im Saal Vorhandenen sichtbar. Die andere Hälfte der Anwesenden und des im Saal Vorhandenen ist durch die Fenster für die in den Fenstern des gegenüberliegenden Hauses liegenden Zuschauer sichtbar. Nur den Einblick durch ein Fenster verdeckt ein Herr in schwarzem Anzug. Er steht der Braut gegenüber.

»Geh da weg«, zischt er, »du verdeckst mich!«

Es ist ratsam, hier kehrtzumachen, kurz vor der Mitte der Tafel, kurz vor der Braut, ratsam, jetzt kein Aufsehen zu erregen, diesen schmalen Gang hinter den Stühlen, zwischen den Stuhllehnen und der Wand mit dem Bild entlang zu schleichen ohne Geräusch, keinen der hinter den Stuhllehnen Stehenden anzustoßen, zu streifen, stehenzubleiben, nicht zu lange, sich zu ducken gelegentlich, weiterzugehen, nicht zu weit, nicht bis zur Mitte der Tafel. Die Stühle sind zu einer lückenlosen Reihe aneinander gerückt. Die Sitze sind besetzt. Die sieben senkrechten Stäbe der Stuhllehnen stecken mit den oberen Enden in einem waagrechten Stab. Die beiden äußersten senkrechten Stäbe einer Stuhllehne berühren die äußersten senkrechten Stäbe der Stuhllehnen beiderseits. Die gleich hohen waagrechten Stäbe stoßen mit den Enden aneinander zu einer waagrechten stuhlreihenlangen Linie. Teils oberhalb dieser Linie, teils unterhalb dieser Linie, teils auf gleicher Höhe mit dieser Linie, teils schiefschultrig und einerseits oberhalb und andererseits unterhalb und über einem senkrechten Stab oder über einer Lücke zwischen zwei Stäben die waagrechte Linie überkreuzend liegen ihre Rücken. Es sind reglose Rücken, kürzere oder längere oder mehr oder weniger gestreckte oder gekrümmte. Es sind schmalere oder breitere Rücken. Die schmaleren Rücken liegen um die Breite der beiden äußersten senkrechten sich berührenden Stäbe zweier Stuhllehnen und der Lücken hinter diesen Stäben höchstens voneinander entfernt. Die breiteren Rücken berühren sich oder drängen sich mit eingezogenen Schultern gegeneinander. Die breitesten Rücken schieben sich aneinander vorbei, Schulter an Schulter, wobei sich die zurückgeschobene Schulter hinter der vorgeschobenen Schulter hochzieht. Es sind viele schwarze und einzelne hellblaue, gelbe oder rosafarbene Rücken. Nur der Rücken der Braut ist weiß. An manchen Rücken sind Hautstücke sichtbar, an manchen in die Hautstücke gerutschte Träger. Zwischen den Stäben drücken sich Rückenstücke durch, stablang die der aufgerichteten Rücken, einen halben Stab lang mindestens und von da an sich von den Lehnen entfernend die der gekrümmten Rücken. Hinter den Sitzenden, drei Stühle jeweils vom Nächststehenden rechts oder links entfernt, steht einer hinter nicht weit voneinander entfernten oder sich berührenden oder sich aneinander vorbeischiebenden Schultern zweier Sitzender, den Kopf über den Köpfen und zwischen den Köpfen der Sitzenden, die Hände auf seinen Rücken legend oder mit den Fingern gegen seinen Rücken trommelnd oder die Hände mit seitlich herabhängenden Armen gegen seine Schenkel gepreßt oder hinter den Rücken zweier Sitzender auf die waagrechten Stäbe der Stuhllehnen gestützt. Es sind reglose, abgewendete Köpfe, schmalere und breitere. Es sind braunhaarige, grauhaarige, kahle Hinterköpfe mit glattem, mit krausem Haar, kürzerem oder längerem oder hochgestecktem. Die Gesichter sind vorausgerichtet. Kein Kopf verdeckt einen anderen. Kein Kopf dreht sich seitlich und einem Danebensitzenden zu oder hinauf und zurück und einem Dahinterstehenden zu oder hinab und einem Davorsitzenden zu.

»Ruft mich, wenn es weitergeht!« ruft ein Zuschauer draußen aus einem Fenster des gegenüberliegenden Hauses, blickt kopfschüttelnd durch ein Fenster zwischen zwei Spiegeln in den Saal, zieht den Oberkörper zurück. Sein Kopf versinkt unter dem Fensterbrett. Vielleicht legt er sich auf ein Sofa, setzt er sich auf einen Sessel neben dem Fenster, sprungbereit und einen Zuruf erwartend.

Mal scharrt ein Sitzender mit der Schuhsohle auf dem Parkett, stößt mit dem Schuh gegen ein Stuhlbein, mal schiebt ein Stehender den zurückgestellten Fuß vor und den vorausgestellten Fuß zurück, mal zwängt ein Sitzender achtsam die Hand zwischen sich und dem Danebensitzenden hindurch, kratzt sich ein juckendes Rückenstück, mal lehnt sich ein Sitzender um ein winziges Stück weiter zurück, klemmt dabei die auf den waagrechten Stab der Stuhllehne gestützte oder den Stab umfassende Hand eines Dahinterstehenden ein, entfernt sogleich und vorsichtig den Rücken von der Lehne, während der Dahinterstehende die Hand vom Stab hebt, an die Seite legt oder auf den Rücken.

Das ist alles, was geschieht oder fast alles.

Es werden keine Worte gewechselt. Mal räuspert sich einer, mal gähnt, mal hüstelt einer, mal murmelt einer: »Jei, jei« oder: »Wei, wei!«, mal murmelt einer: »Nicht leicht!« oder: »Kleinigkeit!« oder: »Gleich vorbei!« oder: »Sein lassen!« Keiner sieht ihn an. Keiner äußert sich dazu. Keiner fragt, was gemeint ist.

Sie blicken in die vom Fußboden bis zur Decke reichenden Spiegel, sie blicken durch die vom Fußboden bis zur Decke reichenden Fenster auf die in den Fenstern liegenden Zuschauer des gegenüberliegenden Hauses oder in die hell erleuchteten Zimmer hinter den Rücken der Zuschauer, sie blicken einen Augs in einen Spiegel, anderen Augs zum Fenster hinaus.

Zwischen ihren abgewendeten Köpfen hindurch und über ihre Schultern hinweg, da, wo gerade kein anderer steht, sind ihre auf sich selbst gerichteten Gesichter und Gesichtshälften in den Spiegeln sichtbar. Sie lächeln sich nicht selbstsicher zu, vielleicht sehen sie sich dafür schon zu lange lächeln. Sie lächeln unsicher, mit zuckenden Mundwinkeln manche, mit zuckenden Oberlippen, Unterlippen, mit einem Anflug von Ratlosigkeit manche, als wüßten sie nicht recht, wie sie ihr Lächeln auf die Dauer und ohne Anlaß halten können. Ehe es sich verliert, ehe ihre Lippen zusammenfallen, reißen sie die Zähne weit auseinander. Ihre Gesichter verzerren sich, nehmen für einen Augenblick einen boshaften Ausdruck an, als hätten sie Lust, etwas zu zerbeißen. Wenn sie sich so sehen, senken die einen verwirrt die Augen, blicken auf die Tafelteile, Gläser-, Teller-, Vasenteile im Spiegel, auf ihre Beinstücke und Füße unter dem Tischtuch, ihre nebeneinander neben anderen Beinen oder neben Tischbeinen zu Boden gestellten Beine, ihre weit voneinander entfernt zu Boden gestellten Beine mit den Tischbeinen zweier zusammengerückter Tische dazwischen, ihre übereinander geschlagenen und zwischen die Tischbeine zweier zusammengerückter Tische gequetschten Beine, sie verbessern schuhsohlenscharrend ihre Fußstellung, wenn sie sich mit schräg aufeinanderzulaufenden Schuhspitzen sitzen sehen und mehr als schuhlang manchmal voneinander entfernten Sohlen, indem sie die Sohlen zusammenrücken und die Spitzen voneinander entfernen.

»Ist wieder etwas?« ruft einer draußen, der wissen will, was vorgeht, auch wenn er es selbst nicht sehen kann. Vielleicht, weil er in einem Stockwerk unterhalb des Saales und dem Saal gegenüber wohnt.

»Nichts«, ruft ein Zuschauer draußen, der gewiß zu sehen wäre zwischen den Köpfen hindurch und über die Schultern zweier von hier aus weiter rechts und einem Fenster zwischen zwei Spiegeln gegenüber Sitzender.

Wenn sie sich so sehen, mit weit auseinandergerissenen Zähnen, mit verzerrten, boshaften Gesichtern, als hätten sie Lust, etwas zu zerbeißen, blicken die anderen verwirrt, und als suchten sie nach Anhaltspunkten für einen heiteren Gesichtsausdruck nach oben, auf die über ihren Köpfen, wenn sie sitzen, oder hinter ihren Köpfen, wenn sie stehen, in den Spiegeln sichtbaren Bildstücke der abgebildeten Hochzeitsgesellschaft.

Hinter einer aus Tischen zusammengerückten Tafel sind die teils sitzenden, teils aufspringenden, teils aufgesprungenen Teilnehmer einander gruppenweise zugewendet und gruppenweise voneinander abgewendet. Auf der Tafel stehen Weinkannen, Weinkelche, stürzen Weinkelche um, liegen umgestürzte Weinkelche auf dunklen Flecken. Auf der Tafel stehen Platten mit Fleischklumpen, in deren Mitte Vorlegegabeln und Messer gespießt sind. Die Weinkannen verdecken die Gesichter der Sitzenden bis zu den Nasenlöchern, die fast senkrecht hinaufragenden Griffe der Vorlegegabeln und Messer teilen die Gesichter der Sitzenden in zwei Hälften. Neben umgestürzten Kelchen schlagen Aufspringende die Hände zusammen, während Danebensitzende oder Stehende mit den Händen eine wegwerfende oder eine einen Kellner heranwinkende Gebärde vollführend Gesichtsteile Sitzender oder Körperstücke Stehender verdecken. Manche halten mit beiden Händen Fleischstücke vor ihre Gesichter, so daß nur ihre über die Fleischstücke hinwegblickenden oder auf die Fleischstücke herabblickenden Augen sichtbar sind. Manche halten einander zuprostend Kelche vor ihre Gesichter, manche auch über die Köpfe mit vor den Gesichtern hochgestreckten Armen. Hinter den Köpfen reichen zwei Kellner zwei von den Köpfen bald verdeckte, bald zwischen den Köpfen sichtbare Tabletts herum, eines mit Eßbarem, mit Trinkbarem das andere. Einige Teilnehmer der abgebildeten Hochzeitsgesellschaft strecken die Hände abwehrend von sich, einige halten die Hände vor ihre Bäuche, mit geschlossenen Augen, als sei es nicht allein unmöglich weiter zu essen und zu trinken, sondern auch etwas Eß- oder Trinkbares anzusehen. Andere hingegen, deren Hinterköpfe abgebildet sind, greifen gierig und mit beiden Händen nach den Röcken der Kellner, wo sie ihnen die Rücken zukehren, oder nach Gläsern und Fleischstücken, als sei ihr Durst, ihr Hunger so unerträglich, daß sie das Kommen der Kellner, das Auftragen der Kellner nicht abwarten können. Die Körper der einander zugewendeten Gruppen überschneiden und verdecken sich. Die gelockten, langhaarigen Köpfe sitzender Frauen liegen rumpflos über den sich an ihnen vorbeischiebenden schwarzberockten Rücken aufgesprungener Männer. Die Rümpfe zweier sich hinter dem Rücken einer sitzenden Frau zuneigender Männer liegen kopflos und schwarzberockt rechts und links des rotbekleideten Oberkörpers dieser Frau. Zwischen zwei Köpfen, auf der nackten Schulter einer Frau liegt eine Hand. Es ist nicht festzustellen, welcher von den drei hinter ihrem Rücken stehenden und sich vor Lachen krümmenden Männer ihr die Hand auf die Schulter gelegt hat. Die Münder der meisten sind aufgerissen, die Augen zu Schlitzen verengt, als grölten und kreischten sie. Sie suchen, mit einer Hand meist, Halt an der Tischkante, an den Stuhllehnen, am Nächststehenden oder -sitzenden, wenn sie nicht eben herumweisen, trinken, essen, ansetzen zum Trinken, zum Essen, als fürchteten sie vor Trunkenheit gegen die Wände, die Fenster, die Kellner, gegeneinander zu torkeln, von den Stühlen zu stürzen auf den Fußboden, in die Scherben der Weinkelche, in die Weinlachen, Fleischbrocken zwischen den Füßen der anderen. Und jene, die stehen mit ausgebreiteten Armen und wild gestikulieren, müssen laute Reden halten, so rot sind ihre Gesichter, so weit sind ihre Münder aufgerissen. Der eine oder der andere streckt am Rande einer Gruppe den Arm nach einem in der nächsten Gruppe Sitzenden aus, tippt ihm mit der Hand auf die Schulter, hält die andere Hand abschirmend vor den Mund als schreie er ihm etwas zu.

Hinter den Fenstern, über den abgebildeten Köpfen oder zwischen zwei abgebildeten Gruppen oder über einem sich von Gruppe zu Gruppe waagrecht streckenden Arm hinweg und unter diesem Arm hindurch, ist eine Landschaft erkennbar. Die Köpfe der Aufgesprungenen liegen auf dem hellblauen Himmel, auf dem gelblichen Streifen am Rand des Himmels, der vielleicht auf einen kurz zuvor stattgefundenen Sonnenuntergang oder einen sogleich stattfindenden Sonnenaufgang, falls die abgebildete Hochzeitsgesellschaft die Nacht hindurch gefeiert hat, hinweisen soll. Die Köpfe der Aufspringenden liegen auf den blauen Bergen unterhalb des Himmels. Die Köpfe der Sitzenden liegen auf dem gelben Strich unterhalb der Berge, der vielleicht ein reifes Getreidefeld darstellen soll. Die Schultern liegen auf der grünen Wiese, auf den braunen und schaffellfarbenen, das Grün der Wiese unterbrechenden Flecken. Wo zwei Auseinandergerückte und sich zwei verschiedenen Gruppen Zuwendende den Durchblick bis hinab zu einem Fenstersims freilassen, sind die Umrisse dieser Flecken deutlicher erkennbar. Es sind schafähnliche, bisweilen kuhähnliche, bisweilen hellen Hunden ähnliche Umrisse. Aber vielleicht sind es auch Erd- oder Sandhaufen, von Maulwürfen aufgeworfene, von Bauern, von Hunden gegrabene. Vielleicht sind es auch Erd- oder Sandflecken, die entstanden sind durch vielleicht vor kurzem erst, vor Sonnenuntergang oder in der Dämmerung und vor Sonnenaufgang, weitergetriebene, heißhungrige, allzu eifrig und bis auf den Grund fleckenweise die Wiese abgrasende Schafs- oder Kuhherden.

An den Rändern der gespiegelten Bildteile beugen sich kopflose Rümpfe weit zu irgend wem hinüber. Die rumpflosen Köpfe sowie wem sie sich zubeugen, müßten die zwischen zwei Spiegeln durch die Fenster aus den Fenstern des gegenüberliegenden Hauses blickenden Zuschauer erkennen, falls die Entfernung um Saales- und Straßenbreite nicht zu groß ist. An den Rändern der gespiegelten Bildteile beugen sich rumpflose Köpfe einem zwar teilweise durch Gegenstände oder andere Teilnehmer verdeckten, doch verdeckt im Spiegel Sichtbaren zu. Die kopflosen Rümpfe müßten die zwischen zwei Spiegeln durch die Fenster aus den Fenstern des gegenüberliegenden Hauses blickenden Zuschauer erkennen.

Aber die Zuschauer blicken ja nicht aus den Fenstern zu diesen Fenstern hinein, um die zwischen zwei Spiegeln sichtbaren Bildteile, und nicht einmal das ganze Bild, zu betrachten, wozu sie tagtäglich, vielleicht jahrzehntelang Gelegenheit hatten.

»Ist endlich wieder etwas?« ruft der, der wissen will, was vorgeht, auch wenn er es selbst nicht sehen kann. Vielleicht, weil er ein Stockwerk unterhalb des Saales und dem Saal gegenüber wohnt.

»Das gleiche! Nichts!« ruft der Zuschauer draußen, der gewiß zu sehen wäre, zwischen den Köpfen hindurch und über die Schultern zweier jetzt und von hier aus weiter links und einem Fenster zwischen zwei Spiegeln gegenüber Sitzender.

»Aber es muß doch etwas sein?« ruft der, der wissen will, was vorgeht, auch wenn er es selbst nicht sehen kann, mißtrauisch, wahrscheinlich, weil er es selbst nicht sehen kann.

»Immer noch nichts?« rufen mehrere, die wissen wollen, was vorgeht, es selbst nicht sehen können, vielleicht auch die Mitteilungen dessen, der es sehen kann, nicht genau verstehen können, vielleicht, weil sie mehr als ein Stockwerk unterhalb des Saales und dem Saal gegenüber wohnen, vielleicht sogar unterhalb dessen, der wissen will, was vorgeht, es nicht sieht, die Mitteilungen dessen, der es sieht und sagt, daß nichts vorgehe, zwar versteht, aber nicht glaubt, weil er einerseits selbst nichts sieht, andererseits nicht glauben kann, daß bei einem Fest wie diesem so lange Zeit nichts vor sich geht, und der nun ruft: »Wahrscheinlich ist dort oben eine Menge los!«

»Dann komm doch selber schauen!« ruft der Zuschauer draußen, der kurz zuvor gerufen hat, daß noch immer nichts sei.

»Ich würde mich schämen«, ruft der, der es vielleicht doch nicht so genau wissen will, wie es anfangs und seiner Ruferei nach den Anschein hatte, der vielleicht lieber etwas für ihn Unglaubliches glaubt, als ein Stockwerk höher zu steigen und sich mit eigenen Augen zu vergewissern, was vorgeht, ob nämlich nichts oder ob doch etwas vorgeht, der vielleicht fürchtet, der andere habe die Wahrheit gesagt und er stiege umsonst, »schämen, die Wohnung eines so dreisten Lügners zu betreten!«

Wenn sie hier zu Boden, wenn sie hier auf das Bild geblickt haben, richten die reglos sitzenden und hinter den sitzenden in regelmäßigen Abständen stehenden Teilnehmer dieses Festes die Augen wieder auf ihre Gesichter. Sie sehen sich an, ernst und grüblerisch die Sitzenden, bekümmert die Stehenden, deren sorgfältig aufgemachte Köpfe vor einem so verwahrlosten Hintergrund liegen, wie dem Fußboden des Bildes, zwischen den Füßen, Fleischstücken, Scherben, Weinlachen, grimmig und einäugig jene unter den Sitzenden und Stehenden, deren eine Gesichtshälfte über einen Spiegelrand hineinreicht, deren andere Gesichtshälfte über einen Spiegelrand herausragt, deren Gesichtshälften sich um die Breite höchstens des Nasenrückens in die eine oder andere Richtung verschieben.

»Blöd«, murmelt einer, senkt sein im Spiegel sichtbares und wahrscheinlich auch sein durch das Fenster neben dem Spiegel sichtbares Auge, meint vielleicht sein Gesicht, wenn er murmelt: »Blöd«, das Gesicht eines Zuschauers draußen, meint mit »Blöd« vielleicht dies: wie er sitzt zwischen Spiegel und Fenster und zwei verschiedene Gesichter, sein eigenes und das eines anderen, gleichzeitig anblicken muß, meint vielleicht das Fest, bei dem nichts vorgeht oder fast nichts.

Stutzig, ja entgeistert für einen Augenblick, wird ihr Gesichtsausdruck, wenn sie einen hinterrücks im Spiegel auftauchen sehen.

Es ist ratsam, dann ein paar Rücken weiter zu gehen.

»Es geht weiter!« ruft ein Zuschauer draußen.

Der Herr im schwarzen Anzug hebt den Arm und läßt ihn sinken. Er steht der Braut gegenüber hinter einem Fenster, noch immer gekrümmt, den Kopf und den schwarzen Kasten der Kamera mit einem schwarzen Tuch bedeckt. Er zieht das Tuch von Kopf und Kasten. Er richtet sich auf.

»Danke«, sagt er. Und vielleicht sieht er, wie die Teilnehmer der Hochzeitsgesellschaft zusammenzucken unter diesem ersten, laut und verständlich gesprochenen Wort, ehe er sich daran macht, die Kamera vom Stativ zu schrauben und die schwarzen Beine des dreibeinigen Stativs einzuschieben. Er geht auf den Ausgang des Saales zu, versucht erst, sich mit einem einmaligen Nicken von allen diesen noch immer aneinander vorbeiblickenden Anwesenden gemeinsam zu verabschieden, versucht dann, sich von den Anwesenden einzeln zu verabschieden, indem er nickt, Schritt für Schritt und im Blickfeld eines jeden, läßt es dann sein, als er sieht, daß sie verstört über den schwarzen Fleck seines Rocks, der einen Augenblick ihr Spiegelbild verdeckt, ihren Ausblick durch die Fenster, eine verscheuchende Handbewegung vollführen, und verläßt, den Kopf gesenkt, und sich mit dem Zeigefinger den

Nasenrücken auf- und niederfahrend, so rasch, daß es gerade noch den Anschein hat, als gehe er, und noch nicht, als renne er davon, den Saal.

»So ist das also«, sagt einer. Und es ist nicht sicher, was er meint, wenn er sagt, daß es also so sei: das Fotografieren, dieses Fest, diese Hochzeit, das Fotografieren bei Festen wie dieser Hochzeit heute beispielsweise, und es ist nicht sicher, ob er etwas meint, wenn er sagt, daß es also so sei, und nicht die Meinung eines anderen über etwas, das vor der Aufnahme der Hochzeitsgesellschaft zur Sprache kam, bestätigt oder übernimmt, und es ist nicht sicher, ob er überhaupt etwas meint oder die Meinung eines anderen über etwas, das zur Sprache kam, ehe alle verstummten der Aufnahme wegen, bestätigt oder übernimmt, wenn er sagt, daß es also so sei, und nicht einfach irgend etwas sagt, damit nach diesem langen Schweigen endlich etwas gesagt wird, etwas, das auch die anderen zum Reden bringt, und dann wäre dieser Satz, was immer er besagen mag, oder gerade deswegen, weil er nichts besagt, gut gewählt, denn diejenigen, die in seiner Nähe sitzen oder stehen, wenden sich ihm zu, sagen: »Weißgott, weißgott!«, und es ist nicht sicher, ob sie meinen, daß das Fotografieren bei Festen wie dieser Hochzeit heute beispielsweise weißgott also so sei, oder ob sie ebenfalls wie er, falls überhaupt, die Meinung eines anderen über etwas, das zur Sprache kam, ehe alle verstummten, bestätigen oder übernehmen, oder ob sie nicht einfach »Weißgott« sagen, weil sie nicht wissen, was mit »So ist das also« gemeint ist, nicht so sehr vielleicht mit »So ist« und »Also«, sondern mit dem Wort »Das«, oder ob sie »Weißgott« sagen, damit nach diesem ersten Satz: »So ist das also« nicht wieder ein Schweigen entsteht, wie vor diesem Satz.

»Sie sagen etwas!« ruft ein Zuschauer draußen.

»Was denn was?« rufen mehrere Zuschauer.

»Ein Wort«, ruft der Zuschauer, der gerufen hat, daß sie etwas sagten, »das sich anhört wie Gott!«

»Gott was Gott?« rufen mehrere Zuschauer. »Ist denn ein Pfarrer dabei?«

»Da da geht er hinter der Tafel entlang«, ruft ein Zuschauer. Es ist ein anderer als der, der gerufen hat, daß sie etwas sagten.

Die im Gang zwischen den Stuhllehnen und der Wand Stehenden verlassen den Gang. Es ist ratsam, hinter ihnen her zu gehen, denn schon stoßen sich die Sitzenden mit den Stühlen ab von der Tafel, so weit daß die Stuhllehnen gegen die Wand stoßen, denn schon versperren sie den Durchgang, ratsam, die Vorausgehenden sich zu den Sitzenden herabbeugen zu lassen mit der Bitte, für einen Augenblick an die Tafel zurückzurücken.

Und während die einen nun im Saal herumstehen, um sich sehen, als suchten sie nach Stühlen, rücken die hinter der Tafel in einer Reihe Sitzenden auseinander. Die Hälfte von ihnen rückt rechts und links und mit den Stühlen um die Tafel herum. Sie setzen sich, stuhlbreite Lücken zwischen sich und dem Danebensitzenden rechts und links lassend, an die zweite Längsseite der Tafel, mit den Rücken zu den Spiegeln und Fenstern, den nun ebenfalls stuhlbreit voneinander entfernt und hinter der Tafel und den Spiegeln und Fenstern zugewendet Sitzenden gegenüber.

»Ich sitze ja unter der Braut!« ruft die Braut.

»Die Braut«, rufen die Zuschauer draußen, »hat gerufen, daß sie ja unter der Braut sitze!«

Die Braut rauft sich den Schleier. Sie beugt den breiten runden Oberkörper weit zurück. Sie legt den roten, den durch den weißen Schleier vielleicht röter als er es ist erscheinenden Kopf auf die Stuhllehne, blickt auf die Braut, die Braut, die kleine bleiche über ihr abgebildete Braut, die einfältig und mit so kummervollem Gesicht ihre gefalteten Hände anlächelt, daß man nicht weiß, ob sie weint, wenn sie lächelt, ob sie lächelt, wenn sie weint.

»Und du!« ruft die Braut, und die Zuschauer draußen rufen es den anderen diesmal nicht zu, daß die Braut »Und du« gerufen hat, vielleicht, weil sie denken, daß die Braut nach »Und du« noch etwas dazu ruft. Doch nun lacht sie, die Braut, biegt den Oberkörper zurück, legt den roten Kopf zurück, schließt die Augen zu Schlitzen, wirft die dicken Arme hoch, die Braut, rauft sich mit den roten, den durch den weißen Schleier, den durch die weißen Ärmel des Brautkleids vielleicht noch röter als sie es sind erscheinenden Händen, mit dem goldenen Ring am Ringfinger rechter Hand, den Schleier. Röter noch als ihr Gesicht ist der Mund der Braut, weit aufgerissen ist der Mund der Braut. Zwischen den weißen Zahnreihen oben und unten neben ihren Mundwinkeln ist ein großes schwarzes, ein durch die weißen Zähne vielleicht noch schwärzer als es ist erscheinendes Loch.

»Und der Bräutigam sitzt ja unter dem Bräutigam« rufen nun alle an der Tafel sitzenden und im Saal stehenden Teilnehmer der Hochzeit und sie richten die Köpfe auf den großen breiten, den mit prahlerischer Miene, den mit einem dicken langen roten Zeigefinger auf die abgebildete Braut über der Braut neben sich weisenden, über dem Bräutigam neben der Braut abgebildeten Bräutigam. »Es lebe das Paar!« Und während die an der Tafel Sitzenden nach den Gläsern greifen, und während fünf Kellner in den Saal treten, mit weißen Röcken und schwarzen Hosen, fünf Tabletts mit gefüllten Gläsern den Stehenden reichen, und während alle die Gläser erheben, reglos sitzend und stehend für einen Augenblick, wie bei der Aufnahme, nur in anderer Ordnung, nur unter dem Gelächter der Braut, rufen die Zuschauer draußen, daß gesagt worden sei, daß der Bräutigam ja unter dem Bräutigam sitze, und daß die Braut nun darüber lache.

»Lacht der Bräutigam auch?« ruft einer, der wissen will, was vorgeht, auch wenn er es selbst nicht sehen kann. Ein anderer ist es, als der, der das gleiche will, wissen nämlich, was vorgeht, ohne es selbst zu sehen, der aber jetzt nichts ruft, vielleicht, weil er die Zuschauer durch ständige Ruferei nicht so verärgern will, daß sie ihm überhaupt keine Auskunft mehr geben, vielleicht, weil er durch das Rufen anderer, ohne es selbst zu sehen, ja ohne selbst zu rufen, erfahren kann, was vorgeht.

»Gleich! Gleich!« ruft ein Zuschauer, und es ist weder der, der gerufen hat, daß sie etwas sagten, noch der, der gerufen hat, daß er da da hinter der Tafel entlangginge, und der mit »Er« den Pfarrer gemeint hat. »Sie trinken auf das Wohl des Paars!«

Der Bräutigam sitzt klein und bleich unter dem großen breiten abgebildeten, dem prahlerisch auf die über der Braut abgebildete Braut weisenden Bräutigam. Er hat die Arme ausgebreitet, der Bräutigam, und rechts zwischen die Stuhllehne und den Rücken der sich zurückbiegenden, lachenden Braut, seiner Braut, geklemmt, und links zwischen die Stuhllehne und den Rücken meiner aufrecht und mit dem Rücken gegen die Stuhllehne gepreßt sitzenden Großmutter, seiner Mutter, meiner Mutter Mutter, geklemmt. Er sieht mit gesenktem Kopf in die Richtung des Tellers vor ihm auf der Tafel. Er hebt den Kopf, der Bräutigam, er reißt den Mund auf, der Bräutigam. Mit seinen weit auseinandergerissenen Lippen sieht er nicht aus, als lächle er.

»Mein Gott! Was machst du für ein Gesicht!« sagt meine Großmutter. Und indem sie sich ein wenig vorbeugt, um ihn anzusehen, gibt sie den linken Arm des Bräutigams frei.

»Nein, er lacht nicht!« ruft der Zuschauer, der »Gleich, gleich« gerufen hat, und dann, daß sie auf das Wohl des Paares tränken.

»Sieht er nicht aus wie ein Herr!« sagt meine Großmutter, und den Kopf auf die Schulter gelegt, betrachtet sie den Bräutigam nicht ohne Stolz.

»Er sieht aus wie ein Herr«, singen die drei Schwestern meiner Großmutter. Sie lächeln verschämt, mit hochgezogenen Schultern, an ihren schwarzen Kleidern herab.

»Er trägt den Anzug meines verstorbenen Mannes«, sagt meine Großmutter.

»Jetzt sieht er doch nach etwas aus!« ruft die Braut. Und indem sie sich vorbeugt, um ihn anzusehen, gibt sie auch den rechten Arm des Bräutigams frei. Und während der Bräutigam die Hände auf dem Schoß faltet, ruft die Braut: »Er sah ja immer aus wie ein Verbrecher in seinem blauweiß gestreiften Anzug!«

»Verbrecher? Ist auch ein Verbrecher dabei? Ein Entlaufener? Ein Entlassener?« ruft einer von denen, und es müssen eine Menge sein, die wissen wollen, was vorgeht, auch wenn sie es selbst nicht sehen können, denn es ist weder der, der als noch nichts war gerufen hat, ob wieder etwas sei, noch der, der als wieder etwas war gerufen hat, ob der Bräutigam auch lache.

»Pst pst!« zischen die Zuschauer draußen, vielleicht, damit sie nicht, indem sie das, was gesagt wurde, wiederholen, das, was gesagt wird, überhören.

»Wir wollen wissen, was mit diesem Verbrecher dort oben ist!« schreien Männer und Frauen, Ehepaare vielleicht, und es müssen doch sehr viele sein, die wissen wollen, was vorgeht, auch wenn sie es selbst nicht sehen können, denn ihr Geschrei übertönt die Rufe der nun um Ruhe bittenden Zuschauer, ihre Versprechen, ihre Schwüre, daß sie es, sobald sie es wissen, weitersagen werden, ja sogar die Gespräche hier in diesem Saal, die Rufe der fünf, der nun den Saal mit fünf mit Fleisch, Salaten, Soßen gefüllten Tabletts betretenden Kellner: »Sollen wir die Fenster schließen?«, und die Antworten der Hochzeitsteilnehmer: »Nein, sonst kommen wir vor Hitze um! Doch, doch, lieber vor Hitze umkommen als vor Lärm!«

»Wir wollen wissen, was er verbrochen hat! Einen Mord, einen Raub, einen Raubmord, einen Einbruch?« schreien die Männer und Frauen. »Wir rufen sonst die Polizei! Immer das Interessante sagt ihr uns nicht! Wartet nur, wartet, wenn erst unten wieder etwas ist! Nichts werden wir euch sagen! Nicht einmal was hier unten stattfindet: eine Hochzeit, eine Taufe, ein Begräbnis!«

Die Kellner haben Stühle hereingeschleppt.

»Setz dich hin iß!« sagt einer.

Es ist ratsam, nun, da keiner mehr steht, sich an die Tafel zu setzen, auf diesen letzten unbesetzten Stuhl, ratsam, die Handflächen rechts und links neben den Teller zu legen, zu warten wie alle, bis ein Kellner links in die Lücke zwischen zwei Stühlen tritt, und ein Tablett in der linken Hand haltend mit der rechten Hand mit der Vorlegegabel, mit dem Vorlegelöffel Fleisch, Soße, Salat, Kartoffeln auf den Teller tut, bis ein Kellner in die Lücke rechts zwischen zwei Stühlen tritt, und eine Flasche in der rechten Hand haltend Wein einschenkt, »Danke« zu sagen, aber nicht zu laut, ehe der Haufen auf dem Teller zu groß ist zum Aufessen und das Glas zum Austrinken zu voll, »Gut« zu sagen wie die anderen, wenn sie den Ausruf eines Essenden: »Gut sind die Hähnchen!« nicht einmal zur Hälfte wiederholen, »Und wie« zu sagen wie die einen und »Man muß Wein nachtrinken« zu sagen wie die einen gleich darauf, wenn sie dem Ausruf eines Essenden: »Soße und Salat sind verwürzt!« beistimmen, während die anderen noch über Hähnchen reden, rufen: »Daran kann man nichts verderben!«, und einer unter diesen anderen das Gegenteil offenbar beweisen will, denn er ruft: »Alles kann man verderben, alles! Erst gestern habe ich beispielsweise«, und dann weiterredet über das, was er gestern beispielsweise hatte, denn er bewegt den Mund, aber unverständlich für die weiter weg Sitzenden und auch von diesem Stuhl aus, denn er spricht allein und es sind viele, die »Und wie« und »Man muß Wein nachtrinken« sagen und nun: »Fangt bloß nicht noch mit den Kartoffeln an. Es gibt andere Themen als das Essen.«

»Schmeckt es?« sagt meine Großmutter zum Bräutigam.

»Iß doch iß!« sagt die Braut. Sie hält eine Hähnchenkeule in der Hand, beißt hinein. »Eßt doch, eßt doch alle mit der Hand!« sagt die Braut. »Es ist Geflügel.«

Die Hochzeitsteilnehmer legen die Bestecke nieder, in der Weise, daß die Griffe der Messer und Gabeln auf dem Tischtuch liegen und die Messerschneiden und die Gabelzinken auf die Tellerränder gestützt sind. Sie essen mit den Fingern weiter.

»Doch doch«, sagt der Bräutigam und er nimmt einen kleinen Bissen zwischen Daumen und Zeigefinger, schiebt ihn hastig in den Mund, schwemmt ihn unzerkaut mit einem Schluck aus seinem Glas hinunter und faltet vor dem nächsten Bissen unter der Tischplatte auf dem Schoß die Hände.

»Wie geht es Frau Leinlein?« sagt eine Frau.

»Sie hat zu tun«, sagt meine Großmutter, mit ein wenig bebender Stimme, mit ein wenig zwinkernden Augen.

»Ich war Trauzeuge bei ihrer einen, bei ihrer einen wie gesagt, nicht bei ihrer anderen Hochzeit«, sagt ein Mann neben der Frau, vielleicht der Ehemann der Frau, die gesagt hat, wie es Frau Leinlein ginge. »Ich bin immer Trauzeuge. Jetzt ja auch. Bei allen Hochzeiten, das heißt natürlich nicht bei allen. Es waren nämlich genaugenommen drei und mit dieser heute sind es vier. Ich war also bei ganz wenigen Hochzeiten Trauzeuge, wenn man bedenkt, wie viele Hochzeiten in einem Jahr nur auf der Welt, nein lieber nicht, wie viele Hochzeiten allein nur heute und in dieser Stadt. Aber trotzdem habe ich das Gefühl, ich sei bei allen, das heißt ich sei, ich weiß auch nicht. Vielleicht wißt ihr, was ich meine!«

Er blickt die anderen an, der Reihe nach.

»So ungefähr«, sagen die einen.

Die anderen schweigen.

»Er hat immer so großartige Gedanken«, sagt die Frau neben ihm, die gesagt hat, wie es Frau Leinlein ginge. »Das fühlt man ja! Das sieht man ihm ja an! Ist es nicht ein Jammer, daß er sie nicht ausdrücken kann!«

»Kann einer von euch vielleicht sagen, was ich meine?« sagt der Mann und er blickt erwartungsvoll die anderen an, der Reihe nach.

Doch sie senken die Köpfe. Doch sie stopfen sich große Hahnstücke in die Münder, vielleicht, damit sie ihr Schweigen mit den vollen Mündern und nicht mit ihrem Unverständnis begründen können.

»Sagt uns wenigstens, was jetzt ist«, bitten mehrere Männer und Frauen. Sie zählen wahrscheinlich zu jenen, die kurz zuvor wissen wollten, was mit diesem Verbrecher dort oben war.

»Sie sind beim dritten Gang!« ruft ein Zuschauer. Der ist es, der zuerst »Gleich, gleich« gerufen hat, zwischendurch mehreres, zuletzt aber »Nein, er lacht nicht« und der mit »Er« den Bräutigam gemeint hat. »Anfangs, als sie mit Bestecken aßen, haben sie eine Menge geredet, Schweinereien wahrscheinlich.

›Man kann alles verderben‹, hat einer gerufen. ›Es gibt andere Themen‹, haben darauf die anderen gerufen, wahrscheinlich, weil ein Kind dabei ist. Und dann haben sie mit den Fingern weitergegessen, wahrscheinlich, weil es Geflügel ist, das sie essen. Und dann hat einer eine Menge gesagt, unter anderem, daß er bei allen Hochzeiten Trauzeuge gewesen sei. Und dann hat die Frau, die neben ihm sitzt, gesagt, daß es ein Jammer sei. Darauf haben alle die Köpfe gesenkt. Jetzt essen sie weiter. Jetzt sagen sie nichts oder sie reden sehr leise, Geheimnisse wahrscheinlich. Jetzt weint die Braut.«

»Warum weint denn die Braut?« rufen mehrere, die wissen wollen, was vorgeht, auch wenn sie es selbst nicht sehen können.

»Vor Glück wahrscheinlich«, fährt der Zuschauer, der damit begonnen hat, daß sie beim dritten Gang seien, zu berichten fort. »Nein, sie weint nicht. Sie wischt sich mit der Serviette über das Gesicht.«

»Es hat geschmeckt«, sagt die Braut. Sie stößt sich und ihren Stuhl mit den Füßen ein Stück ab von der Tafel.

»Die Braut«, fährt der Zuschauer, der damit begonnen hat, daß sie beim dritten Gang seien, zu berichten fort, »sagt, es habe geschmeckt. Jetzt sieht sie den Bräutigam an und der Bräutigam sagt etwas!«

»Ich bin kein Vielfraß«, sagt die Braut.

Die Teilnehmer der Hochzeitsgesellschaft lachen. Es ist ratsam, mitzulachen.

»Worüber lachen sie?« rufen draußen mehrere.

»Über einen Witz wahrscheinlich«, fährt der Zuschauer, der damit begonnen hat, daß sie beim dritten Gang seien, zu berichten fort. »Jetzt tragen die Kellner die Teller, die Bestecke, die Knochenhaufen hinaus. Die einen wischen sich mit den Servietten über die Münder. Die anderen lecken sich die Lippen. Die Kellner tragen Schalen auf, mit Kompott wahrscheinlich. Sie stecken die Finger hinein. Nein, es sind keine Kompottschalen. Es sind Wasserschalen. Sie waschen sich die Hände. Die Kapelle, die Kapelle kommt! Fünf Mann sind es diesmal. Der Sänger fehlt. Vier Musiker sind es, wie immer. Sie tragen die Instrumente, wie immer, eine Ziehharmonika, eine Trommel, eine Baßgeige, ein Saxophon. Der fünfte, der Kapellmeister trägt das Mikrophon an Sängers statt. Die vier Musiker stellen sich vor das Fenster nebeneinander. Der Kapellmeister bückt sich, und wie der Sänger sonst, steckt er den Stecker des Mikrophons in die Steckdose neben dem Saaleingang. Er hält das Mikrophon in der Hand, zieht die Schnur hinter sich her, stellt sich vor die vier Musiker, vor das mundhoch wie immer hinaufragende Mikrophon. Er verneigt sich mit einem Nicken des Kopfes. Die vier Musiker verneigen sich mit tiefen Bücklingen, sie krümmen die Rücken so stark, daß ihre Köpfe bis zu Schenkelhöhe herabhängen. ›Guten Abend, meine Damen und Herren‹, sagt der Kapellmeister. Er kehrt der Hochzeitsgesellschaft den Rücken. Er wendet sich den Musikern zu, wippt mit den Füßen auf und nieder, knickt die Knie und biegt sie durch, windet den Oberkörper hin und her. Warum ist er nur so aufgeregt? Jetzt fängt er an zu dirigieren. Jetzt spielen sie, wie immer, das Übliche. Hört ihr es? Er dreht sich herum, der Kapellmeister, er wendet sich dem Mikrophon, der Tafel zu. Jetzt fängt er auch noch zu singen an. Singt und dirigiert gleichzeitig, der Kapellmeister, dirigiert von Berufs wegen, singt aus Gefälligkeit wahrscheinlich, an Sängers statt. Und er singt nicht übel. Hört ihr es? Die Musiker fallen aus dem Takt, weil er ihnen den Rücken zukehrt, wahrscheinlich. Jetzt versucht er gegen sie anzusingen. Hört ihr sein Gegröl? Gegen vier Mann mit vier Instrumenten ansingen! Das glückt keinem Berufssänger. Er versucht singend, und der Hochzeitsgesellschaft zugewendet, zu dirigieren. Mehrere fangen an, mitzusingen. Sie denken wahrscheinlich, er fordere sie zum Mitsingen auf. Die Musiker legen die Instrumente nieder. Der Kapellmeister singt weiter, er dreht sich um, er wendet sich singend den Musikern zu. Die Sänger an der Tafel verstummen. Jetzt singt der Kapellmeister dirigierend die Musiker an. Sie sind wahrscheinlich soviel Ehre nicht gewohnt. Sie legen die Köpfe schief. Sie sehen den Kapellmeister an, sehen einander an, argwöhnisch wahrscheinlich. Sie flüstern einander etwas zu. Sie zucken die Achseln. Sie drehen sich um, sehen aus den Fenstern, ob da vielleicht einer außerhalb ist, den der Kapellmeister ansingt. Uns, nein uns singt er gewiß nicht an, meine Herren Musiker. Sie schütteln die Köpfe. Sie hören ihm zu, dem Kapellmeister, gerührt wahrscheinlich, denn sie wischen mit den Händen über die Augen. Der Kapellmeister fuchtelt wild mit den Armen in der Luft herum. Er gleicht einem Boxer eher als einem Sänger. Jetzt bricht er ab. Alle klatschen. Die Musiker klatschen am heftigsten. Die Kellner schließen die Fenster. Das ist eine Gemeinheit!«

Die Kellner haben die Fenster geschlossen.

Der Kapellmeister winkt einen Kellner heran. Der Kellner trägt das Mikrophon aus dem Saal. Die Musiker nehmen die Instrumente zur Hand. Der Kapellmeister dirigiert und läßt das Singen sein.

»Das Paar soll tanzen!« ruft die Hochzeitsgesellschaft. »Es lebe das Paar!«

Und während alle die Gläser erheben, steht die Braut hastig auf, hält dem Bräutigam die Hand hin, zieht ihn hoch von seinem Stuhl. Und während das Brautpaar, die Braut voraus, der Bräutigam hinterdrein, die Braut um zwei erst, um drei dann, um vier Stühle schließlich und die stuhlbreiten Lücken zwischen den Stühlen voraus und vom Bräutigam entfernt den Gang zwischen der Wand und den Stuhllehnen und den sich nach der Braut erst, nach dem Bräutigam dann umdrehenden und der Braut und dem Bräutigam zunickenden Hochzeitsteilnehmern entlanggeht, sehen die durch die Glasscheiben der geschlossenen Fenster zwischen den Spiegeln sichtbaren Zuschauer hinter der Braut, hinter dem Bräutigam her. Sie öffnen, sie schließen die Münder, die Zuschauer, sie gestikulieren mit den Armen, sie teilen jenen, die wissen wollen, was vorgeht, ohne es selbst zu sehen, zu verstehen, mit, was sie sehen und wie sie das, was sie sehen, verstehen, ohne etwas zu verstehen.

Und auch von hier aus, und auch ohne etwas zu verstehen, ist sichtbar, was sie denen, die nichts sehen und verstehen, mitteilen. Sie halten die Hände um Kopfhöhe voneinander entfernt, sie öffnen die Münder, um entweder zu rufen: »Die Braut ist einen Kopf größer als der Bräutigam«, oder um zu rufen: »Der Bräutigam ist einen Kopf kleiner als die Braut!« Es handelt sich gewiß um den Größenunterschied, der nun, da das Paar aufrecht geht, eher ins Auge fällt als zuvor, da das Paar saß, der nun, da das Paar tanzt, Kopf über Kopf, Schulter über Schulter, Brust über Brust, Bauch über Bauch, noch eher ins Auge fällt als zuvor, da das Paar hintereinander und um einige Stühle voneinander entfernt ging. Die Zuschauer halten die Hände um Brautbreite voneinander entfernt, sie nähern die Hände von Brautbreite zu Bräutigambreite. Sie öffnen die Münder, um entweder zu rufen: »Die Braut ist doppelt so breit wie der Bräutigam«, oder um zu rufen: »Der Bräutigam ist halb so breit wie die Braut!«

Das Paar tanzt durch den Saal. Schmal und schwarz und durch das Schwarz seines Anzugs noch schmaler erscheinend als er ist, liegt der Bräutigam schräg, mit vorgestrecktem Kopf und Oberkörper, mit zurückgestreiftem Unterkörper auf der Braut, die ihn, breit und weiß und durch das Weiß ihres weiten Brautkleids noch breiter erscheinend als sie ist, mit schräg zurückgeworfenem Kopf und Oberkörper, mit vorgestrecktem Unterkörper hinter sich her zieht. Rückwärts geht die Braut mit großen Schritten. Vorwärts geht der Bräutigam mit kleinen Schritten. Die Braut hält die linke Hand auf die rechte Schulter des Bräutigams gestützt. Der Bräutigam hält sich mit der rechten Hand einerseits am Rock der Braut fest. Andererseits hält die Braut seine linke Hand mit ihrer rechten Hand umfaßt. Über diesen beiden Händen und die Hände verdeckend, hängt der Schleier der Braut.

Schritt für Schritt zieht sie ihn mit sich, die Braut, ihn, den hinterdrein trippelnden, mühsam schritthaltenden Bräutigam, zieht ihn vom einen zum anderen Ende des Saals, dreht ihn um sich herum, die Braut, ihn, den taumelnden Bräutigam, zieht ihn mit sich, die Braut, dann vom anderen Ende des Saals zurück zum einen Ende des Saals und so fort. Bald läßt sie das rechte, das schräg vorgestellte Bein stehen, bald läßt sie das linke, das schräg vorgestellte Bein stehen, die Braut, zieht, den Oberkörper noch weiter zurückbiegend, den Bräutigam auf das eine oder das andere vorgestellte Bein, so daß er hockt, der Bräutigam, für einen Augenblick, auf dem einen oder dem anderen der zwischen seine Beine geschobenen Oberschenkel der Braut, berührt nur noch mit den Fußspitzen rechts und links des Beins der Braut den Boden, sitzt so schwarz, so schmal, so leicht auf dem dicken, dem unter dem weißen Rock sich durchdrückenden Bein der Braut, daß es aussieht als könne sie ihn mit einem Wippen des Fußes zur Decke schnellen und auffangen, ohne zu schwanken und nur, indem sie die hochgestellte Fußspitze auf den Boden zurücksetzt.

Die Hochzeitsteilnehmer klatschen nach diesem ersten Tanz des Brautpaars. Nebeneinandersitzende Männer und Frauen, Ehepaare vielleicht, nicken einander zu, stehen auf.

Die Paare tanzen, teils gegeneinander gepreßt, teils so weit voneinander entfernt, als es die Länge ihrer Arme, die Dicke ihrer Bäuche zuläßt, teils mit sich nur flüchtig streifenden Körpern. Die Männer gehen voran, die Frauen gehen zurück. Teils schieben die Männer die Frauen, und dann sieht es aus, als wichen die Frauen zurück. Teils ziehen die Frauen die Männer, und dann sieht es aus, als widerstrebten die Männer. Auf eine der vier Wände des Saales zu schieben, ziehen sich die Paare, machen kehrt, kurz vor der Wand, schieben, ziehen sich zurück zur nächsten Wand. Die Beine der Paare schieben sich ineinander, einmal ein Männerbein zwischen zwei Frauenbeine, einmal ein Frauenbein zwischen zwei Männerbeine. Die Beine dieser vierbeinigen Paare stehen still. Und während die Kapelle weiterspielt, treten die Paare zu einer breiten Gasse auseinander. Durch diese Gasse bewegt sich, begleitet von Musik, und nicht im Takt der Musik, unter lautem Knarren der Dielen, keuchend und schweißtriefend vor Anstrengung ein zweibeiniges Paar. Zwei Männer sind es, die wortkarg und nebeneinander an der Tafel saßen, über der Tafel sich nicht unterscheidend von anderen Hochzeitsteilnehmern, unter der

Tafel vielleicht Bein an Bein sitzend, so daß des Rechtssitzenden linkes Bein neben des Linkssitzenden rechten Bein stand. Und während sie vielleicht Bein an Bein saßen, gehen sie nun Stumpf an Stumpf, wobei der linke Stumpf des Rechtsgehenden neben dem rechten Stumpf des Linksgehenden hängt. Die Stümpfe trennen nur zwei Krücken: die Krücke links des linken Stumpfes in der linken Hand des Rechtsgehenden und die Krücke rechts des rechten Stumpfes in der rechten Hand des Linksgehenden. Sie verharren einen Augenblick, jeder auf sein Bein und seine zwei Krücken gestützt.

»Laßt euch nicht stören«, sagen sie.

»Wenn ihr wollt, stellen wir sogleich das Tanzen ein«, sagen die auseinander getretenen Paare.

Die beiden Einbeinigen schütteln mit wehleidigem Lächeln die Köpfe.

»Schert euch nicht um uns ausgediente Krieger«, sagen sie.

Sie setzen sich in Bewegung. Sie stecken sich mit den Krücken gleichzeitig ein vorläufiges Ziel, die Weite eines Schritts, sie werfen gleichzeitig und gleichweit ihre Beine aus, sie fassen Fuß zwischen ihren Krücken, werfen, sich auf die Beine stützend, die Krücken aus. Der längere, fast einen Schenkel lange Stumpf des Linksgehenden schlenkert langsamer hin und her als der kürzere, einen halben Schenkel lange Stumpf des Rechtsgehenden. Vor dem Saaleingang verharrt der ein wenig Jüngere, der Linksgehende, mit dem längeren und langsamer schlenkernden Stumpf, auf zwei Krücken und ein Bein gestützt, läßt den ein wenig Älteren, den Rechtsgehenden, mit dem kürzeren und rascher schlenkernden Stumpf vorausgehen, folgt ihm, während der ein wenig Ältere hinter dem Saaleingang, auf zwei Krücken und ein Bein gestützt, verharrt, bis der ein wenig Jüngere aus dem Eingang getreten ist. Darauf gehen sie gemeinsam mit den Krücken mit den Füßen mit den Krücken ausschreitend weiter.

Die Paare tanzen wieder, manche mit sich berührenden Bäuchen und mit weit voneinander entfernten Oberkörpern und Köpfen, der eine vorausblickend, der andere zurückblikkend, und mit weit voneinander entfernten Bäuchen und Beinen, manche die Köpfe, Körper, Beine gegeneinander gepreßt und sich ohne voranzukommen nur auf der Stelle bewegend, manche die Köpfe, Körper, Beine so weit voneinander entfernt, daß sie zwei von mittlerer Stärke zwischen sich hätten umfassen können.

Zwischen diesen Paaren hindurch, an diesen Paaren vorbei, tanzt das Brautpaar. Der Bräutigam hält das Gesicht gesenkt. Die Braut blickt mit rotem, vom Tanzen noch röterem Gesicht als zuvor über den Kopf des Bräutigams hinweg. Sie beugt das Gesicht zum Kopf des Bräutigams, und es sieht aus, als küsse sie ihn aufs Haar. Sie hebt das Gesicht, die Braut, lacht auf, die Braut, hat Haar im Mund, hat dem Bräutigam Haar vom Kopf gebissen, die Braut, spuckt das Haar auf den Boden, beugt das Gesicht, als habe sie Heißhunger auf Haar, abermals über den Kopf des Bräutigams, der nun schützend die Hand, die sie, die Braut, nicht umfaßt, auf seinen Kopf legt, beißt ihm in die Hand, die Braut, als sei es gleichgültig ob Haar ob Hand, lacht auf, über dem Kopf des Bräutigams, der nun schreit, und dann schreit sie, die Braut: »Hört nur, wie er lacht!«

Der Kapellmeister läßt die Hände sinken, er dreht sich den Paaren auf dem Parkett, den an der Tafel Sitzenden zu. Die Musiker legen die Instrumente nieder. Und während die Paare still stehen, der Kapelle Beifall klatschen, und dann auf die Tafel zu gehen, und während die an der Tafel Sitzenden der Kapelle oder den Paaren Beifall klatschen, und während der Kapellmeister sich mit einem Nicken des Kopfes verneigt, und während sich die Musiker mit tiefen Bücklingen verneigen, sagt der Bräutigam lauter als man sonst so etwas sagt: »Ich bin gleich zurück«, und er verläßt ein wenig schwankend den Saal.

Zwei Kellner treten in den Saaleingang, und mit den Zeigefingern nach oben weisend, sehen sie die Braut an. Die Braut nickt ihnen zu. Die Kellner verschwinden.

»Er wird gleich zurück sein«, sagt die Braut lauter als man sonst so etwas sagt. Breit und rot und atemlos vom Tanz setzt sie sich unter die schmale, bleiche, abgebildete Braut, die

Braut. Der Stuhl des Bräutigams unter dem abgebildeten, prahlerisch auf die abgebildete Braut weisenden Bräutigam ist unbesetzt.

Meine Großmutter nickt ihren drei Schwestern zu. Die vier Schwestern falten auf den Schößen unter der Tischplatte die Hände. Sie fangen an, unverständlich vor sich hin zu murmeln. Bald singen sie eher als sie murmeln, bald murmeln sie eher als sie singen.

»Wer hätte das gedacht«, sagt einer. Der ist es, der nach der langen Schweigezeit gesagt hat, daß es also so sei. Und auch diesmal ist es nicht sicher, was er meint, wenn er sagt: »Wer hätte das gedacht.«

»Weißgott, weißgott«, sagen die in seiner Nähe Sitzenden. Die sind es, die nachdem er gesagt hat, daß es also so sei, schon einmal »Weißgott, weißgott« gesagt haben, die vielleicht »Weißgott, weißgott« wiederholen, weil sie diesmal ebensowenig wissen, was mit »Wer hätte das gedacht« gemeint ist, wie was mit »So ist das also« gemeint war.

Die Kapelle spielt wieder. Keiner tanzt. Alle sehen aus den Augenwinkeln zur Tür.

Die zwei Kellner treten in den Saaleingang, und mit den Zeigefingern nach unten weisend, sehen sie die Braut an. Die Braut nickt ihnen zu und die Kellner verschwinden.

»Da hinein geht's«, sagen die Kellner vor dem Saal.

»Ich habe mich im Eingang geirrt«, sagt der Bräutigam.

Die Hände der zwei Kellner, mit zwei gestreckten und in den Saal weisenden Zeigefingern, mit zwei weißen Ärmelstücken erscheinen rechts und links des Eingangs. Der Bräutigam tritt zwischen diesen zwei hineinweisenden Kellnerarmen hindurch in den Saal.

»Da ist er ja wieder«, sagt die Braut lauter als man sonst so etwas sagt.

»Man irrt sich eben«, sagt der, der gesagt hat: »So ist das also«, und dann: »Wer hätte das gedacht.«

»Wir alle irren uns«, sagen alle, »alle.«

»Setz dich doch!« ruft die Braut.

»Ich bin so frei«, sagt der Bräutigam.

»Jetzt sitzt er wieder unter dem Bräutigam, der Bräutigam!« rufen alle. »Es lebe das Paar!«

Sie heben die Gläser, sie trinken auf das Paar. Die Kellner schenken Wein ein.

»Wer hätte gedacht, daß es so kommen würde«, sagt der, der gesagt hat, daß man alles, alles verderben könnte und daß er gestern erst beispielsweise hätte.

»Es kommt wie es kommt«, sagt der, der gesagt hat: »So ist das also« und »Wer hätte das gedacht«.

»Es kommt immer anders als man denkt«, sagt die Frau neben dem Mann, ihrem Ehemann vielleicht, der gesagt hat, daß er bei allen Hochzeiten Trauzeuge gewesen sei, und gleich darauf, daß er nur bei ganz wenigen Hochzeiten Trauzeuge gewesen sei, und der dann darum gebeten hat, daß man ihm doch sagen möchte, was er damit meinte.

»Das muß man sich vor Augen halten«, sagen mehrere. Die sind es, die »Gut« und »Und wie« und »Man muß Wein nachtrinken« gesagt haben, und dies nach dem Ausruf eines Essenden: »Soße und Salat sind verwürzt!«, der nun ruft: »Es ist wie es ist! Und besser ist es so als anders!«

»Es wird schon alles werden«, sagt die Frau, die neben der Frau sitzt, die neben dem Mann sitzt, der gesagt hat, daß er bei allen Hochzeiten Trauzeuge gewesen sei, und gleich darauf das Gegenteil, und dann die anderen gefragt hat, ob sie wüßten, was er meinte, worauf die einen »So ungefähr« gesagt haben und die anderen geschwiegen haben. »Man muß sich nur zu helfen wissen.«

»Wer weiß, wer weiß, was sein wird«, sagt eine der drei Schwestern meiner Großmutter, die einander so ähneln, daß man nicht weiß, ob es Martha, Maria oder Minna ist, die außerdem, als sie etwas gesagt haben, gleichzeitig etwas gesagt haben, die gleichzeitig das gleiche gesagt haben, nämlich dies, daß er aussähe wie ein Herr.

»Wo kämen wir hin«, sagt einer, der allein noch nichts gesagt hat, sondern nur dann, wenn alle etwas gesagt haben, wie beispielsweise: »Und der Bräutigam sitzt ja unter dem Bräutigam« oder »Wir alle irren uns alle« oder »Jetzt sitzt er wieder unter dem Bräutigam, der Bräutigam«, »wenn wir alles bedächten.«

»Wenn ich andererseits bedenke«, sagt der Mann, der gesagt hat, daß er bei allen Hochzeiten Trauzeuge gewesen sei, und gleich darauf das Gegenteil, und er sieht ratlos die Frau neben sich an, die gesagt hat, daß er immer so großartige Gedanken habe, die nun ruft: »Sag es doch sag«, die ihm einen Stoß in die Seite versetzt, und dann fügt er hinzu: »Nein, letzten Endes kommt alles auf das gleiche heraus, das heißt im Gegenteil.«

»Sie haben eine Wohnung wie wir«, sagt die Frau, die neben der Frau sitzt, die gesagt hat, daß er immer so großartige Gedanken habe, und die mit »Er« den Mann neben sich gemeint hat, der nun ruft: »Genau dieselbe, das heißt eine ganz andere natürlich, denn das Eßzimmer«, und der dann abbricht, sei es, weil er wieder nicht sagen kann, was er meint, sei es, weil sich die anderen der Braut zuwenden, wahrscheinlich, weil es die Braut ist, die ihm ins Wort fällt, die, während er »Das Eßzimmer« sagt, »Unser Eßzimmer« sagt, die, nachdem er abbricht, fortfährt: »ist so groß wie euer Eßzimmer. Unser Schlafzimmer ist so groß wie euer Schlafzimmer. Unser drittes Zimmer, unser Zimmer zwischen dem Eßzimmer und dem Schlafzimmer, unser zukünftiges Kinderzimmer ist doppelt so groß wie euer Kinderzimmer.«

»Als ich ein Kind war«, sagt der Mann, der allein nur gesagt hat: »Wo kämen wir da hin, wenn wir alles bedächten«, und sonst nur das gesagt hat, was alle gesagt haben, und der nun den Satz: »Als ich ein Kind war« abbricht und mit allen ruft: »Je größer desto besser!«

»Manchmal«, sagt der Mann, von dem die Frau, die neben ihm sitzt, behauptet hat, daß er immer so großartige Gedanken habe, »ist ein winziges Kämmerlein geräumiger als eine Kongreßhalle. Ich weiß, es ist nicht wahr, aber trotzdem müßt ihr es mir glauben«. Er wendet sich der Braut zu.

Die Braut hat ihre zehn Finger geknickt.

»Es ist Platz darin für das erste«, ruft die Braut, streckt den Daumen rechterhand, »für das zweite, für das dritte«, ruft die Braut, streckt den Zeige- und den Mittelfinger rechterhand, »für das vierte, für das fünfte«, ruft die Braut, hält die rechte Hand mit fünf gestreckten, fünf gespreizten Fingern vors Gesicht des Bräutigams, »für diese fünf großen und starken Kinder wie ich, für diese fünf dir wie aus dem Gesicht geschnittenen Kinder, für das sechste, für das siebte, für das«, ruft die Braut, lacht auf, die Braut, hält dem Bräutigam die rechte Hand mit fünf gestreckten Fingern vors Gesicht, hält dem Bräutigam die linke Hand mit zwei gestreckten und mit drei geknickten Fingern vors Gesicht, »sieh doch her sieh«, ruft die Braut, »warum senkst du das Gesicht«, ruft die Braut, und sie deckt zehn Finger streckend beide Hände aufs Gesicht des Bräutigams. »Schaut nur schaut«, ruft die Braut, »wie er sich schämt!«

Alle lachen.

Einer steht auf und verläßt den Saal.

Die Braut faßt mit beiden Händen ihr volles Glas, sie gießt es mit weit in den Nacken gelegtem Kopf in sich hinein.

»Wie geht es Herrn Leinlein?«, sagt der, der gesagt hat, daß die Hähnchen gut seien.

»Er hat zu tun«, sagt meine Großmutter, mit ein wenig bebender Stimme, mit ein wenig zwinkernden Augen. »So trink doch trink«, sagt meine Großmutter zum Bräutigam.

»Ich bin so frei«, sagt der Bräutigam und dann trinkt er.

»Wann wirst du denn aufstehen?« sagt der, der gesagt hat, daß Soße und Salat verwürzt seien und dann, daß es sei wie es sei und besser so sei als anders.

Und der Bräutigam antwortet, daß er um sechs Uhr morgens aufstehen würde.

»Als ich ein Halbwüchsiger war«, sagt der, der gesagt hat: »Wo kämen wir da hin, wenn wir alles bedächten«, und dann: »Als ich ein Kind war«, und diesen Satz abbrechend mit allen gerufen hat: »Je größer desto besser!«, und der den Satz: »Als ich ein Halbwüchsiger war« nun abbricht und mit allen ruft: »Wieso so früh?«

Und der Bräutigam antwortet, daß der Weg zum Betrieb weit sei.

Ein zweiter steht auf und verläßt den Saal.

Die Kapelle macht eine Pause.

»Er wird zu Fuß gehen«, sagt meine Großmutter.

»Aber warum wird er zu Fuß gehen, wenn der Weg weit ist?« sagt die Frau, die neben der Frau sitzt, die neben dem Mann sitzt, der gesagt hat, daß er bei allen Hochzeiten Trauzeuge gewesen sei, daß er nur bei ganz wenigen Hochzeiten Trauzeuge gewesen sei, daß ein winziges Kämmerlein geräumiger sei als eine Kongreßhalle, daß es nicht wahr sei und daß man es ihm trotzdem glauben müsse.

»Macht doch die Fenster auf!« ruft die Braut. »Er weiß, warum er zu Fuß gehen wird!«

»Einer weiß, warum er zu Fuß gehen wird«, ruft ein Zuschauer draußen. Der ist es, der gerufen hat, daß sie beim dritten Gang seien, und der danach eine Menge über die Musiker und den Kapellmeister berichtet hat, und der schließlich gerufen hat, daß das eine Gemeinheit sei, und der mit »Das« das Schließen der Fenster gemeint hat.

»Als ich ein junger Mann war«, sagt der, der gesagt hat: »Als ich ein Kind war«, und: »Als ich ein Halbwüchsiger war«, der diese zwei Sätze abgebrochen hat, und der den dritten Satz: »Als ich ein junger Mann war« nun abbricht und mit allen ruft: »Man muß wissen, was man will!«, und dies, während draußen mehrere, die wissen wollen, was vorgeht, es selbst nicht sehen können, rufen: »Und warum wird er zu Fuß gehen?«

»Woher soll ich wissen, warum er zu Fuß gehen wird«, ruft der Zuschauer draußen, der gerufen hat, daß einer wisse, warum er zu Fuß gehen werde. »Er wird schon seine Gründe haben.«

Ein dritter steht auf und verläßt den Saal.

»Die Arbeit wird anstrengend sein!« ruft die Braut, und sie schiebt den Kopf hinter dem Rücken des Bräutigams vorbei, so daß ihr weißer Rumpf kopflos für einen Augenblick neben dem schwarzen Oberkörper des Bräutigams liegt, und sie greift mit beiden Händen nach dem weißen Rock eines Kellners, die Braut, und sie hält ihr leeres Glas vor das Gesicht des Kellners, die Braut, und dann ruft sie: »Aber sie wird etwas einbringen!«

»Hauptsache«, rufen alle, »man kommt mit dem Einkommen aus!«

»Er wird früh zu Bett gehen«, sagt meine Großmutter. Und während der Zuschauer, der gerufen hat: »Ein Wort, das sich anhört wie Gott«, nun ruft: »Eine sagt ein Wort, das sich anhört wie Bett!«, fährt meine Großmutter fort: »Wenn er so früh aufstehen, wenn er so hart arbeiten wird.«

»Als ich ein Ehemann war, als ich Vater wurde«, sagt der, der gesagt hat: »Als ich ein Kind, ein Halbwüchsiger, ein junger Mann war«, und der nun diesen vierten Satz abbricht wie die drei anderen zuvor und mit allen ruft: »Hauptsache man hat zu tun!«, und dies, während draußen mehrere Zuschauer rufen: »Einer redet über sich. Zwei stehen auf und verlassen den Saal!«

Ein vierter steht auf. Ein fünfter steht auf. Sie verlassen hintereinandergehend den Saal, während der erste, der zweite, der dritte der Hinausgehenden den Saal hintereinander betreten und sich nacheinander setzen.

»Wann wirst du denn zu Bett gehen?« sagt der, der gesagt hat: »Wann wirst du denn aufstehen«, und nun fügt er hinzu: »Wenn du so früh aufstehen wirst, weil der Weg zu deinem Betrieb, den du, und du wirst wohl wissen, warum, zu Fuß gehen wirst, so weit sein wird und die Arbeit tagsüber so anstrengend?«

Und der Bräutigam antwortet, daß er um acht Uhr abends zu Bett gehen werde.

»Er wird nicht nur den Hinweg zu Fuß gehen«, sagt meine Großmutter, »er wird auch den Rückweg zu Fuß gehen.«

»Aber warum wird er denn auch den Rückweg zu Fuß gehen«, sagt die Frau, die neben der Frau sitzt, die neben dem

Mann sitzt, der gesagt hat, daß er bei allen Hochzeiten Trauzeuge gewesen sei, daß er nur bei ganz wenigen Hochzeiten Trauzeuge gewesen sei, daß ein winziges Kämmerlein geräumiger sei als eine Kongreßhalle, daß es nicht wahr sei und daß man es ihm trotzdem glauben müsse, »wenn der Hinweg schon so weit, so ermüdend ist, und die Arbeit tagsüber so anstrengend. Eines Tages wird er wohl zusammenbrechen.«

»Eine sagt, daß er wohl eines Tages zusammenbrechen wird«, ruft der Zuschauer draußen, der zuvor gerufen hat, daß einer wisse, warum er zu Fuß gehen werde.

»Warum«, rufen mehrere, die wissen wollen, was vorgeht, es selbst nicht sehen können, »wird er zusammenbrechen?«

»Weil der Weg, den er zweimal, einmal hin und einmal zurück, was weiß ich warum, zu Fuß gehen wird, so weit ist!« ruft der Zuschauer, der gerufen hat: »Da da geht er hinter der Tafel entlang«, und der mit »Er« den Pfarrer gemeint hat.

Ein sechster und ein siebter und ein achter stehen auf und sie verlassen hintereinandergehend den Saal.

»Als ich ein Witwer war«, sagt der, der gesagt hat: »Als ich ein Kind, ein Halbwüchsiger, ein junger Mann, ein Ehemann war, als ich Vater wurde«, und der nun diesen fünften Satz abbrechend wie alle zuvor gesagten Sätze mit allen ruft: »Wenn er einmal Urlaub hat, kann er sich erholen!«

Der vierte und der fünfte der Hinausgehenden betreten hintereinandergehend den Saal. Sie setzen sich nacheinander. Ein neunter steht auf und verläßt den Saal.

»Was macht der Witwer, wenn er Urlaub hat?« rufen mehrere draußen, die wissen wollen, was vorgeht, es nicht sehen, es nicht verstehen, und wenn sie es verstehen, es falsch verstehen.

»Wenn ihr wissen wollt, was sein wird«, ruft der Zuschauer draußen, der, nachdem die Fenster wieder geöffnet wurden, gerufen hat, daß einer wisse, warum er zu Fuß gehen werde, »dann schreit nicht so, sonst erfahrt ihr es ebensowenig wie das, was mit diesem Verbrecher dort oben war!«

»Wann wirst du denn heimkommen?« sagt der, der gesagt hat: »Wann wirst du denn aufstehen, zu Bett gehen?«

Und der Bräutigam antwortet, daß er, wenn er eilig ginge, um halb acht Uhr abends daheim sein werde.

»Aber dann hat er ja kaum Zeit zum Abendessen«, sagt die Frau, die neben der Frau sitzt, die neben dem Mann sitzt, der gesagt hat, daß er bei allen Hochzeiten und nur bei ganz wenigen Hochzeiten Trauzeuge gewesen sei, daß ein winziges Kämmerlein geräumiger sei als eine Kongreßhalle, daß es nicht wahr sei und daß man es ihm trotzdem glauben müsse, der nun sagt: »Man lebt ja, nein im Gegenteil, man lebt ja nicht«, und abbricht und ratlos die Frau neben sich ansieht, die gesagt hat, daß er immer so großartige Gedanken habe, sei es, weil er wieder nicht sagen kann, was er meint, sei es, weil sich die anderen der Braut zuwenden, wahrscheinlich weil es die Braut ist, die ihm ins Wort fällt, die ihren Oberkörper vor der Brust des Bräutigams vorbeischiebend, so daß sein Kopf für einen Augenblick rumpflos auf ihrem weißen Rücken liegt, ruft: »Er wird kaum Zeit zum Zähneputzen haben! Morgens nicht und abends nicht. Dafür hat er vorher lang genug herumgelungert. So konnte es nicht weitergehen. So konnte er nicht auf die Dauer vor sich selber dastehen. Keiner verlangt, daß er es weit bringt. Aber zu etwas wenigstens muß er es bringen.«

»Als mein Sohn Vater wurde«, sagt der, der gesagt hat: »Als ich ein Kind, ein Halbwüchsiger, ein junger Mann, ein Ehemann war, als ich Vater wurde, als ich ein Witwer war«, und der nun diesen sechsten Satz abbrechend, wie alle zuvor gesagten Sätze, mit allen ruft: »Was war da?«

»So wird es also sein«, ruft der Zuschauer draußen, der, nachdem die Fenster wieder geöffnet wurden, gerufen hat, daß einer wisse, warum er zu Fuß gehen werde. »Früh wird er aufstehen, ohne sich Zeit zum Zähneputzen zu nehmen, denn der Weg zu seinem Betrieb ist weit. Zu Fuß wird er ihn eilig gehen. Denn wenn er langsam geht, versteht ihr, muß er entweder früher aufstehen oder aber er kommt zu spät. Er wird wissen, warum er zu Fuß gehen wird. Hauptsache ist, daß er weiß, was er tut. Anstrengend wird seine Arbeit tagsüber sein. Hauptsache ist, er hat zu tun. Die Arbeit wird soviel einbringen, daß er mit seinem Einkommen auskommen kann. Zu Fuß wird er den weiten Weg vom Betrieb zu seiner Wohnung eilig zurückgehen, obwohl der Hinweg weit ist und ermüdend und die Arbeit tagsüber anstrengend. Er wird wissen, warum er ihn auch zu Fuß zurückgehen wird. Hauptsache ist, daß er weiß, was er tut. Hauptsache ist, er hat zu tun. Eines Tages wird er wohl zusammenbrechen. Wenn er eines Tages Urlaub haben wird, wird er sich erholen. Hauptsache ist, er hat zu tun. So wie es war, konnte es nicht weitergehen. So wie er vor sich selber dastand, konnte er nicht auf die Dauer vor sich selber dastehen. Früh wird er schlafen gehen, ohne sich Zeit zum Zähneputzen zu nehmen, weil er morgens früh aufstehen muß und ohnehin eilig gehen muß, damit er nicht zu spät kommt. Keiner verlangt von ihm, daß er es weit bringt. Aber zu etwas wenigstens wird er es wohl bringen müssen.«

Die Musiker spielen. Der Kapellmeister schwingt dirigierend die Arme. Paare stehen auf. Paare gehen zum Parkett. Paare schieben, ziehen sich von einer Wand zur anderen zur einen Wand zurück.

Ein zehnter steht auf und verläßt den Saal.

»Ist das nicht der kleine Leinlein?« sagt der, der gesagt hat: »Als ich ein Kind, ein Halbwüchsiger, ein junger Mann, ein Ehemann war, als ich Vater wurde, als ich ein Witwer war, als mein Sohn Vater wurde«, und der nun mit allen ruft: »Wer? Der da?«

Ratsam ist es, aufzustehen.

Ich stehe auf.

Ratsam ist es, diesen Saal zu verlassen.

Ich verlasse den Saal.

»Welche Zahl«, frage ich einen Kellner vor dem Saaleingang, »kommt nach zehn?«

»Elf«, sagt der Kellner.

# Inhalt

Die Mahlzeit      5

Der Wirt      30

Der Knopf      58

Die Prozession      85

Die Schafe      113

Die Ruderer      147

Der Herr      170

Die Insassen      201

Der Achte      230

Die Hochzeit      252

# Anhang

*Gisela Elsner: Abschrift aus »Die Riesenzwerge«*

GISELA ELSNER wurde 1937 in Nürnberg geboren. Nach dem Abitur 1956 studierte sie Germanistik und Theaterwissenschaften ohne Abschluß. Sie lebte in Wien, Hamburg, Paris, London und München, wo sie sich 1992 das Leben nahm. Sie war Mitglied der Gruppe 47 und des PEN. Gisela Elsner erhielt mehrere Literaturpreise, darunter den bedeutenden Prix Formentor (1964).
Wichtige Werke: Triboll. Lebenslauf eines erstaunlichen Mannes (zus. mit Klaus Roehler, 1956); Die Riesenzwerge, Roman (1964); Der Nachwuchs, Roman (1968). Gisela Elsners letzter Roman »Fliegeralarm« erschien 1989.

# Gisela Elsner – der entsorgte Stachel

*»Ratsam ist es, diesen Saal zu verlassen. Ich verlasse den Saal.«*
(»Die Riesenzwerge«, Schluß)

»Gisela Elsner wurde am 2.5.1937 in Nürnberg geboren. In der Gruppe 47 seit 1962, im PEN seit 1971. Sie lebte in London, Paris, Hamburg und nahm sich am 13.5.1992 in München das Leben.«

Soweit die Lexika. Und wer war Gisela Elsner? In seinem jüngsten Buch, »Traum und Wahn«, hat ihr Nachbar Günter Herburger Ansichten skizziert:

»Als ich in mein Büro kam, erhielt ich einen Anruf, daß Gisela Elsner, die über mir wohnte, sich umgebracht habe.

Damit hatte sie schon seit Jahren gedroht, wollte nach New York fliegen und sich vom Empire State Building stürzen. Ich sagte ihr, die Aussichtsplattform sei mit einem hohen Gitter, auf dem nach innen gebogene, spitze Stahlstäbe säßen, geschützt.

Einmal gab sie mir eine kleine Dose, in der wie zerlaufene Kristalle festsaßen. Sie forderte mich auf, ich solle daran schlecken, und beinahe hätte ich es getan. Es war altes Zyankali, mit dem sich vor Jahren ihre Schwester umbrachte. Gisela hatte darüber einen Roman geschrieben, ›Abseits‹.

Vor zwanzig Jahren war sie mit ihrem ersten Buch, ›Die Riesenzwerge‹, einer kalten Abrechnung mit dem Bürgertum des Wiederaufbaus nach dem Krieg, überaus erfolgreich gewesen und hatte dafür den damaligen exklusivsten Literaturpreis, den Prix Formentor, erhalten, der etwa dem Wert eines Einfamilienhauses entsprach. Gisela gab das Geld aus, heiratete zum zweiten Mal, zog nach London, wohin ich ihr in einem Sommer der Fußballweltmeisterschaft ihren Sohn brachte, der sich hinter mir versteckte, als in der Wartehalle des Flugplatzgebäudes seine Mutter, ägyptisch geschminkt und in bis zu den Schenkeln, wo der kurze Rock begann, reichenden Stiefeln steckend, klirrend auf uns zuschritt. Sie sah aus wie eine Weltraumspinne. Zwanzig Jahre später wollte der Sohn auch Schriftsteller werden und heiratete überraschend in Abu Dhabi.

Nur den letzten Roman las ich, ›Fliegeralarm‹, eine Beschreibung der Kriegszeit in Nürnberg aus kindlicher Sicht, aber ich war enttäuscht gewesen. Wieder gab es nur grotesk überzeichnete Personen und kahle Aussagesätze, so daß weder Neugierde noch Anteilnahme entstanden. Über mögliche Arten zu schreiben hatten wir heftig gestritten. Ich warf der Kollegin vor, ihre Wut sei infantil geblieben, und sie verstopfe mit Versatzstücken längst geöffnete Türen.

Gisela sprach nicht mehr mit mir. Wenn wir uns im Treppenhaus begegneten, blickte sie, eine große Sonnenbrille auf und sich am Geländer hochtastend, an mir vorbei. Doch es gab auch Nächte voll Spott und Gelächter. Dann führte sie ihre Kleider vor, teure Kreationen aus Schlangenleder und Seide, zeigte mit Pailletten bestickte Blusen, goldene und silberne Gürtel oder hochhackige Schuhe, die nur von Riemchen zusammengehalten wurden. Damit ging sie auch aus, trug schwarze Perücken und riesige Hüte, wenn sie Brot, Orangensaft, eine Stange Zigaretten und zwei Flaschen Wodka kaufte.

Wenn tagelang die silberfarbenen Vorhänge geschlossen blieben, dann lag sie im Tablettenrausch. Eine befreundete Ärztin und ein Nachbar retteten sie. In einem psychiatrischen Institut erholte sie sich wieder, aber die Einsamkeit nahm zu. Ihr Verlag kündigte ihr, sie fand einen anderen, zuletzt hatte sie gar keinen mehr. Beharrlich schien sie auf Essen zu verzichten, nur noch Zigaretten interessierten sie.

Von ihrem Sohn, ihrem Bruder und ihrem alten Vater, der ihr Geld schenkte, wenn sie ihn darum bat, den sie aber deswegen verhöhnte, wollte sie nichts wissen. Sie kam mir wie eine seit Jahrzehnten unerlöste Prinzessin vor, versiegelt unter Schminke und eingenäht in Echsenhaut.

Als sie auf der Straße zusammenbrach und in ein Hospital am Englischen Friedhof eingewiesen wurde, stieg sie abends aus dem Fenster, kletterte auf dem kupfernen Vordach, denn direkt darunter war im Garten ein Sonnenschirm aufgespannt, noch ein wenig zur Seite und stürzte sich, ohne zu zögern, kopfunter in die Tiefe.«

*Das Ekelpaket*

Aus dem Fenster gesprungen, tot und weg. Erst drei Jahre ist das her. Das Gedächtnis des Literaturbetriebs ist bekanntlich ein Sieb, in dem nur die Dicksten hängenbleiben. Daß posthum der Ruhm aus der Asche steige wie ein Phönix, ist, aufs Ganze gesehen, eine Lüge. Ich habe jüngere Germanistinnen und Germanisten, die immerhin über deutsche Gegenwartsliteratur promovieren, gefragt, ob ihnen der Name Gisela Elsner etwas sage. Die Antworten waren stereotyp: »Nein. Sollte er das?« Nur der Aachener Antiquar brach beinahe in Tränen aus, daß er noch erleben dürfe, wieder eine Elsner verkaufen zu können. Das so verdächtig schnelle Vergessen hat zumindest Gisela Elsners früher Prosa Unrecht getan. Erstaunlich dabei ist, daß eine Literaturwissenschaft, die ihre Gunst so verschwenderisch für Frauenliteratur und Frauenthemen ausstreut (bis zu Hildegard von Bingen), Gisela Elsner schlichtweg ausgeblendet hat. Dabei gäbe es doch Parallelen zu Irmtraut Morgner, Elfriede Jelinek zumal, zu Jutta Heinrich, Hannelies Taschau und Birgit Vanderbeke, selbst zu Ingeborg Bachmann: Versuche eines störenden weiblichen Blicks. Aber nichts – Gisela Elsner ist einfach tot und weg. Was ist geschehen, daß Elsners Prosa keine Überlebenschance bekam?

Es muß genau das Gegenteil von dem passiert sein, das Ingeborg Bachmann in einer Einheit von Frau, Person und Werk zur nahezu legendarischen Größe gemacht hat. Elsner wurde zum negativen Syndrom. Vermutungen: Sie sei eine exzentrische, nervende Person gewesen; ihre aufregenden Anfangserfolge seien überschätzt worden, was ihre immer kolportagehafter und starrer werdenden späteren Romane zeigten; das

Jubelküken von einst sei zu Recht gründlich gerupft worden, ohne daß es sich seine Nacktheit habe eingestehen können. »Vorschriftstellerdarstellerin« nennt sie Oellers spöttischer Katalog zum »Kritischen Lexikon der Gegenwartsliteratur«; als Frau eine eher abschreckende, »ägyptisch geschminkte«, Sphinx-Inszenierung; ihr Hin und Her mit den Kommunisten ein narzißtisches Ego-Theater; ihre Prosa schließlich nur noch platt, wütend, geheimnislos, ohne den poetischen ›Hall und Raum‹, der in den 80er Jahren wichtig wurde; eine verkrampfte Schreiberin, die sich erst avantgardistisch, dann ›realistisch‹ in eine unappetitliche Negativität verbissen habe – ein selbstmörderisches Programm; eine Verliererin, die rechthaberisch nicht habe ertragen können, daß ihr grandioser Start abbröckelte bis zum Verramschen ihrer Bücher, die nicht habe zugeben können, daß ihre Zeit vorbei sei. Suffragette, Amazone, Zynikerin – ›zersetzende Literatur‹ von Männern wird hingenommen oder sogar bewundert, die von Frauen wirbelt Haßangst auf, zu hartnäckig wird Frau mit Gefühl, Geheimnis und Liebesfähigkeit verbunden. Drogen und gewaltsamer Tod: Ein solches Ende hat die Poetin Ingeborg Bachmann endgültig zum Engel gemacht, die Prosaikerin Gisela Elsner endgültig ins Vergessen gestoßen. Schon früh, zur Gruppe-47-Zeit, konturierte sich das unschöne Bild von Elsner aus Unsympathie, Neid, Schadenfreude, Männermißgunst, Angewidertsein, hervorgerufen durch die permanente, so gar nicht weiblich anmutende Angriffsprosa, bis es schließlich zu einem schleunigst aus dem literarischen Gedächtnis zu entsorgenden Ekelpaket wurde. »Autorinnen im literarischen Ghetto« hieß ein Aufsatz von Elsner, 1983. Selbst im Ghetto störte sie stachlig, wurde ihr kein Platz gelassen.

Dabei ist gerade die anstößige Schärfe von Elsners Blick, seine Negativität, sein Ekliges ein Grund ihres frühen Ruhms gewesen. Ein scheinbar kalter Blick, der – in hochartifizielle Sätze übersetzt – das Alltagsleben der Nachkriegszeit als Automatenspiel mit Horrorpuppen erkennen läßt. Der Ruhm war groß: Für »Die Riesenzwerge«, die in zwanzig Sprachen übersetzt wurden, erhielt Elsner im Erscheinungsjahr, 1964, den Prix Formentor. Doch die negative Energie hat ihren Lebenspreis. In den 60er Jahren vor 1968 wurden hohe Künstlichkeit und Aggression bejubelt. Das änderte sich. Der Politikzwang kam, die Selbstzärtlichkeit und dann die gut gemachte Geschichte. Gisela Elsner hat es nicht geschafft, ihre Schreibweise des Negierens, Umsichschlagens stets überraschend umzuformen und in einen förderlichen Ausgleich mit den sich wandelnden Erwartungen zu bringen. Negativität kann, wo sie sich nicht immer wieder am Schopfe der Komik und der Sprachbrillanz (wie bei Thomas Bernhard und Elfriede Jelinek) aus dem Tümpel ziehen kann, bei den Lesenden zur Ermüdung und bei den Schreibenden etwas schneller zum Tode führen.

Trotzdem und gerade deshalb: »Die Riesenzwerge« sollten Sie kennen! Und sollten Sie die Tugend des geduldigen Lesens etwas sperrigerer Texte nicht besitzen, können Sie sich – trotz der ausgeklügelten Gesamtkomposition – auch einzelner Kapitel bedienen. Aber, bitte, nicht »Der Knopf« vergessen!

*Der faszinierend fremde Blick*

Der »böse Blick«, seine »Erbarmungs- und Gnadenlosigkeit«, sein »Haß« wurden seit den »Riesenzwergen« zu Elsners Markenzeichen. Doch hat sich die Provokation des unerhört Heftigen, mit dem Elsner die (klein)bürgerliche Überlebensgewalt fast masochistisch beschreibt, mittlerweile etwas abgeschliffen. Denn zum einen gab es in den dreißig Jahren seit Erscheinen der »Riesenzwerge« eine Reihe solcher »böser« Bücher, etwa die von Werner Kofler, Franz Innerhofer und der schon genannten Autorinnen. Zum anderen sind wir durch die Flut soziologischer und psychologischer Aufklärungen seit den 70er Jahren ausreichend belehrt über das Bürgerliche, das Autoritäre, das Kapitalistische, das Patriarchale. Beides übrigens unterstreicht nur die Pionierleistung Gisela Elsners. Hat sich das sozialkritisch »Böse« des Elsnerschen Blicks vielleicht abgeschwächt, sein generelles Fremdmachen nicht. Essen zum Beispiel – von Elsner beschrieben: danach soll man erst mal wieder naiv seine Gabel zum Munde führen! Der ästhetische Sog, den diese Prosa bis heute ausübt, liegt in der schrecklich schönen Verführung, die andern und auch sich selbst im fremden Blick ziemlich komisch oder traurig wiedererkennen zu können. »Die Riesenzwerge« sind also in ihrer sozial- und männerkritischen Provokation nicht überflüssig geworden. Doch beeindruckt heute, wo wir zu sehr auf ›realistische‹ Nacherlebenskunst getrimmt sind, noch mehr die Radikalität von Elsners Phantasie und Stil. Ich bewundere die überbordenden Einfälle (»Die Schafe«); das Labyrinthische fast aller Handlungen, die ihre roten Fäden überraschend verknäulen und doch wieder auf die Reihe bringen; die Steigerungen, mit denen etwa der Herrschaftswahn des Krüppels Kecker noch einmal überdreht wird (»Die Prozession«); die Slapstick-Mechanik der Situationen (»Der Knopf«). Ich bin fasziniert von der Kunst, durch Hyper-Beschreibung Vertrautes unvertraut machen zu können. Diese Schreibart versetzt mich, wo sie am besten ist, in einen ästhetischen Rausch – so wie ich nach einem Chaplin-Film schon mal auf einem Fuß eckig um die Ecke gehe und die Melone lüfte. Nur: Nach der Elsner-Lektüre erstarrt der Griff an die Melone. Das verrückend Lustige bleibt bei Elsner an den Schrecken gebunden. Und reizvoll ist es gerade, sich in den stilistisch raffiniert geschliffenen Vexierspiegeln erschreckt lachend zu erblicken. Lesevergnügen kann ja auch heißen, daß man durch Beschreibungsartistik zum Comic seiner selbst wird, daß man sich über sich amüsiert und beschämt errötet, daß man sich durch aberwitzige Artistik zu einem Blick verführen läßt, in dem man nicht mehr der ist, für den man sich stets hielt, mit dem auf die gewohnte eine erzählerisch entstellte Welt in den Sehnerv gebrannt wird.

Diese Prosa aber auf die »böse« Verrückung des Normalen allein festzulegen, wäre oberflächlich. Die zeitkritische Provokation durch ästhetische Verfremdung ist unterlegt von komplexem Psychischem. Diese Prosa ist voller melancholischer

Empfindsamkeit, sie erzählt von Traumata des Hoffens und des Leidens, von Alp- und Wunschträumen, die nicht einfach als artistische Gesellschaftssatire verrechnet werden können. Damit meine ich nicht die von Elsner bedeutsam eingebauten, psychologisch hoch besetzten Rätsel, etwa wer des Helden Lothar Vater sei. Solches erscheint mir eher ein Relikt der psychoanalytischen Steinzeit, die die frühen 60er auch waren. Dagegen ist eine unterschwellig miterzählte permanente psychische Desorientierung und also psychologische Undeutlichkeit wichtiger. So ist diese Prosa voller menschlicher Geheimnisse. Ihre Fremdheit reicht ins Vorbewußte. Die Perspektive Lothars ist eine Hohlform, in der alles erstaunlich, schrecklich und auch sehnsuchtsvoll wird. Was ist denn das für ein Kind? Ist es überhaupt ein Kind? Dieser Lothar-Blick kommt aus Augen voller alter, nicht zu fassender Trauer. Er hat mehr Abgründiges als der so beredte Oskar-Matzerath-Blick in Günter Grass' »Blechtrommel« und mehr Ungemütlichkeit als der Kempowski-Blick in Walter Kempowskis Rostock-Büchern. Er ist ein so geschundener Blick, daß alle eindeutigen Erklärungen nebensächlich bleiben. Vielleicht, weil er ein Muttersohn-Blick ist. Was ist mit dieser dem Helden manchmal so nahen Mutter, die nur zu Halbsätzen fähig ist und versagt, einen Knopf anzunähen, sofern dies rasch am Leib des drängelnden Mannes geschehen muß? Gegenüber dieser sich dann wieder entziehenden Mutter, der Vater und Sohn sowohl davon- wie nachrennen, kommen mir die Frauen in zeitgleicher Prosa wie Rollenklischees oder Männermythen vor. Und was ist mit dieser Großmutter, die so gar nichts von der Kartoffelrock-Muse der »Blechtrommel« hat und sich mit ihren drei Schwestern blasphemisch über den Kreuzungstod des »Herrn« belustigt und dann wieder durch die Schweißträume Lothars gespenstert? Aber wer ist denn dieser Herr wirklich – Gott, der Großvater, der Vater, der überlebensgroß sein wollende und doch nur lächerliche Mann an sich? Überhaupt: Männer, Frauen! Warum wählte Elsner den erzählerischen Geschlechtertausch? »Die Riesenzwerge« sind ein Buch, in dem vom Weiblichen, sofern es nicht Doppelung des Männlichen ist (wie die Nachbarin), erzählt wird wie von einem Nicht-Erzählbaren, ganz Fremden. Damit wirft Elsners Schreiben aktuelle interpretatorische Fragen auf, unter denen sie allemal auch zu rehabilitieren wäre. Aber nicht einmal das Interesse an der Geschlechterdifferenz hat Gisela Elsners Bücher zum Überleben verholfen.

## *Ausbund der 60er Jahre*

»Die Riesenzwerge« heißen »Ein Beitrag«. Eine Fiktives und Gattungskonventionen unterlaufende Textbestimmung, die sich dem Beschreibungsdogma der 60er Jahre verdankt, das auch Elsner häufig beschwor. Als handele es sich hier um eine objektivistische »Bestandsaufnahme« und nicht um Hieronymus-Bosch-Tableaus! Journalismus über Faktisches im Sinne des die Autorsubjektivität zurückdrängenden späteren Dokumentarismus sind »Die Riesenzwerge« nicht. Auch kein Zeitroman: kein Name, kein Ort der Zeitgeschichte wird genannt oder angespielt. Von Familiärem, Häuslichem, Nachbarn, vom Stadtviertel wird nicht autobiographisch berichtet, vielmehr wird dies insektenkundlich beobachtet und in ein Modell trauriger Abscheulichkeiten eingezeichnet, das zu keinem Exempel der Planung besseren Lebens taugt. Doch gerade darin sind »Die Riesenzwerge« ein »Beitrag« dazu, wie keineswegs nur Gisela Elsner, sondern ein ›moderner‹ Zeitgeist um 1960 die Wirklichkeit sah. Ein Detail: Weil der Held Lothar Leinlein wegen eines in ihm wuchernden Parasiten immer dünner wird, was in der überlebensgierigen Vaterwelt der Würste und Haufen so nicht weitergehen darf, muß er zum kuriosen Doktor Trautbert. Der Weg dorthin ist nicht zu verfehlen, denn im ganzen Stadtviertel finden sich Schilder, »darauf auf weißem Grund schwarze Handrücken abgebildet sind, mit vier in die Handballen gekrallten Fingern und einem langgestreckten Zeigefinger, welcher waagerecht weist auf ein zweites Schild.« (»Der Wirt«). In den 60er Jahren vor 1968 wurden diese wilhelminischen Hände Mode. Thomas Mann fand mit diesen »Schildern mit Inschriften und weisenden Händen« in »Herr und Hund« noch seinen Weg ins Tierspital. Nun sind sie Totenschilder einer untergegangenen Welt. Die Hand-Ikonen tauchten nicht im Straßenalltag der Bundesrepublik auf (außer z.B. im nostalgischen »Rothändle«), sondern in der Kunst- und Design-Welt der oppositionellen jungen Generation: in den häufig osteuropäischen Zeichentrickfilmen, die als Kulturvorfilme im Kino obligatorisch waren; in den nun aufkommenden Szene-Zeitschriften; in Reklame-Alben. Diese starren oder ruckhaft sich bewegenden Hände sind Zitate aus einer zertrümmerten Wirklichkeit. Die dazu gehörenden Herren mit Zylinder bevölkerten die Collagen und die Prosa von Peter Weiss und Ror Wolf, die Geschichten von Reinhard Lettau. Gegenüber solcher die bürgerlichen Insignien zerhackenden Groteske-Kunst nehmen sich die Welten von Heinrich Böll und Günter Grass ›realistisch‹ aus, da sie Wahrscheinlichkeit und Lehren nicht völlig außer Kraft setzen. Anders das Collagen-Design, anders zumal die weniger harmlosen artifiziellen Beschreibungen der neuen literarisch ›Modernen‹. Ihnen war Realität wenig mehr als die Mechanik zersplitterter Teile und Indiz einer Welt, die nicht bei sich sei, vielmehr nur in ritualisierten Gesten der Macht und Dummheit leerlaufe. In der bei Gisela Elsner besonders unversöhnlichen Beschreibung der inhumanen Maschinerie der Wirklichkeit verdichtet sich eine Weltanschauung der ›Kritischen Generation‹, für die nicht ohne Recht Etiketten wie Existentialismus, Nihilismus, Absurdität benutzt wurden und deren Hauptausdruck die Groteske ist: ein Gerade-noch-Lachen über das entautomatisierte Konventionelle bei freiem Fall ins Bodenlose. Die Wirklichkeit, hieß es damals, sei ohne erkennbaren und darstellbaren Sinn, sei zerfallen in Fragmente, sei ein Räderwerk, in dem der Mensch umhergeschoben, zugerichtet oder vernichtet werde. Und also gebe es kein richtiges Leben (im falschen), nur Ersatzformen. Allein die intellektuelle Reflexion, der kritische, der fremde Blick entlarve die Abwesenheit von Sinn, Glück, Selbstbestimmung und ein gesellschaftliches System, dessen autoritäre Figuren auch nur an Fäden hingen, die im ›Nichts‹ endeten. Der Doktor Trautbert, dessen gehätschelte Hunde ihm seine Praxis vollbeißen, wird willenlos von diesen hin- und hergerissen. Die Opfer sind die Opfer von Opfern. Die scheinbar rein diagnostisch beschriebene, aber doch höchst artifiziell erzählte Welt der kritischen Avantgarde um 1960, die das wahre Gesicht der Realität im Panoptikum des Monströsen findet, verzerrt damit das restaurative, repressive und opportunistische Verhalten, das sich in der Bundesrepublik als ›Wohlstandsgesellschaft‹ aufplusterte, zur Kenntlichkeit.

Die Wirklichkeit sei von einer heillosen ›Kontingenz‹, Beliebigkeit und Unbegründetheit, der, so Hans Magnus Enzensberger in seiner noch immer eindrücklichen Anthologie »Vorzeichen« von 1962, eine ›diskontinuierliche Schreibweise‹ entspreche. In den »Vorzeichen« erschienen Bruchstücke aus dem »nicht abgeschlossenen« und damals noch »Die Lücke« betitelten Manuskript der fünfundzwanzigjährigen Gisela Elsner. Erzählen aus der Kindersicht; Beschreiben in Lupengenauigkeit oder aus dem umgekehrten Fernrohr; Zeitraffung und -zerdehnung; korrekte Orientierungsangaben wie links, rechts, hinten, vorn, darauf und bevor usf., so lange, bis Raum und Zeit der erzählten Welt gründlich verwirrt sind; die Abstraktion der Personen zu deren namenlosen oder mit sprechenden Namen bezeichneten Funktionen; das Mutmaßen über mögliche Geschehnisse; das jeanpaulsche Überhäufen und Verstopfen der Geschichte mit Details, die aus dem Komischen ins Schreckliche kippen; das gleichsam kontrapunktische Wiederholen, Umkehren, Variieren von Worten und Satzteilen, Satzfolgen; der, auch wenn das Imperfekt gebraucht wird, präsentische Eindruck einer die Geschichte weder als Story noch als Historie nicht mehr übersichtlich arrangierenden Prosa; das Verwischen der Grenzen zwischen Realität und deren Abbildungen – all dies sind in der ›Zweiten Moderne‹ um 1960, die sich an der Klassischen Moderne geschult hat, an Kafka zumal, beliebte Verfahren, um eine Kunstwelt herzustellen, in der die gewohnte lebensweltliche Sicht nichts mehr gilt. Die kunstvolle

Verfremdung hat der französische Nouveau Roman vorbildlich vorgemacht, später hat sie die österreichische Prosa (der »Grazer« Gerhard Roth, Peter Handke, Helmut Eisendle, Gerd Jonke u.a.) auf ihre Art weitergetrieben. Für die bundesdeutsche Literatur der grotesken Verfremdung (neben den genannten Peter Weiss, Ror Wolf, Reinhard Lettau u.a. Peter O. Chotjewitz, Ludwig Harig, Renate Rasp, Klaus Röhler) haben »Die Riesenzwerge« eine besondere Bedeutung. Zum einen ist diese Prosa derart sprachdrechslerisch, daß sie gelegentlich nur noch sich selbst vorführt, keine Vorstellungen, Gefühle oder sinnlichen Erkenntnisse mehr hervorruft, was zu einer partiellen Unlesbarkeit führt, die sonst nur die angestrengtesten Werke der Konkreten Poesie auszeichnet. Zum anderen ist ihre Komik satirischer oder zynischer, weniger humorvoll im Sinne eines entlastenden Gelächters als die Prosa der anderen Autoren. Darin liegt aber durchaus eine Qualität. Denn »Die Riesenzwerge« greifen immer noch an. Zwar hat sich im Konkreten des Alltags von damals bis heute viel geändert – nicht aber dessen Struktur. Nicht die Gier, mit der man sich über die Leere oder das Unglück hinwegfrißt. Eine westliche Wohllebegier, deren Gewalt und dauernde Potenzierung durch den fremden Blick erstaunlich bis abscheulich wird. Nicht nur bei Elsner spielt deshalb das Essen, die penibel beschriebenen Bewegungen des Verschlingens, eine große Rolle. Völlerei als Lebenssinn. Dessen Verweigern als Protest gegen die Diktatur der Herrschaftsrituale – Birgit Vanderbeke hat dies im »Muschelessen« (später und mehr im Geiste der ›Emanzipation‹ ) zum Fokus einer Familienkatharsis gemacht. Heute sind es nicht mehr die cholesterinfetten Würste, vielmehr Minerale und Vitamine, allerhand Leichtes und vor allem Biokost. Unverändert ist aber das materielle Einverleiben als Garantie der ewig jungen Lebenskraft, welche die Leerstelle des Lebenssinns ersetzt. Das Alltägliche ist geblieben, die Frage nach dem richtigen Leben nicht zu stellen, sondern zu erledigen durch ein Leben, das vor allem Überlegensein demonstriert. Damit werden wir in die Mechanik von Zwangshandlungen gezogen, deren begehrte Objekte sich gegenüber dem sich miefig ausnehmenden Nachkriegsalltag rasend austauschen und heute zum Beispiel Wohnungseigentum, weite Reisen, Biken und Baseballkappen sind. Elsners fremder Blick auf die Alltagsautomatik trifft uns noch immer. Eben weil er nicht nur die Nachkriegszeit beschreibt, sondern ein Modell westlichen Lebens entwirft, macht er auch das nur Übliche widerwärtig und ekelhaft. Denn Puppen der Macht und des Mitmachens sind wir nicht weniger als die um 1960.

Daß »Die Riesenzwerge« ins Abseits gerieten, ist schade und kann jetzt korrigiert werden. Das liegt aber nicht nur an der »stacheligen« Elsner. Imagines, die sich um Person und Werk bilden, sind nur ein Grund für Vergessenwerden oder Überleben. Es gibt handfestere Gründe: Kritiker, Verleger, die ein Werk vernichten. Es gibt diffusere: Geschmack und Leselüste ändern sich. »Die Riesenzwerge« wurden ein Riesenerfolg, weil das Experimentelle und das intellektuelle, sozialkritische Umgehen mit ihm ein Muß der literarischen Elite war. Die hohe Geltung der artifiziellen Literatur hat sich ziemlich verflüchtigt. Gewonnen haben das ›Realistische‹, und sei es auch im Gewande des Exotischen abgelegener Zeiten und Regionen, das ohne allzu große Mühe Vorstellbare und Nacherlebbare, und eine weniger auf die nachdenkende Arbeit am Text angelegte Lektüre. Das hat seine Gründe, über die man nicht vorschnell beckmessern sollte. Daß dabei allerdings auch die Erinnerung an eine Literatur verlorengegangen ist, die anderes im Sinn hatte und gleichwohl amüsieren und erschrecken kann, ist ungerecht und ein Fehler der Literaturgeschichte.

*Hermann Kinder*

# ROTBUCH *Bibliothek*

Zu entdecken gibt es Bücher und Autoren, die aus dem Blickfeld oder gar in Vergessenheit geraten, lesenswerte Texte, die literarisch bedeutend und für ihre Zeit höchst aufschlußreich sind.

Zum Beispiel
Der Kölner Autor **Paul Schallück** mit *Ankunft null Uhr zwölf*, der, verdeckt vom langen Schatten des Freundes Heinrich Böll, in den fünfziger Jahren Romane schrieb, die zum Eindrucksvollsten gehören, was diese Zeit hervorgebracht hat.

Zum Beispiel
Die exzentrische **Gisela Elsner**, von Hans Magnus Enzensberger zum »Humoristen des Monströsen« ernannt, deren erfolgreicher Roman *Die Riesenzwerge* beispielhaft ist für die gesellschaftliche und künstlerische Avantgarde der frühen sechziger Jahre.

Zum Beispiel
*Unsere Siemens-Welt* von **F.C. Delius**, die mit literarischer List zur »Festschrift« arrangierten Fakten und Dokumente aus 125 Jahren Konzerngeschichte, ein Buch, das wie kein anderes nach 1945 zu heftigsten gerichtlichen Auseinandersetzungen geführt hat.

Alle Bücher der *Rotbuch Bibliothek* sind schön gebunden, fadengeheftet und mit einem Lesebändchen versehen. Ein kurzer Anhang mit Bio-/Bibliographie und einem Nachwort gibt Informationen über Autor und Werk.